Ilse Achilles

„... und um mich kümmert sich keiner!"

Die Situation der Geschwister
behinderter und chronisch kranker Kinder

Mit einem Geleitwort von Waltraud Hackenberg

4., überarbeitete Auflage

Ernst Reinhardt Verlag München Basel

Ilse Achilles, geboren 1941, ist Journalistin in München und arbeitete mehrere Jahre als Redakteurin bei einer Frauenzeitschrift. Sie hat einen Sohn mit geistiger Behinderung und zwei Töchter. Sie ist Autorin mehrerer Fachpublikationen und Vorstandsmitglied der Lebenshilfe München.

Von der Autorin im Ernst Reinhardt Verlag erschienen: „Was macht Ihr Sohn denn da?" Geistige Behinderung und Sexualität. 3., überarbeitete Auflage 2002.
ISBN (3-497-01604-7)

Titelabbildung: privat / Ilse Achilles
Foto Rückseite: Michael Schultze

Bibliografische Information der Deutschen Bibliothek

Die Deutsche Bibliothek verzeichnet diese Publikation in der Deutschen Nationalbibliografie; detaillierte bibliografische Daten sind im Internet über <http://dnb.ddb.de> abrufbar.
ISBN 3-497-01738-8
4. Auflage

© 2005 by Ernst Reinhardt, GmbH & Co KG, Verlag, München

Dieses Werk, einschließlich aller seiner Teile, ist urheberrechtlich geschützt. Jede Verwertung außerhalb der engen Grenzen des Urheberrechtsgesetzes ist ohne schriftliche Zustimmung der Ernst Reinhardt GmbH & Co KG, München, unzulässig und strafbar. Das gilt insbesondere für Vervielfältigungen, Übersetzungen in andere Sprachen, Mikroverfilmungen und für die Einspeicherung und Verarbeitung in elektronischen Systemen.

Printed in Germany
Reihenkonzeption Umschlag: Oliver Linke, Augsburg
Satz: ew print & medien service gmbh, Würzburg
Druck und Bindung: Friedrich Pustet, Regensburg

Ernst Reinhardt Verlag, Kemnatenstr. 46, D-80639 München
Net: www.reinhardt-verlag.de   Mail: info@reinhardt-verlag.de

Inhalt

Zum Geleit 9

Vorwort 11

1. Teil: So funktionieren Geschwisterbeziehungen 15

„Für ihn tun sie alles, für mich nichts."
Wie Rivalität entsteht 16

„Sie jammert, dass ich mehr darf als sie.
Aber sie selbst kämpft um nichts."
Die Geschwisterfolge 23

„Noch heute frage ich meinen Bruder um Rat,
wenn ich ein Problem mit meinem Mann habe."
Wie das Geschlecht die Geschwisterbeziehung beeinflusst 26

2. Teil: Was bei Geschwistern behinderter Kinder anders ist 31

„Für meinen Bruder hatte der liebe Gott nicht mehr genug
Intelligenz übrig."
Die Chancen und Risiken für Geschwister behinderter Kinder 32

„Wenn ich zaubern könnte, würde ich ihn normal zaubern."
Geschwister erzählen................................. 34

„Anmeckern darf ich sie nicht."
Was den Geschwistern behinderter Kinder das Leben
schwer machen kann................................. 42

„Ich will nicht das zweite Sorgenkind meiner Eltern sein."
Was Studien zur Entwicklung der Geschwister behinderter Kinder
aussagen 50

„Bei uns dreht sich immer alles um Kristof."
Sabine spricht über ihre Familie........................ 57

„Die wirklich wichtigen Dinge weiß ich von meinem Bruder gar nicht."
Werner denkt über sich und seinen Bruder nach 61

„Wenn ich merke, dass jemand in Schwierigkeiten ist,
gehe ich sofort hin und helfe."
Andrea spricht von ihren beiden behinderten Geschwistern 65

„Stundenlohn bekommen wir immer beide.
Ich fürs Babysitten, er fürs Bravsein."
Monika erzählt von ihrem Bruder, der im Rollstuhl sitzt 71

„Meine Eltern versuchten, mir die Behinderung meiner Schwester
zu verschweigen."
Karin erinnert sich an ihre Kindheit mit ihrer Schwester 76

„Ich wurde meistens übersehen."
Manchmal hat Katja ihre Zwillingsschwester sogar um den
Herzfehler beneidet 83

3. Teil: Wovon es abhängt, wie sich die Geschwister behinderter Kinder entwickeln 89

„Die Eltern müssen nicht perfekt sein, es reicht, wenn sie gut sind."
Die Einstellung der Eltern und ihre Beziehung zueinander 90

„An mir hängt doch alles."
Auf die Zufriedenheit der Mutter mit ihrem Leben kommt es an ... 98

„Jutta nahm mir die Unbefangenheit im Umgang mit meinen Töchtern."
Wie Väter die Behinderung bewältigen 101

„Der ist doch gar nicht richtig behindert."
Welche Rolle Art und Schwere der Behinderung spielen 107

„Ihr Kind wird mit dem Taxi in die Schule gebracht?
Haben Sie es aber gut!"
Der Einfluss der sozio-ökonomischen Situation und des familiären
Umfelds auf die Geschwister 112

4. Teil: Wo und wie Familien mit einem behinderten Kind Hilfe finden 117

„Mein Bruder ist kein Trampel. Er hat eine feinmotorische Störung!"
Die „Kraftquellen" für die Geschwister 118

„Ich möchte, dass ihr öfter mal Zeit für mich habt."
Was Geschwister selbst tun können, um ihre Situation
zu verbessern 124

„Meine Söhne hörten immer nur von mir: Nicht jetzt! Nicht so laut!"
Was „Familienentlastende Dienste" tun können 129

„Anfangs habe ich ihn gern besucht. Aber jetzt kennt er mich kaum noch."
Wie es auf die Geschwister wirkt, wenn das behinderte Kind
ins Heim zieht 133

„Keiner, der als Einzelgänger kam, ist als Einzelgänger wieder abgereist."
Was Geschwister-Seminare vermitteln 137

„Im Spiel drücken Kinder aus, was sie bewegt."
Wie Psychotherapeuten Familien mit behinderten oder
chronisch kranken Kindern helfen 143

„Meine Eltern können nur noch trauern."
Wie Kinder und Jugendliche den Tod eines Geschwisters
verarbeiten 150

5. Teil: Was Eltern und Geschwister behinderter Kinder sonst noch wissen sollten 155

„Wir hatten damals einfach nicht den Mut zu einem zweiten Kind."
Warum ein behindertes Kind kein Einzelkind bleiben sollte 156

„Muss ich wirklich immer für ihn sorgen?"
Die finanziellen Verpflichtungen der erwachsenen Geschwister 160

*„Jemand, der über einen Behinderten spottet –
der käme für mich überhaupt nicht in Frage."*
Die Geschwister behinderter Kinder im Beruf
und in der Partnerschaft 163

Was ich mir wünsche...
Nachwort.. 166

Literatur... 173

Bücher für Kinder und Jugendliche 178

Adressen... 182

Zum Geleit

Ich freue mich, dass dieses informative Buch zur Situation der Geschwister behinderter oder chronisch kranker Kinder nun in erweiterter und aktualisierter Form eine weitere Neuauflage erfährt. Seit seinem ersten Erscheinen im Jahr 1995 hat das Buch einen großen Leserkreis in betroffenen Familien und unter Fachleuten gefunden.

Ilse Achilles ist es gelungen, ein allgemein verständliches und lebendiges Buch zur Situation von Geschwistern behinderter Kinder zu schreiben. Sie hat persönliche Erfahrungen – eigene wie diejenigen vieler anderer Betroffener –, wissenschaftliche Forschungsergebnisse und praktische Ratschläge in anschaulicher Form zusammengestellt. So entsteht ein differenziertes Bild von der Lebenssituation der Geschwister, von den Risiken und Chancen für ihre Entwicklung.

Geschwister behinderter oder chronisch kranker Kinder sind von früh an mit menschlichem Leid und Unvermögen konfrontiert, mit Belastungen, mit Einschränkungen und veränderten Beziehungen zu ihren Eltern. Wie sie dies meistern, hängt von einer Vielzahl von Bedingungen ab. Die Behinderung eines Kindes kann die psychosoziale Entwicklung seiner Geschwister beeinträchtigen, sie kann aber auch eine Chance zur Entwicklung größerer menschlicher Reife und Verantwortungsbewusstsein sein.

Geschwister sind anders betroffen von einer Behinderung ihres Bruders oder ihrer Schwester als die Eltern des Kindes. Dies macht es oft schwer für die Eltern, die Situation ihrer nicht behinderten Kinder zu beurteilen, sei es in Erziehungsfragen oder bei der Frage nach der Planung weiterer Kinder. Während für die Eltern die Behinderung oft ein lebenslanger Schmerz bleibt, der in Schwellensituationen immer wieder aufflammt, können die Geschwister oftmals einen viel unbefangeneren Kontakt zur behinderten Schwester, zum behinderten Bruder aufbauen. Ihre eigene gesunde Entwicklung wird eher davon abhängen, wie weit es ihnen gelingt, bei begrenzter Verantwortung einen eigenständigen Lebensweg zu finden. Wenn ihre Zuwendung auf Sympathie und Interesse am behinderten Kind basiert und nicht vorwiegend auf Schuldgefühlen, so können diese Erfahrungen das Leben der Geschwister bereichern.

Ilse Achilles zeigt auf, wie Eltern und soziales Umfeld diese Prozesse unterstützen und Gefährdungen vermeiden bzw. verringern können. Geschwister werden in diesem Buch erfahren, dass sie mit ihren Gedanken und Phantasien, Ängsten und Hoffnungen nicht alleine sind – vielen anderen Geschwistern behinderter oder chronisch kranker Kinder geht es ähnlich.

Das Buch regt dazu an, über den Stellenwert von menschlicher Schwäche und Unvollkommenheit in unserer Leistungsgesellschaft nachzudenken und über die Chancen des „Anders sein". Die Auseinandersetzung mit dieser oft verdrängten Thematik, die den Geschwistern behinderter Kinder aufgezwungen wird, könnte Vorbildfunktion für uns alle haben.

Bergisch Gladbach,
im November 2004   Prof. Dr. Waltraud Hackenberg

Vorwort

Seit 1990 mein erstes Buch erschien, in dem es um geistige Behinderung und Sexualität ging, habe ich eine Menge Vorträge und Seminare gehalten und dabei viele Familien mit behinderten Kindern kennen gelernt. Immer wieder fiel mir dabei auf, wie unglaublich hoch die Erwartungen sind, die Eltern behinderter Kinder an ihre nicht behinderten Töchter und Söhne stellen. Und wie wenig bewusst den Eltern das Ausmaß dessen ist, was sie da – laut oder stillschweigend – verlangen. Natürlich fragte ich mich, ob ich mich wohl auch so verhalten habe. War genug Zeit, Zuwendung, Verständnis geblieben für meine beiden Töchter bei all der Sorge um meinen behinderten Sohn? Oder habe ich die Mädchen überfordert?

Wenn man's recht bedenkt: Geschwister behinderter Kinder müssen vieles lernen und können. Sie sind Spielgefährte, Babysitter, Freund, Pfleger, Erzieher, Lehrer, Unterhalter, Co-Therapeut, Fürsprecher, Dolmetscher und in manchen Situationen sogar mal Ersatzmutter oder Ersatzvater für ihre behinderte Schwester oder ihren behinderten Bruder.

Sie übernehmen diese Funktionen sehr früh und behalten einige davon ihr Leben lang. Manchmal werden sie dadurch stark, belastbar, tolerant, sozial engagiert. Manchmal aber auch bitter, gehemmt, unglücklich. Wie auch immer: Meist ist die Bürde auf ihren Schultern zu groß, die Anerkennung zu gering. Wer soll ihre Leistung auch loben? Die Eltern sind meist zu beschäftigt mit dem behinderten Kind, voll Sorge um seine Gegenwart und Zukunft, versuchen, nichts zu versäumen, keine Therapiestunde auszulassen. Für das nicht behinderte Geschwisterkind bleibt da wenig Zeit.

„Nun lass sie doch", beschwichtigt die Mutter, wenn die behinderte Lisa zum zehnten Mal ihrem Bruder die gerade eben wieder sorgsam hergerichtete Lego-Burg zerstört. Und wenn er weint, weil er ja auch erst vier Jahre alt ist, muss er sich vielleicht noch von seiner Mutter anfahren lassen: „Nun stell dich bloß nicht so an!"

„Das ist doch wohl selbstverständlich, dass du zu Peters Abschlussfest da bist", sagt der Vater. Und prompt verkürzt die 22-jährige Helga ihren einwöchigen Trip nach Paris, um an der Entlassungsfeier ihres Bruders aus der Sonderschule dabei zu sein. Wenn es nach ihr ginge, wäre sie lieber die paar

Tage mit ihren Freunden in Paris geblieben, aber nach ihr geht es eben nicht. Peter wünscht sich doch so sehr, dass sie beim Abschlussfest dabei ist.
„Unser Sohn kommt nicht ins Heim", höre ich Eltern sagen. „Wir haben vor, ein Haus zu kaufen. Das erbt mal unsere Tochter. Die wohnt mit ihrer Familie dann unten und Lukas oben in der Einliegerwohnung. Da kann sie ihn gut mit versorgen. Da ist er nicht allein." So wird der Tochter lebenslängliche Fürsorgepflicht aufgetragen und nach ihren eigenen Zukunftsvorstellungen gar nicht gefragt. Die sind zweitrangig, wenn es sich um das Wohlergehen des behinderten Bruders dreht.

Über das Leben mit einem behinderten Kind gibt es viele Bücher. Über die Auswirkungen körperlicher, psychischer, geistiger Behinderungen. Besonders über die Beziehung der Mutter zu ihrem behinderten Kind ist viel geschrieben worden. Wie sie nach dem ersten Schock die Behinderung annehmen kann, wie sie lernt, ihr Kind, das keines „zum Vorzeigen" ist, zu lieben. Wie sie es fördert, eine Selbsthilfegruppe findet, mit den Therapeuten zusammenarbeitet.

Doch es gibt weit und breit kein Handbuch, in dem nachzulesen ist, wie Eltern es schaffen, ihre Liebe, Fürsorge und Aufmerksamkeit so zu verteilen, dass die nicht behinderten Kinder in der Familie nicht zu kurz kommen. Und es gibt genauso wenig ein Handbuch für Töchter und Söhne, dem sie entnehmen können, wie sie mit ihrer behinderten Schwester oder ihrem chronisch kranken Bruder liebevoll und fürsorglich umgehen und trotzdem Distanz gewinnen. Denn diese Distanz und den Mut zu einem speziellen Egoismus brauchen sie unbedingt, um ihr eigenes Leben erfolgreich zu führen.

Ich schreibe dieses Buch für die Geschwister behinderter Menschen. Ich möchte ihnen erklären, woher die Schuld, die Wut, der Ehrgeiz, die Ohnmacht stammen, die sie oft (immer, gelegentlich) fühlen. Wie man damit umgeht, wie man sich davon befreit.

Und natürlich richtet sich dieses Buch auch an die Eltern. Denn von ihnen hängt es ab, wie die Geschwister eines behinderten Kindes die Familiensituation erleben. Ob die Bürde so schwer wird, dass eine Tochter oder ein Sohn lebenslang an ihr tragen und sogar an ihr zerbrechen kann. Ob und wodurch diese Bürde leichter wird. Und welche Faktoren es sind, die aus dem Zusammenleben mit einem behinderten Geschwisterkind einen Menschen mit größerer Reife, Toleranz und sozialem Engagement werden lassen.

Ein Wort zur Neuauflage: Auch als Autorin dieses Buches bin ich zur Referentin geworden. Elternvereine und Selbsthilfegruppen riefen bei mir an und fragten, ob ich zu dem Thema „Behinderte Kinder und ihre Geschwister" sprechen könnte. Ich habe das getan, oft und gern, und ich habe bei jeder Veranstaltung dazu gelernt. Als ich dieses Buch schrieb, hatte ich als Zielgruppe hauptsächlich die Eltern und Geschwister von Kindern mit einer geistigen Behinderung im Blick. Ich habe mittlerweile verstanden, dass Familien mit einem Kind, das einen Herzfehler hat, das unter Mucoviszidose leidet, das mit genetischen Veränderungen wie dem Prader-Willi-Syndrom oder dem Fragilen X geboren wurde oder das die seltene Stoffwechselkrankheit MPS hat, ganz ähnliche Schwierigkeiten haben können. Mit einem großen Unterschied: Zu einigen dieser Behinderungen oder chronischen Erkrankungen gehört die ständige Angst vor dem Tod der Schwester oder des Bruders. Diese allgegenwärtige Angst macht den Geschwistern das Leben noch schwerer. Wie kann man nicht ständig nett, nicht hilfsbereit sein zu einer Schwester, einem Bruder, wenn man nicht weiß, wie lange sie/er noch lebt? „Ich wünschte, ich hätte Leukämie und nicht Tanja", sagte eine 14-Jährige zu ihren verblüfften Eltern und Verwandten. Deren Reaktion war Zurechtweisung: „Wie kannst du so etwas sagen? Sei dankbar, dass du gesund bist." Sie hatten nicht bemerkt, wie sehr das gesunde Mädchen während der Krankheit der Schwester zurückstecken musste. Die Mutter war wochenlang bei der erkrankten Tochter in der Universitätsklinik der nahen Großstadt, und auch der Vater verbrachte jede freie Minute dort. Währenddessen versorgte die Tochter sich selbst, hielt den Haushalt einigermaßen in Schwung und beschaffte obendrein den Unterrichtsstoff für die kranke Schwester, damit sie trotz ihrer langen Abwesenheit in der Schule mitkam. Die Kleine in der Klinik wurde mit guten Wünschen und Geschenken überhäuft, ihre Schwester ging leer aus – auch emotional.

Geradezu grob vernachlässigt werden manche Kinder, deren Geschwister sterben. Die Eltern sind oft so in Trauer verwoben, dass sie ihre lebenden Kinder kaum noch wahrnehmen. Ich habe deshalb dieser Neuauflage ein Kapitel über den doppelten Schmerz der Geschwister beim Tod ihrer Schwester oder ihres Bruders hinzugefügt. Denn manche Kinder verlieren obendrein die Eltern, die sie kennen und die ihnen vertraut sind. Schmerz und Verzweiflung verändern Mutter und Vater, sie können die ebenfalls fassungslosen Kinder nicht trösten, obwohl die gerade jetzt allen Trost der Welt nötig hätten.

Ich danke allen, die mich Einblick nehmen ließen in ihre Lebensgeschichte, die mir durch Interviews, Informationen, Anregungen beim Schreiben dieses Buches geholfen haben.

1. Teil

So funktionieren Geschwisterbeziehungen

„Für ihn tun sie alles, für mich nichts."

Wie Rivalität entsteht

Markus ist fünf. Er steht auf der Treppe und weint. Gerade ist sein vollgepackter Rucksack neben ihm umgekippt.

„Was ist denn, Markus?" frage ich erstaunt. Markus ist der älteste Sohn meiner Freunde Astrid und Peter. Wir wollen zusammen einen Ausflug machen. Bis eben waren wir alle noch guter Dinge. Warum weint Markus jetzt so jämmerlich?

„Mama und Papa bringen Daniel ins Auto. Mich haben sie hier stehen lassen. Dabei habe ich ihnen doch gesagt, dass ich noch meine Frisbeescheibe holen will. Aber sie haben schon die Haustür abgeschlossen, jetzt kann ich nicht mehr in mein Zimmer."

„Das ist doch kein Problem. Da holen wir den Schlüssel und schließen noch einmal auf...", will ich sagen, kann aber nicht zu Ende sprechen, weil Markus, von Schluchzen geschüttelt, plötzlich seine Arme um meinen Hals wirft, mir die Bluse nass weint und auf meine besorgten Fragen hervorschnieft:"...für Daniel machen sie immer alles. Für mich nichts. Um mich kümmert sich keiner!"

Daniel ist Markus' zwei Jahre jüngerer Bruder. Der Kleine war von Anfang an ein schwieriges Baby. Er schrie viel, wollte nicht trinken, später nicht essen, war meist teilnahmslos, dann wieder überaus aktiv. Die Eltern sorgten sich sehr um ihn. Etwa seit einem halben Jahr steht fest, dass Daniel autistisch ist. Die Diagnose war ein Schock für die Familie, obwohl Astrid und Peter so etwas geahnt hatten.

„Ja, wo bleibt ihr denn?" Astrid kommt atemlos die Treppe herauf. Und sie fragt: „Warum heulst du denn?", als sie Markus' verweintes Gesicht sieht. Der Junge hängt sich wieder an mich und schluchzt noch stärker.

Ich erkläre Astrid, dass er seine Frisbeescheibe holen möchte. „Meine Güte, was für ein Theater!" ruft sie fassungslos. „Bei jeder Kleinigkeit stellt er sich an, als würde die Welt untergehen."

Die Welt ist für Markus sicherlich schon sehr oft untergegangen, seitdem er den behinderten kleinen Bruder hat.

Ich bin hellhörig geworden, während ich mich auf dieses Buch vorbereitete. Kleine Szenen, die ich früher für alltäglich hielt, bekamen einen neuen Stellenwert für mich. Ich kann mir inzwischen vorstellen, wie groß die Verzweiflung, die Zurücksetzung, die Schmerzen, Zweifel und Ängste sind, die der kleine Markus bewältigen muss. Seine Mutter liebt ihn, sein Vater liebt ihn. Und manchmal lächelt ihn sogar sein kleiner Bruder an. Markus lebt in einer intakten Familie. Trotzdem ist die Gefahr groß, dass er seelischen Schaden nimmt, wenn sich niemand seiner Situation annimmt.

Seit ich meinen Freunden und Bekannten erzählt habe, dass ich ein Buch über die Situation der Geschwister behinderter Kinder schreiben will, bekomme ich „Geschwistergeschichten" zu hören. Jeder will etwas loswerden: über die „tolle große Schwester, die liebevoller für mich gesorgt hat als meine Mutter". Über den Bruder, der alles besser konnte, nicht nur Mathe, sondern auch Tennis und Gitarre. „Meine Eltern beteten ihn an, hielten ihn für ein Wunderkind", klagt seine jüngere Schwester immer noch bitter. Was mich verblüfft: all diese Geschichten sind voller Emotionen, viele Szenen so frisch in Erinnerung, als seien sie gestern passiert – und nicht vor 20 oder noch mehr Jahren.

Mit Behinderungen haben die meisten Geschichten zwar nichts zu tun. Um jedoch die spezielle Dynamik der Beziehungen zwischen behinderten und nicht behinderten Geschwistern zu verstehen, muss man wissen, wie „normale" Geschwisterbeziehungen funktionieren. Und schon die geben reichlich Zündstoff. Ich will das an einigen Beispielen klar machen:

„Mir ist fast das Herz stehen geblieben", erzählt mir meine Freundin Elisabeth, 50. „Einmal hörte ich, wie meine Tochter Kristin, damals war sie vier, ihrer zwei Jahre älteren Schwester Agnes nach einem Streit zornbebend entgegenschleuderte: ‚Ich wünsche mir zu Weihnachten, dass du stirbst'.

Stell dir mal vor, so ein kleines Mädchen und so voller Hass auf die Schwester. Was hatten mein Mann und ich bloß falsch gemacht bei der Erziehung?"

Bei der Erinnerung an die endlosen Streits ihrer Töchter wirkt Elisabeth heute noch ratlos. Aus den Mädchen sind junge Frauen geworden. Beide studieren mittlerweile und haben, soviel ich weiß, guten Kontakt zueinander.

Viele Eltern, die das konfliktreiche Heranwachsen ihrer Kinder beobachtet haben, sind ratlos – wie Elisabeth: „Wir haben unsere Töchter wirklich gleich behandelt. Keine vorgezogen. Trotzdem fühlte sich Kristin immer benachteiligt."

Typisch ist, dass meine Freundin die Gründe für Fehlentwicklungen (oder das, was sie dafür hält) ihrer Kinder zuerst bei sich sucht. Diese Vorgehensweise haben wir von den Psychologen gelernt. Denn die Therapeuten führen Probleme, die wir als Erwachsene haben, fast immer auf unsere Kindheit zurück und auf die Hauptrollen, die vor allem die Mutter und danach der Vater im ersten Akt unseres Lebens für uns spielten. Schwester und Brüder traten nur in Nebenrollen auf. Erst seit den 90er Jahren werden sie wichtig genommen und sind zum Gegenstand wissenschaftlicher Forschung geworden. Allmählich erkennt man, wie prägend gerade die Geschwisterbindung für die Entwicklung eines Menschen ist, für seine Charakterstärken genauso wie für seine lebenslangen Schwächen.

In ihrem Buch: „Der Geschwisterkomplex" erklärt die amerikanische Schriftstellerin Francine Klagsbrun (1993) sehr einleuchtend, warum das so ist: „**Geschwisterbindungen** reichen in die ersten vorsprachlichen Tage der Kindheit zurück und bestehen oft bis ins hohe Alter. Sie sind die dauerhaftesten aller Bindungen. Eltern sterben, Freunde verschwinden, Ehen lösen sich auf. Aber Geschwister können sich nicht scheiden lassen, und selbst wenn sie zwanzig Jahre nicht mehr miteinander sprechen, bilden Blutsbande und gemeinsame Geschichte ein unauflösliches Band."

In der Kindheit verbringen Geschwister mehr Zeit unter sich als mit den Eltern. Weil sie derselben Generation angehören, sprechen sie freier und direkter miteinander. Sie durchschauen die Tricks und die Strategien, die sich der Bruder oder die Schwester im Kampf um die Gunst der Eltern ausgedacht haben – und sie lernen daraus. Obwohl sie sich streiten, geben sie sich oft Trost und Sicherheit und verbünden sich gegen die Eltern.

Etwa 80 Prozent der Westeuropäer (Deutschland: ca. 75 Prozent) wachsen mit Geschwistern auf. Im „sozialen Trainingscamp" Familie lernen sie fürs Leben. Wie jemand später mit seinem Partner, seinen Kindern, seinen Freunden umgeht – an seinen Geschwistern hat er es geübt. Einzelkinder lernen das auch – aber anders und mühsamer – in Kindergarten und Schule.

In Geschwisterbeziehungen geht es hauptsächlich um **drei Reibungsbereiche**. Das sind: Rivalität um die elterliche Zuwendung, Streben nach Anerkennung durch den Bruder und/oder die Schwester und um das Erobern und Erhalten von Machtpositionen in der Geschwisterreihe.

Die **Rivalität** beginnt, sobald das zweite Kind auf die Welt kommt. Seine Geburt „entthront" das erste Kind. Ein, zwei oder noch mehr Jahre war es unumschränkter Herrscher im Kleinfamilien-Clan, Mittelpunkt des Interesses, Stolz der Eltern. Dann muss es teilen. Zeit und Aufmerksamkeit der Eltern gelten nicht mehr nur ihm. Das spürt das Kind deutlich, und das macht es wütend. Weil es als ältestes Kind in seiner konkurrenzlosen und intensiven Bindungsphase an die Eltern jedoch gelernt hat, was Mutter und Vater gefällt, unterdrückt es seine Wut. Dennoch gibt es Situationen, da steht es mit dem Baustein in der Hand vor dem Kinderwagen und würde den Klotz nur allzu gern dem ungebetenen Geschwisterkind an den Kopf werfen. Und manche Kinder tun das auch.

Viele Psychologen sehen die Reaktionen von Erstgeborenen nicht mehr ganz so pessimistisch. Neue Studien bestätigen den Wissenschaftlern, was Eltern auch erleben: Ihre älteren Kinder sind auf die neue Schwester oder den neuen Bruder nicht nur eifersüchtig, sondern sie lieben und mögen sie auch. Manche kümmern sich durchaus kompetent um das kleine Geschwisterkind, indem sie sein Verhalten oder Schreien gekonnt interpretieren: „Mama, komm, Benedikt weint. Er will jetzt auf den Arm."

Um die kindliche Eifersucht, wenn sie auftaucht, im erträglichen, ungefährlichen Rahmen zu halten, geben sich Eltern große Mühe, dem ältesten Kind das Baby schmackhaft zu machen. „Du musst lieb zu deiner Schwester sein. Sie ist doch noch so klein und kann noch gar nichts. Und du bist schon so groß und so tüchtig." Solche Worte trösten und bauen auf. Sie legen aber auch den Grundstein für weitere Rivalität. Denn sie festigen im Erstgeborenen die Überzeugung: Ich bin der/die Älteste und damit der Wichtigste und Beste. Ich habe die meisten Rechte." Kein Wunder, dass jüngere Geschwister gegen diesen Dünkel Sturm laufen, vielleicht endlos, vielleicht bis ins Alter.

Francine Klagsbrun beschreibt in ihrem Buch, wie empört und verletzt sie reagiert, als ihr Bruder, ein erfolgreicher Geschäftsmann, ihr, der ebenso erfolgreichen Autorin, zu verstehen gibt, dass immer *er* das Lieblingskind der Eltern gewesen sei. Erst als nach einem Familienfest ihr alter Vater ihr ins Ohr raunt, *sie* sei stets sein Lieblingskind gewesen, ist sie wieder fröhlich. Und kann es gar nicht erwarten, diese Neuigkeit ihrem Bruder zu erzählen.

Das Verblüffende: Die alten Rivalitätsmuster bleiben gültig, überschreiten sogar Generationen. „Meine Eltern sind zu den Kindern meiner Schwester viel großzügiger als zu meinen", klagt ein 55-jähriger Anwalt, der seit Kindesbeinen davon überzeugt ist, seine fünf Jahre jüngere Schwester würde ihm vorgezogen.

Aber es ist nicht nur die elterliche Gunst, um die Geschwister konkurrieren. Was die Beziehung noch dramatischer macht, ist der dringende **Wunsch nach Anerkennung** durch den Bruder oder die Schwester. Auch hier gibt es keine Altersgrenze.

„Vor zwei Jahren, an meinem 60. Geburtstag, habe ich ein Fest gegeben und mir zu dem Anlass ein neues Kleid gekauft. Alle sagten, dass ich gut darin aussehe. Meine älteste Schwester kam, sah mich, rümpfte die Nase und sagte: ‚Warum kaufst du dir denn was in blau? Du weißt doch, das steht dir nicht'. – Sie macht das mit Absicht. Sie weiß, dass ich mich darüber ärgere. Das ganze Fest hat mir keine Freude mehr gemacht. Das Kleid habe ich nie wieder angezogen. Es hängt im Schrank."

Bei solchen Kränkungen und Sticheleien geht es auch um **Macht**. Geschwister kennen die gegenseitigen Schwachpunkte haargenau, sie nutzen dieses Wissen und treffen immer den wunden Punkt des anderen. Ältere Geschwister sind geübt darin, einen Teil elterlicher Autorität zu übernehmen und sie rücksichtslos einzusetzen. Mit Drohungen, Spott, Schikanen, Belohnungen und Entzug von Belohnungen halten sie die Konkurrenz, nämlich die jüngeren Geschwister, in Schach. Die aber wehren sich – mit ähnlich unfairen Mitteln.

Mit Argusaugen wachen Geschwister darüber, wer, wann und wie von den Eltern vorgezogen wird. „Wir haben sie völlig gleich behandelt", sagt meine Freundin Elisabeth über die Erziehung ihrer Töchter. „Kristin bekam genau so viel Taschengeld, durfte abends genau so lange aufbleiben, dieselben Fernsehsendungen sehen wie Agnes obwohl die ja zwei Jahre älter war. Hätten wir Agnes mehr Rechte eingeräumt, wäre Kristin völlig ausgerastet."

Der Illusion, dass sie ihre Kinder völlig gleich behandeln, geben sich viele Eltern hin. Dabei stimmt es nicht, kann gar nicht stimmen. Und es ist auch klar, warum: Kein Kind wird in dieselbe Familie geboren. Als Agnes auf die Welt kam, waren Mutter und Vater da. Als Kristin geboren wurde, gab es außer den Eltern eben schon Agnes. Das war eine ganz andere Situation. Zudem verändert sich die Einstellung der Eltern in der Zeit vom ersten zum zweiten (dritten, vierten) Kind.

„Stimmt", gibt Elisabeth zu. „Bei Agnes war ich noch Anhängerin der damals weit verbreiteten Theorie, dass Kinder nur pünktlich alle vier Stunden hochgenommen, gefüttert und gewickelt werden sollen, damit man sie nicht verwöhnt und kleine Egoisten heranzieht. Bei Kristin sah ich das alles viel lockerer. Da war der neueste Tipp der Kinderärzte: Babys auf keinen Fall schreien lassen. Die Winzlinge brauchen die Sicherheit, dass ihre Mutter sich sofort um sie kümmert, damit sie das so genannte Urvertrauen entwickeln können."

Außer der Zahl der Familienmitglieder und der Wandlung der Erziehungsideale ändert sich meist auch die soziale und finanzielle Situation der Eltern in der Zeit von der Geburt des einen Kindes bis zur Geburt des nächsten. Mit dem ersten Kind leben die Eltern oft noch in einer kleineren Wohnung, haben wenig Geld, weil sie vielleicht gerade die Ausbildung beendet haben. Die junge Mutter ist froh, Prüfungen oder Berufstätigkeit erst einmal an den Nagel hängen zu können, um sich ganz dem Baby zu widmen. Beim zweiten Kind hat der Vater eventuell einen gut bezahlten Job und die Mutter liebäugelt mit einer Zusatzausbildung, damit sie, wenn das zweite Kind „aus dem Gröbsten raus ist", den (Wieder-)Einstieg in den Beruf probieren kann.

Dieselbe Mutter, derselbe Vater. Dennoch ist es jedesmal eine andere Familie, in die ein Kind hinein geboren wird. Damit liegt auf der Hand, dass Eltern ihre Kinder gar nicht gleich behandeln können.

Und es kann ja auch nicht das Ziel sein, elterliche Liebe wie Griespudding, exakt in Schälchen portioniert, zu verteilen. Mal braucht das eine Kind mehr Trost und Zuwendung, mal das andere mehr Aufmerksamkeit. Und die muss es auch bekommen – je nach dem Charakter des Kindes und der Situation, in der es sich befindet.

Ein anderes Phänomen: Eltern erfahren täglich staunend, dass Kinder sich so wenig wie möglich unterscheiden wollen von ihren Spielkameraden und Schulfreunden. Ihr Herz hängt an der Jeansmarke, die alle tragen. Oder an der Schultasche, die jeder super findet. Dazu schwärmen sie für dieselbe Pop-Gruppe und sprechen denselben Jargon. Je ähnlicher sich Freundinnen sind, umso toller finden sie das. Was in diesem Zusammenhang erstaunlich ist: Geschwister wollen einander überhaupt nicht ähnlich sein. „Sie sieht zwar so aus wie ich, aber im Charakter ist sie ganz anders", sagt Agnes über Kristin. Und das stimmt. Das bestätigt auch ihre Mutter. „Agnes ist von Anfang an die Verständige, Ausgeglichene gewesen. Kristin war schon als Kleinkind viel lauter, schrie, wenn sie etwas nicht gleich bekam, und neigt heute noch zu Temperamentsausbrüchen. Ein typischer Rebell."

Diese Bemerkung weist auf ein weiteres Phänomen hin. Eltern drücken ihren Kindern häufig einen Stempel auf. „Das ist die Schöne". „Das ist die Kluge". „Das ist der Geschickte". „Das ist der Sportliche". Solche Charakterisierungen mögen bisweilen zutreffen, sie können aber auch der individuellen Entwicklung Grenzen setzen. So sagt eine Frau aus meinem Bekanntenkreis: „Ich war schon Mitte Zwanzig, als ich begriffen habe, dass ich gar nicht so hässlich bin, wie ich fand. Bei uns zu Hause war immer meine Schwester die Hübsche".

In jeder Familie wird eine Rolle nur einmal verteilt, etwa die des Zuverlässigen, des Opfers, des Clowns. Dazu kommen noch die Unterteilungen in Mutters Sohn und Vaters Tochter. Besonders in Familien mit zwei Kindern teilen sich die Geschwister die Eltern regelrecht auf. So hat jeder seine Bezugs- und Vertrauensperson, zu der er bei Kummer gehen kann, von der er sich Vorteile erbetteln kann.

„Das ist richtig", sagt Elisabeth. „Kristin war immer Papas Tochter. Die beiden sind Nachtmenschen, sahen also noch um Mitternacht zusammen fern. Da waren Agnes und ich längst im Bett. Es fiel mir leichter, Agnes zu verstehen. Sie war meiner Art zu denken so viel ähnlicher. Bei Kristin wusste ich nie, woran ich war. Und dann fürchtete ich natürlich ihre Wutausbrüche. Also war Agnes Mamas Tochter. Irgendwie waren wir vier mit dieser Einteilung ganz zufrieden. Woher sie kam – darüber haben wir uns nie Gedanken gemacht."

In der Schulzeit hatten die beiden Schwestern immer weniger Berührungspunkte, und auch die Eltern nahmen in ihrem Leben weniger wichtige Rollen ein. Jede hat ihren eigenen Freundeskreis, besonders als Agnes schon die Oberschule und Kristin noch die Grundschule besuchte.

Aus Elisabeths Erzählungen weiß ich, wie es weiterging: Ihr Mann verliebte sich Knall auf Fall in eine andere Frau und verließ die Familie. Das war für alle hart, am schlimmsten aber für Kristin. Sie konnte das Verhalten ihres bewunderten, heiß geliebten Verbündeten überhaupt nicht verstehen, reagierte verstört und mit Nachlassen der Leistungen in der Schule.

In dieser Zeit schlossen sich die Schwestern enger zusammen, sprachen viel miteinander, spielten endlos Karten und Gesellschaftsspiele. Sie müssen sich so gegenseitig getröstet haben. Ihre Mutter konnte ihnen damals keine Stütze sein, denn sie musste selbst erst wieder Boden unter den Füßen finden.

Krisen scheinen auf mindestens zwei verschiedene Arten auf Geschwister zu wirken. Scheidung, Krankheit oder Tod eines Elternteils bringt sie entweder näher zusammen und sie meistern wie Hänsel und Gretel Hand in Hand die Folgen der Katastrophe. Oder aber alte Streitpunkte brechen wieder auf und werden noch bitterer als in der Vergangenheit zur Sprache gebracht. Als Freunde von mir überlegten, wie sie die Betreuung ihrer Mutter, die einen Schlaganfall erlitten hatte, organisieren können, sagte der älteste Bruder, er könne, weil er am weitesten entfernt wohne, nur finanziell helfen. „Das sieht dir ähnlich", fuhr ihn seine drei Jahre jüngere, inzwischen aber 56-jährige, Schwester an, „immer, wenn es etwas zu tun gibt, entziehst du dich. Das hast du schon früher beim Abtrocknen so gemacht. Die richtige Arbeit bleibt immer an mir hängen."

Bei Geschwistern – so scheint es – funktioniert das Langzeitgedächtnis besonders gut. Und Wunden vernarben auch nach Jahrzehnten nur oberflächlich.

*„Sie jammert, dass ich mehr darf als sie.
Aber sie selbst kämpft um nichts."*

Die Geschwisterfolge

In den 80er Jahren gab es eine ganze Reihe von populärwissenschaftlichen Büchern für Hobby-Psychologen nach dem Motto: Sage mir, an welcher Stelle du in der Geschwisterreihe stehst und ich sage dir, wer du bist. Oder – noch besser: Ich sage dir, wer zu dir passt. So wird die älteste Schwester von Brüdern angeblich am glücklichsten mit dem jüngsten Bruder von Schwestern. Und mittlere Kinder sollten als Erwachsene nur Partner wählen, die als erste oder letzte geboren wurden.

Ganz so schlicht sehen Psycho-Forscher die Sache mittlerweile nicht mehr. Francine Klagsbrun zitiert die Schweizer Wissenschaftler Cécile Ernst und Jules Angst. Sie haben die Studien zur Geburtenreihenfolge von den 40er bis zu den 80er Jahren des 20. Jahrhunderts überprüft und festgestellt, dass die Verallgemeinerungen über die Auswirkungen der Geschwisterreihenfolge allzu grob sind und dass es dafür keine eindeutigen Beweise gibt. Bei der Beurteilung der Charaktermerkmale, die angeblich für eine bestimmte Position in der Geschwisterreihe typisch sind, müssen eben auch Faktoren wie die soziale Stellung der Eltern berücksichtigt werden, ihre finanzielle Situation und vor allem die Gesamtzahl der Kinder und der Altersabstand zwischen ihnen.

Familien sind überaus komplexe Systeme mit vielen Formen von Interaktionen, die alle Mitglieder in irgendeiner Weise prägen und beeinflussen. Deshalb bedient die allzu simple Klassifizierung eines Menschen nach seinem Status in der Geschwisterreihe lediglich Klischees. Man kann zwar versuchen, Tendenzen aufzeigen, wenn es darum geht, Charakterzüge der Erst- und Zweitgeborenen, der Nachzügler und Nesthäkchen darzustellen. Aber auch die sind mit Vorsicht zu genießen. Fest steht, dass jüngere Geschwister von älteren stärker beeinflusst werden als umgekehrt.

Die Machtkämpfe zwischen dem erst- und dem zweitgeborenen Kind sind immer am größten, unabhängig davon, ob es in der Familie zwei oder mehr Kinder gibt. Das gilt umso mehr, je geringer der Altersunterschied zwischen ihnen ist.

Als Kinder und auch als Erwachsene sind Erstgeborene davon überzeugt, dass ihnen ganz selbstverständlich ein bestimmtes Maß an Autorität und Privilegien zusteht. Jahrelang haben sie bei den Eltern alles zuerst durchgesetzt: das erste Make-up, den Ausgang nach 22 Uhr, die Zeltreise mit dem Freund.

Von diesen familiären Pionierleistungen profitieren die Jüngeren. „Ich habe immer kämpfen müssen, um jede kleine Freiheit", sagt eine 19-Jährige. „Was ich nach langen Auseinandersetzungen mit 18 durfte, darf meine Schwester jetzt schon. Dabei ist sie erst 16. Und was tut sie? Sie jammert nun schon ihr Leben lang, dass ich mehr darf als sie. Aber sie kämpft um nichts. Sie lässt mich alles ausfechten und profitiert davon." Natürlich erwarten Erstgeborene dafür Dankbarkeit, möglichst lebenslänglich. Und sie wollen um Rat gefragt werden. Jüngere Geschwister lernen schon früh, ihr Unterlegenheitsgefühl abzuwehren, indem sie die etablierte Ordnung in Frage stellen oder mit Diplomatie und Charme ihre Chancen vergrößern. Manche aber geben auf, mit ihren älteren Geschwistern zu konkurrieren und gehen eigene Wege. Doch fast alle reagieren als Erwachsene noch hochsensibel und wütend auf die kleinsten Zeichen der Machtausübung durch die Älteren. Das erinnert sie an die Ungleichheit, die ihre frühen Lebensjahre geprägt hat. Immer war da einer, der mehr konnte, mehr durfte. Das hat ihr Selbstbewusstsein untergraben.

Mittlere Kinder haben eine ganz eigene Position in der Familie, weil sie gleichzeitig die Rolle des älteren und des jüngeren Kindes innehaben. Sie entwickeln Kompromissfähigkeit und Geschick, weil die Doppelrolle sie zwingt, sich einen Weg zu suchen zwischen denen, die über ihnen und denen, die unter ihnen stehen.

Obwohl die Position als die Schwierigste gilt, halten viele „Sandwich-Kinder" sie für die beste. Sie finden, dass die Älteren zu viel Verantwortung trügen, die Jüngeren zu wenig, sie aber gerade die richtige Menge davon haben. Sie genießen es, gleichzeitig die Jüngeren und die Älteren zu sein. Sie haben die Möglichkeit, den Druck der älteren Geschwister an die Jüngeren weiterzugeben, die in der Hackordnung unter ihnen stehen. Da sie gleichzeitig aus eigener Erfahrung wissen, wie man sich auf der untersten Stufe der Geschwisterhierarchie fühlt, gehen sie meist sehr sensibel und freundschaftlich mit den jüngeren Geschwistern um.

Man geht davon aus, dass die meisten Zweitgeborenen die Geburt eines Geschwisterkindes genauso als „Entthronung" empfinden, wie Erstgeborene das tun. Sie sind nun nicht mehr das Jüngste, das in vielen Familien ja besonders nachsichtig und liebevoll behandelt wird. So fühlen sich mittlere Kinder dann oft vernachlässigt. Meist brauchen sie eine Extraportion an Aufmerksamkeit über lange Zeiträume hinweg, also nicht nur in der Phase, in der sie ihren Platz als Jüngstes aufgeben müssen.

Das jüngste, zuletzt geborene Kind einer Familie ist das einzige, dessen Position sich nie verändert. Dafür macht es aber auch nie – und wenn, dann nur im Erwachsenenalter – die befriedigende Erfahrung, größer, stärker oder klüger zu sein als eines seiner Geschwister.

Die traditionelle Theorie der Geschwisterfolge bezeichnet ausnahmslos die jüngsten Kinder einer Familie als „charmant" und „extrovertiert", gelegentlich auch als „verwöhnt" und „verantwortungslos" – Folgen ihrer Vergötterung durch die Eltern und der Zuwendung der älteren Geschwister.

Die Jüngsten selbst sehen das anders. „Verwöhnt? Ich? Wirklich nicht! Für mich gab es nie etwas Neues. Ich habe immer das gekriegt, was von meinen Geschwistern übrig blieb, Kleidung, aber auch Spielzeug." Und in Francine Klagsbruns Buch klagt eine Frau so besonders eindrucksvoll: „Meine drei älteren Schwestern waren für mich überlebensgroß. Ich war ihnen immer im Weg, immer sagten sie nur, ich solle mich waschen. Ihre Schlussballkleider waren wichtiger als der Frosch, den ich gefangen hatte."

„Ich hasste es, der Jüngste zu sein", schrieb ein Mann. „Ich hatte andauernd das Gefühl, ich würde mit meinen Brüdern und Schwestern verglichen und so meiner eigenen Identität beraubt. Ich vergleiche mich immer noch mit anderen Leuten und versuche, herauszufinden, wer ich eigentlich bin."

Psychologen sind der Meinung, dass jüngste Kinder in folgenden Dilemma stecken: Sie wollen die Älteren unbedingt übertrumpfen. Gleichzeitig aber fürchten sie sich vor den Konsequenzen. Denn die Älteren zu übertrumpfen, heißt auch, Schuldgefühle in Kauf zu nehmen, weil sie durch den Überholvorgang die „natürliche" Ordnung stören. (Gerade bei jüngeren Geschwistern von behinderten Kindern kann das eine große Quelle für lebenslange Schuldgefühle sein.)

Die jüngsten Kinder sind übrigens häufig diejenigen, die sich am Ende um die alten Eltern kümmern – entweder weil sie am längsten im Elternhaus lebten, den Absprung verpassten und nun, da es den Eltern schlecht geht, erst recht nicht ausziehen wollen und können. Oder weil die Eltern (und Geschwister) das von ihnen ganz selbstverständlich erwarten. Oft entwickelt aber gerade das jüngste Kind auch ein so genanntes „Helfer-Syndrom". Das heißt, es hilft gern, wo es kann, opfert sich womöglich auf, weil es das Gebrauchtwerden für sein Selbstgefühl braucht.

Das gilt natürlich ganz besonders für den Fall, dass das Jüngste weiblich ist. Denn das Geschlecht spielt eine weitere wichtige Rolle in der Identitätsfindung und Charakterbildung von Schwestern und Brüdern.

„Noch heute frage ich meinen Bruder um Rat, wenn ich Probleme mit meinem Mann habe."

Wie das Geschlecht die Geschwisterbeziehung beeinflusst

Die Beziehungen gleichgeschlechtlicher Geschwister sind in der Regel problematischer als die verschieden geschlechtlicher. Soll heißen: Eine Schwester hat mit ihrer Schwester mehr Probleme als mit ihrem Bruder. Und ein Bruder findet in der Beziehung zu seinem Bruder mehr Konfliktstoff als zu seiner Schwester.

So ganz neu ist die Erkenntnis nicht: Wann immer es in Sagen, Märchen, Legenden und vor allem in der Bibel, darum geht, eine Geschwisterbeziehung darzustellen, wird für die positive die verschieden geschlechtliche genommen: Hänsel und Gretel sorgen füreinander, Brüderchen und Schwesterchen – ebenfalls bei den Gebrüdern Grimm – stehen einander bei.

Geht es aber um ein konkurrierendes, böswilliges Verhältnis, wird das an gleich geschlechtlichen Geschwistern festgemacht: Die sieben Raben, Josef und seine Brüder, Goldmarie und Pechmarie in „Frau Holle" – und vor allem Kain und Abel.

Sind in einer Familie nur zwei gleichgeschlechtliche Geschwister, schaffen sie es manchmal intuitiv, die Rivalität nicht allzu groß werden zu lassen. Sie entwickeln verschiedene Interessen, legen sich selbst auf bestimmte Rollen fest („Sie ist ein Bücherwurm, ich bin eher sportlich"), um sich nicht ins Gehege zu kommen. Manche teilen ihre Eltern auf: Der/die eine ist Mamas Kind, der/die andere Papas.

Das klappt am besten bei Schwestern. Meist wird die robustere „Papas Tochter" – quasi als Ersatz für den Sohn, den er nicht hat. Bei Brüdern ist das schwieriger, denn offiziell will keiner „Mamas Sohn" sein, auch wenn er ihr tatsächlich viel näher steht als dem Vater. Muttersöhnchen sind in unserer Gesellschaft eben verpönt.

Aber selbst wenn jedes Kind seinen emotionalen Bereich abgesteckt oder seine individuellen Interessengebiete belegt hat, gibt es natürlich immer wieder Streit – wobei Brüder ihre Aggressivität offener zeigen, indem sie sich zum Beispiel prügeln oder in Ringkämpfen ihre Stärke messen. Schwestern machen das feiner: Meist ist es die Älteste, die gekonnt stichelt, schimpft, anschwärzt – und die Jüngere reagiert darauf mit Protestgebrüll, später mit geschicktem Austricksen.

Sind Brüder und Schwestern in einer Familie, hängt ihre Beziehung sehr davon ab, wer der oder die ältere ist. Ist es der Junge, dominiert er seine Schwester, übernimmt aber oft auch Beschützerfunktion.

Um Dominanz und Macht geht es auch, wenn das älteste Kind ein Mädchen ist, das nächste ein Junge. Allerdings ist die Machtposition der älteren Schwester bei weitem nicht so stabil wie die eines älteren Bruders. Das ist klar, denn bei nur geringem Altersabstand holt der Junge in wenigen Jahren seine Schwester ein – an Größe, Stärke und Durchsetzungsvermögen. Dann wehrt er sich vehement gegen die schwesterliche Bevormundung. Außerdem spüren viele Mädchen, dass ihr Bruder als „Stammhalter" von den Eltern besonders geschätzt wird. Auch das schwächt ihre Position. Ein weiterer Punkt: Viele Mädchen identifizieren sich mit ihren Müttern. Sie wissen, es wird von ihnen erwartet, dass sie den/die Jüngeren schützen. So fühlen sie sich schon früh verantwortlich für die Geschwister. Viele können nicht alle Erwartungen erfüllen, so dass sie mit Schuldgefühlen und Komplexen heranwachsen. Francine Klagsbrun zitiert eine 50-jährige Frau, die sich immer noch damit quält, dass sie ihren Bruder gedemütigt hat, als sie neun und er sechs Jahre alt waren. Sie hatte seinen Freunde erzählt, er sei Bettnässer. „Er hat sich so geschämt. Das kann ich mir nie verzeihen." Untersuchungen haben gezeigt, dass sich ältere Brüder dagegen weniger bis kaum Gedanken darüber machen, ob und wie sie ihre Geschwister verletzt haben könnten.

Wachsen Schwestern und Brüder gemeinsam auf, haben sie einen großen Vorteil für die Zukunft. Mädchen und Jungen entwickeln große Sensibilität für das andere Geschlecht. Sie erleben nicht nur, welche Probleme der andere in seiner Entwicklung zu bewältigen hat, sie gehen auch mit dem Freundeskreis des Geschwisterkindes um und können so zunächst ganz unbefangen Grenzen und Möglichkeiten testen. Mädchen haben selbstverständlichen und lockeren Kontakt zu Jungen und umgekehrt, ohne dass man sich verabreden muss oder gleich „miteinander geht". Das Verhalten des Bruders kann mit dem seiner Freunde verglichen werden, das der Schwester mit dem ihrer Freundinnen. Das erweitert die Perspektive und dient der Menschenkenntnis.

Und außerdem hatte das gemeinsame Erwachsenwerden noch ganz andere Vorteile: „Zungenkuss? Habe ich mit meinem Bruder geübt. Ich wollte nicht ganz so dumm dastehen, wenn mich der Junge, den ich damals anhimmelte, wirklich küsste."

Und eine 35-jährige Frau sagt: „Noch heute frage ich Rolf, meinen zwei Jahre jüngeren Bruder, um Rat, wenn ich Probleme mit meinem

Mann habe. Ich lasse mir von ihm genau erklären, was Männer in bestimmten Situationen denken und warum sie sich so verhalten, wie sie sich verhalten."

Woran liegt es eigentlich, ob manche Geschwister sich gut verstehen, andere sich aber ständig streiten, anfangs um den Ball, später um das Erbe ihrer Eltern?

Nach allem, was ich gelesen habe, sind es hauptsächlich vier sehr unterschiedliche Faktoren, die für den herzlichen und verständnisvollen Umgang der Geschwistern miteinander verantwortlich sind:

1. Das positive elterliche Vorbild. Halten Mutter und Vater guten Kontakt zu ihren Eltern und Geschwistern, gehen sie mit Respekt und Herzlichkeit miteinander um, so entwickeln auch ihre Kinder Familiensinn. Sie wachsen mit Tanten, Onkel, Cousinen und Cousins auf, konkurrieren mit ihnen, kritisieren sie und werden kritisiert und wissen doch: Es bleibt in der Familie. Das kann lebenslange emotionale Sicherheit geben.

In manchen Familien ist eine bestimmte Art von Loyalität vorgeschrieben durch Religion und Tradition. Das macht „die Familienbande" in meinen Augen nicht weniger wertvoll, solange der Umgang freundlich und verständnisvoll ist und auf Zuneigung und nicht auf patriarchalischem Zwang beruht. Nur: sobald der Begriff „Familienehre" fällt, sträuben sich bei mir alle Haare.

2. Eine problematische Familiensituation. Das klingt zunächst paradox, leuchtet aber doch ein: Je schwieriger die Gesamtlage, umso näher rücken die Geschwister zusammen. Wenn Eltern ihren Aufgaben nicht nachkommen können oder wollen, zum Beispiel bei Tod, Scheidung oder Krankheit, trösten und stützen sich die Geschwister gegenseitig. Oft übernimmt das Älteste Beschützerfunktion und behält diese Rolle ein Leben lang. Kinder, die sich aus Not loyal verhalten, fühlen sich noch als Erwachsene stark miteinander verbunden. „Manche können sich nie voneinander lösen. Sie sind durch den Verlust der Eltern oder deren Ablehnung so verletzt, dass sie außerhalb dieser Bindung keine reifen, befriedigenden Beziehungen mehr eingehen können." (Klagsbrun, 1993)

3. Der Altersabstand. Je geringer der Altersabstand ist, umso stärker ist die emotionale Bindung zwischen den Geschwistern. Zwar wissen wir aus dem vorhergehenden Kapitel, dass viel Nähe auch viel Reibung, sprich: Rivalität mit sich bringen kann. Viele Studien haben dennoch bestätigt, was die amerikanische Psychologin Helen Koch (in: Bank/Kahn 1994) schon vor Jahren herausfand. Geschwister mit einem Altersabstand von bis zu zwei Jahren haben einen großen emotionalen Zugang zueinander. Sie trennen sich nur ungern, spielen häufig miteinander und mit denselben Spielkameraden. Oft entwickeln sie eine Art Geheimcode in Sprache und Gestik, um sich unauffällig untereinander zu verständigen. Bei dem geringen Altersunterschied scheint es weniger Rivalitätsprobleme zu geben. Dafür haben die Kinder, wenn sie das gleiche Geschlecht haben, größere Schwierigkeiten, ihre eigene Identität zu entwickeln. Besonders schwer fällt ihnen dies, wenn ihre Eltern die Geschwister „verschmolzen" haben, immer von „den Mädchen" oder „den Jungen" sprechen. „Mein Bruder und ich sind eineinhalb Jahre auseinander", erzählt Karl, ein 33-jähriger Bankkaufmann, „wir sehen uns sehr ähnlich. Wer uns nicht kannte, hielt uns für Zwillinge. Wir fanden das toll. Auch heute fühlen wir uns verbunden wie Zwillinge. Zum Glück wohnen wir in derselben Stadt und unsere Frauen verstehen sich gut, so dass wir viel miteinander unternehmen. Meine erste Freundin hat sich über meinen engen Kontakt zu meinem Bruder geärgert. Das ging dann auch nicht lange gut mit uns beiden. Den Kontakt zu meinem Bruder brauche ich. Der tut mir gut. Keiner versteht mich so prima wie mein Bruder. Eine Bemerkung von mir – und er weiß ganz genau, worauf ich anspiele."

Geschwister mit einem Altersabstand ab vier Jahren entwickeln eine viel weniger intensive Beziehung zueinander, haben dafür aber weniger Probleme mit der Identitätsfindung. Bei einem Altersunterschied von mehr als acht Jahren beeinflussen sich die Geschwister nur noch in geringem Maße. Es ist, als gehörten sie verschiedenen Generationen an. Sie haben nur wenig Zeit miteinander verbracht und kaum eine gemeinsame persönliche Geschichte: ihre Schulzeit, ihre Freunde waren verschieden. Selbst ihre Eltern waren – streng genommen – nicht dieselben, weil sich Mutter und Vater in den Jahren, die zwischen den Geburten ihrer Kinder liegen, ebenfalls verändert haben.

4. Die Gruppierung. Eine Auffälligkeit gibt es bei Familien mit mehreren Kindern. Es hat sich gezeigt, dass dort die Beziehungen zwischen dem ersten, dem dritten und dem fünften Kind (wenn es so viele sind) besonders stark sind – und die zwischen dem zweiten und dem vierten. Die Gruppierung ist unabhängig vom Geschlecht, die Kinder nehmen sie intuitiv vor, um sich vor direkter Rivalität mit dem vor ihnen Geborenen zu schützen. Das erklärt zum Teil auch, warum in Familien mit drei Kindern das mittlere eine so schwierige Position hat. Es fehlt ihm der Koalitionspartner ...

Auch als Erwachsene halten die Geschwister zu ihrem Gruppierungspartner deutlich mehr Kontakt als zu ihren anderen Brüdern oder Schwestern.

2. Teil

Was bei den Geschwistern behinderter Kinder anders ist

*„Für meinen Bruder hatte der liebe Gott
nicht mehr genug Intelligenz übrig."*

Die Chancen und Risiken für Geschwister behinderter Kinder

Vor einiger Zeit erzählte mir meine jetzt 33-jährige Tochter Anya, dass sie als Kind geglaubt hat, der liebe Gott habe für jede Familie ein bestimmtes Quantum an Intelligenz zu vergeben. Und weil er ihr und ihrer älteren Schwester Miriam offensichtlich davon eine besonders große Portion zugeteilt hätte, wäre wohl für ihren Bruder nichts übrig geblieben.

Ihr Bruder ist geistig behindert.

Das bedeutete für die neun- oder zehnjährige Anya, dass sie nicht etwa ein Gefühl der Freude empfand, wenn sie in der Schule gute Zensuren bekam und deswegen von der Lehrerin und von uns gelobt wurde. Auf die Einsen, die sie erhielt, reagierte sie nicht mit berechtigtem Stolz, sondern mit schlechtem Gewissen. Sie war davon überzeugt, dass ihre guten Leistungen zu Lasten ihres Bruders gingen.

Das ist nur eine kleine Episode, aber sie machte mich sehr nachdenklich. Wer weiß, was Geschwister von behinderten Kindern sich noch so zusammenreimen? Was sie schlucken, verdrängen, womit sie sich belasten, worunter sie leiden – manchmal vielleicht ein Leben lang?

Ob und wie und in welchem Maße ein behindertes Kind die Persönlichkeitsentwicklung seiner Geschwister beeinflusst – darüber gibt es kaum Literatur und nur wenige Studien. In einigen davon, hauptsächlich aus dem anglo-amerikanischen Raum, gelten Geschwister behinderter Kinder als Risikogruppe. Sie sollen anfälliger sein für psychische Störungen, oft Schwierigkeiten in der Schule haben, voller Hemmungen stecken, Schuldgefühle haben, keine Freunde finden und sich von den Eltern – wie vom Leben überhaupt – benachteiligt fühlen.

Für diese überaus negativen Entwicklungsprognosen gibt es zwei einfache Gründe. Zum einen stammen die Ergebnisse aus Untersuchungen, die mit Problem beladenen Menschen gemacht wurden: Sie waren bereits in Behandlung, und so nahmen sie teil an der Studie. Zum anderen haben die Wissenschaftler eben meist nur nach den problematischen Folgen des Zusammenlebens mit einem behinderten Geschwisterkind geforscht. Nach den positiven Auswirkungen wurden gar nicht gefragt, sie blieben also unerwähnt.

Erst in den Studien von Hackenberg (1992) und Seifert (1989) beschäftigen sich die WissenschaftlerInnen mit den charakterbildenden, entwicklungsfördernden Aspekten, die das Zusammenleben mit einem behinderten Geschwisterkind auch haben kann. Junge Leute, die mit einer behinderten Schwester oder einem behinderten Bruder aufgewachsen sind, zeigen nämlich auch ein besonders großes Maß an Reife, Toleranz, Sensibilität, Belastbarkeit, sozialem Engagement.

Warum ist es so schwierig, herauszufinden, welchen Einfluss eine behinderte Schwester, ein behinderter Bruder auf einen Heranwachsenden hat? Familien sind komplexe Systeme, die Interaktionen der einzelnen Mitglieder so variabel, die Ergebnisse deshalb unvorhersehbar vielfältig.

Um mir selbst ein genaueres Bild machen zu können, sprach ich mit Kindern und Erwachsenen, die eine behinderte Schwester oder einen behinderten Bruder haben.

*„Wenn ich zaubern könnte,
würde ich ihn normal zaubern."*

Geschwister erzählen

An der Gesprächsrunde nahmen Kinder teil, die eine Schwester oder einen Bruder mit Behinderung haben. Sie meldeten sich auf ein Rundschreiben von mir, mit dem ich zu diesem Gespräch einlud. Die Kinder kamen freiwillig; die Eltern wussten Bescheid und hatten ihnen die Teilnahme gern erlaubt.

Während des Gesprächs hatte ich den Eindruck, dass die Kinder die Gelegenheit sehr begrüßten, sich über ihr behindertes Geschwister mitzuteilen. Aus Gründen des Persönlichkeitsschutzes habe ich Namen und Daten geändert.

Teilnehmer an dem Gespräch waren: Sabrina, 9, und Claus, 11. Die beiden sind Geschwister. David, 19, Elke, 12, Vera, 11, Anne-Marie, 11, Jessica, 12.

I. A.: Bitte, erzählt mir von euren Geschwistern.
Sabrina: Also unsere Schwester Veronika ist 13 und mehrfach behindert. Sie sitzt im Rollstuhl.
Jessica: Wir sind sechs Kinder zu Hause, drei Mädchen und drei Jungen. Sophie, meine jüngste Schwester, ist drei Jahre alt. Sie hat Muskelatrophie. Sie kann nicht laufen, nicht sprechen, nicht essen. Wir müssen sie immer stützen und tragen.
Vera: Ich habe zwei Brüder. Peter ist 14, Jürgen 19. Jürgen ist behindert. Er hat das Down-Syndrom. Eigentlich kann er alles, nur nicht lesen, rechnen, schreiben. Er will es gern lernen, aber er schafft es nicht. Er tut sogar so, als ob er es könnte. Von seinem Taschengeld kauft er sich zum Beispiel jeden Tag eine Zeitung und dann hält er sie sich vors Gesicht, als ob er lesen würde. Oder er krakelt in ein Kreuzworträtsel hinein. Mir gibt das immer richtig einen Stich ins Herz, weil ich ja dann merke, dass er weiß, was er alles nicht kann und dass er gern so wäre wie wir.
Anne-Marie: Mein Bruder ist 14 und Autist.
David: Mein Bruder Daniel ist zwei Jahre jünger als ich, also 17. Er kann etwas lesen und schreiben, kaum rechnen, hat überhaupt kein Zeitgefühl, ist aber sonst ziemlich selbstständig, kann also zum Beispiel mit öffentlichen Verkehrsmitteln fahren. Was für eine Behinderung Daniel hat, weiß ich nicht. Ich rede auch mit meinen Eltern nicht darüber.

Meine Mutter hat mal gesagt, sie vermutet, dass die Ärzte Daniel gleich nach der Geburt fallen gelassen haben, denn er hatte zwei dicke rote Stellen an seinem Kopf. Aber nachweisen lässt sich nichts.
Elke: Mein Bruder Lutz ist zehn und Spastiker. Er sitzt im Rollstuhl.

I. A.: Wie ist das, mit einem behinderten Bruder oder einer behinderten Schwester zu leben?
Sabrina: Also so schwer ist das nun auch wieder nicht.
Claus: Ja, aber man muss doch eine ganze Menge Sachen machen, die andere nicht machen müssen. Veronika bekommt manchmal Anfälle. Da müssen ihre Medikamente gleich zur Hand sein. Wenn es los geht und wir merken, dass sie zum Beispiel keine Luft mehr bekommt, geben wir ihr gleich ihre Tabletten. Meine Tante hat neulich gesagt, wir sind schon fast so gut wie gelernte Krankenschwestern.
Sabrina: Wir müssen mit Veronika ja auch auf die Toilette gehen, weil sie das allein eben nicht kann. Zu Hause macht das ja meist der Horst, das ist der Zivi, den wir jetzt haben. Aber wenn wir unterwegs sind, ist es schon ziemlich furchtbar, wenn Veronika aufs Klo muss.
Claus: ... und sie muss so oft!
Sabrina: So was müssen andere Kinder eben nicht für ihre Geschwister tun.
Claus: Was mich auch noch nervt, ist, dass Veronika immer an ihren Fingern kaut und sie dann auch uns in den Mund stecken will. Das ist eklig. Sie zieht mich auch oft an den Haaren. Aber anmeckern oder hauen darf ich sie nicht, weil sie ja nichts versteht. Und in Restaurants oder wo wir gerade sind, da gucken die Leute immer so, weil Veronika in ihrem Rollstuhl ziemlich zappelt.
Anne-Marie: Mein Bruder ist nicht wie andere Brüder. Man kann sich nicht mit ihm beraten. Man kann auch nicht richtig mit ihm spielen. Das mag er nicht. Er braucht immer seine Art von Ordnung. Wenn nur eine Kleinigkeit anders ist als er erwartet, regt er sich furchtbar auf und schreit herum. Meine Eltern haben sich vor einem Jahr scheiden lassen. Für meinen Bruder war daran am furchtbarsten, dass mein Vater nicht mehr wie sonst jeden Abend um sechs Uhr mit dem BMW kommt und ihm seine Lieblings-Semmeln mitbringt.
Elke: Für mich ist das Leben mit meinem behinderten Bruder normal. Ich kenne das ja nicht anders. Ich kann mich nicht an die Zeit erinnern, als Lutz noch nicht da war. Da war ich noch zu klein.
David: Ich finde es ausgesprochen stressig. Bei uns dreht sich immer alles um Daniel. Jeder bringt ihm was mit. Wenn wir gemeinsam einkaufen

gehen, gibt Daniel keine Ruhe, bis er bekommen hat, was er will. Dabei wird er auch handgreiflich. Das heißt, er hängt sich an meine Mutter, krallt sich an ihrem Arm fest, schreit, bis sie ihm schließlich kauft, was er sich in den Kopf gesetzt hat, das 300. Auto, die 200. Kassette. Wenn ich ehrlich sein soll, ich fühle mich sehr zurückgesetzt. Um mich wird nicht halb so viel Wind gemacht wie um Daniel.

I.A.: Wie reagieren denn eure Freunde und Schulkameraden darauf, dass ihr ein behindertes Geschwisterkind habt?
Anne-Marie: Ich habe nur eine Freundin. Und die ist nett zu Martin. Sonst könnte sie auch nicht meine Freundin sein. Martin läuft komisch und redet immer vor sich hin, manchmal ziemlich laut. Die Kinder sind oft gemein zu ihm. Sie rufen ihm nach: „Blödi" oder „Spasti". Früher haben sie ihn auf dem Spielplatz nicht auf die Schaukel gelassen. Das macht mich wirklich wütend. Manchmal brülle ich solche Typen an: „Pass nur auf, das kann dir auch passieren. Vielleicht bist du morgen auch behindert."
Vera: Mein Bruder sieht nicht so sehr behindert aus. Jedenfalls nicht so auf den ersten Blick. Also meist sind die Leute ganz nett zu ihm. Wenn ich möchte, dass mich jemand besucht, also zum ersten Mal, dann zeige ich meist vorher ein Bild von meiner Familie und zeige auf meinen behinderten Bruder. Dann sind die Leute doch schon mal vorbereitet. Hinterher sind sie oft ganz überrascht, wie nett mein Bruder ist. Das freut mich dann.
Jessica: Alle mögen meine Schwester. Sie ist so klein und zart. Wenn wir mit ihr im Buggy unterwegs sind, schauen alle Leute freundlich. Meine Mutter zieht Sophie auch immer besonders hübsch an. Wenn sie sich einmal bespuckt hat, nur ein kleines Tröpfchen Milch, schon muss saubere Kleidung her. Bei uns anderen ist ihr das egal. Wenn meine Freundinnen zu Besuch kommen wollen, sage ich das meiner Mutter. Dann kümmert sich jemand anders um Sophie. Es ist ganz günstig, dass wir so viele Kinder sind. Da ist immer wieder jemand anders mit dem Babysitten dran.
Elke: Ich gehe lieber zu meinen Freundinnen oder wir verabreden uns irgendwo. Da stört uns Lutz nicht.
Claus: Zu uns kommt eigentlich kaum jemand. Ich lasse mich nicht so gern besuchen. Ich gehe lieber zu meinen Freunden. Das ist einfacher. Wenn ich zu Hause bin, heißt es doch immer: Kannst du mal eben nach Veronika sehen?
Sabrina: Bei mir ist das genauso.

David: Bei uns ist sowieso ständig was los, Familienfeste, Einladungen. Deswegen lade ich ganz selten Freunde zu mir ein. Meistens verabreden wir uns woanders. Nicht, dass Daniel sehr stören würde – mir ist es einfach lieber so.

I. A.: Spielt ihr auch mit dem Geschwisterkind, wenn ihr keine Lust dazu habt?
Claus: Ja, jeden Tag.
David: Nie! Ich kann mich nicht erinnern, mit meinem Bruder mal gemeinsam gespielt zu haben. Nicht mit meinen Legosteinen, nicht mit seinen Autos, nicht mit meiner Fischer-Technik, nicht mit seiner Playmobil-Eisenbahn. Ich wollte immer für mich sein. Ich wollte mir von ihm nichts kaputtmachen lassen. Eine meiner frühesten Erinnerungen ist, dass wir Kinder bei einem Familienfest in einem Zimmer saßen und spielten. Schwarzer Peter oder so was. Daniel hat an solchen Sachen überhaupt keinen Spaß. Heute nicht, damals auch nicht. Er spielte nicht mit und ging nach einer Weile hinaus und zu den Erwachsenen. Kurz darauf kam meine Tante wutschnaubend ins Zimmer, gab meiner Kusine eine Ohrfeige und mir einen bitterbösen Blick. Warum wir nicht mit Daniel spielten? Warum wir bloß so rücksichtslos seien und so egoistisch und überhaupt nicht an den armen, behinderten Daniel dächten ...
Elke: Am liebsten spiele ich mit meinem Bruder, wenn er auf mich hört, also wenn er was mit mir zusammen macht. Manchmal lässt er sich von mir gern helfen, beim Basteln zum Beispiel für die Eltern zu Weihnachten oder zu Geburtstagen. Aber eigentlich will er nicht so viel Hilfe von mir. Der Lutz ist ja nicht dumm, der will alles selber machen.
Jessica: Ja, egal, ob wir Lust haben oder nicht: wir spielen mit Sophie und versuchen, sie zum Lachen zu bringen. Dann ist sie nämlich besonders süß – und meine Eltern freuen sich, wenn Sophie lächelt.
Sabrina: Naja, also richtig spielen, so Gesellschaftsspiele oder Karten, kann man mit Veronika nicht. Meine Eltern sind deswegen schon zufrieden, wenn wir auf Veronika aufpassen, spielen müssen wir nicht mit ihr. Aber wir machen manchmal Kissenschlachten mit ihr. Oder wir nehmen sie mit, wenn wir Rollschuh oder Skateboard fahren. Sie mag das, wenn wir ihren Rollstuhl in einem Affenzahn vor uns herschieben.
Vera: Bei uns ist das umgekehrt. Meine beiden Brüder spielen mit mir nur, wenn sie Lust haben. Sonst machen sie das, was ihnen gefällt.

I. A.: Habt ihr den Eindruck, dass das behinderte Geschwisterkind vorgezogen wird?

Anne-Marie: Auf jeden Fall. Der braucht nur Piep zu sagen, schon kriegt er alles. Wenn wir Besuch haben, reden alle nur von Martin. Was er gesagt hat, was er gelernt hat, was er in der Schule macht. Probieren wir ein neues Videospiel aus, kriegt Martin todsicher zuerst gezeigt, worauf es ankommt. Ich komme immer erst zum Schluss dran. Manchmal möchte ich sagen: Mutti, ich bin auch noch da. Aber das mach ich nicht. Ich will mich ja nicht in den Vordergrund drängen. Die Mama muss halt mehr mit Martin machen, weil der eben mehr Hilfe braucht als ich.

Jessica: Ich muss auf Sophie aufpassen, sie füttern, ihr die Windeln wechseln. Und natürlich die Küche aufräumen und solche Sachen. Gelobt werde ich dafür nie. Aber wenn Sophie was Neues kann, ist meine Mutter ganz aus dem Häuschen und erzählt es überall rum. Mein Vater übrigens auch. Ich habe schon mal zu meinem Bruder und zu meiner Schwester gesagt: Weißt du, ich habe das Gefühl, um uns kümmert sich hier keiner. Ob unsere Eltern fröhlich oder traurig sind, hängt allein von Sophie ab. Und weil es ihr meist schlecht geht, sind meine Eltern auch meist sehr unglücklich.

Sabrina: Wenn ich mit meinen Eltern reden oder etwas spielen will, sagen sie oft, dass sie keine Zeit haben und dass ich mich allein beschäftigen soll. Das stinkt mir. Da schlage ich dann schon mal die Tür zu. Dann nennt meine Mama mich eine Nervensäge. Mein Papa schaltet sowieso auf stur. Mit dem kann man gar nicht viel anfangen.

Elke: Also früher habe ich schon gedacht, Lutz kriegt mehr Liebe als ich. Aber dann haben meine Eltern mir das mal erklärt. Da war ich noch ziemlich klein. Sie haben mir gesagt, dass Lutz vieles nicht kann und damit er manches doch schafft, braucht er eben mehr Zuwendung. Das habe ich verstanden: Wir kriegen beide gleich viel Liebe, aber Lutz mehr Zuwendung, weil er die braucht.

David: Bei uns stand Daniel immer an erster Stelle. Von mir wurde immer Rücksicht, Verständnis, Verzicht erwartet. Ich musste leise sein, weil jedes Geräusch Daniel erschreckte. Ich musste im Schlepptau mit, wenn meine Mutter mit Daniel zur Sprachtherapie, zur Krankengymnastik, zum Arzt fuhr. Irgendwie waren wir immer seinetwegen unterwegs. Ich habe mich dafür auch gerächt – indem ich versucht habe, Daniel in der Beliebtheitsskala meiner Eltern abrutschen zu lassen. Ich habe versucht, ihm immer mal was in die Schuhe zu schieben. Wenn ich das Licht nicht ausgemacht hatte, wenn ich zuviel Krach gemacht hatte, wenn ich etwas zerbrochen hatte, dann sagte ich eben, das hat Daniel gemacht.

Ein schlechtes Gewissen hatte ich deswegen nicht. Daniel wurde ja nie geschimpft.

I. A.: Und ihr anderen? Wart ihr immer fair zu dem behinderten Geschwisterkind?

Sabrina: Nein, manchmal bin ich schon ungerecht. Wenn Veronika was verschlampt hat, schreit sie ganz laut nach uns. Und am liebsten hätte sie, dass Mama, Papa, Claus und ich nur so springen, um ihre Sachen zu suchen. Meist sind sie unters Bett gerutscht und wir müssen die Matratze hochheben und suchen. Das dauert. Und passiert so was gerade, wenn ich was Spannendes im Fernsehen sehen will, bin ich ganz schön sauer und würde mir am liebsten die Ohren zuhalten, um Veronikas Rufen nicht zu hören. Ich weiß, dass das mies ist von mir, denn Veronika kann sich ja allein nicht so richtig helfen.

Elke: Ich benehme mich manchmal ganz schrecklich, habe keine Lust, meine Hausaufgaben zu machen, zerknülle meine Arbeitsblätter und will nicht lernen. Ich bin sauer, dass mir niemand bei Mathe hilft. Am liebsten würde ich dann rumschreien, damit sich meine Eltern auch so um mich kümmern wie um Lutz. Irgendwie ist das bestimmt nicht fair von mir.

Anne-Marie: Ich stelle mir manchmal vor, wie es wäre, wenn mein Bruder in einem Heim wäre und ich das einzige Kind zu Hause. Eigentlich wäre das schön für mich. Aber ich schäme mich immer, wenn ich an so etwas denke.

Vera: Meine Mutter und ich gehen manchmal bummeln und Eis essen und ins Kino und solche Sachen. Davon sagen wir meinen Brüdern nichts. Ich finde das nicht ganz fair, aber es macht uns großen Spaß.

I. A.: Gibt es etwas, das euch an eurer Schwester oder Bruder besonders gut gefällt?

Vera: Jürgen hat total viele Späße drauf. Man kann gut über ihn lachen. Er verteidigt mich auch. Zum Beispiel im letzten Winter bei einer Schneeballschlacht. Da hat er den anderen gesagt: „Lasst meine Schwester in Ruhe" und sich richtig vor mich gestellt. Ich war unheimlich stolz auf ihn. Wenn ich zaubern könnte, würde ich ihn normal zaubern. Das wäre für uns alle das größte Glück.

Elke: Mir imponiert, wie tapfer Lutz ist. Ihm wurden vor einigen Monaten die Beine operiert, damit sie nicht total steif werden. Das muss die Hölle für ihn gewesen sein, er hat schreckliche Schmerzen gehabt, aber er hat sich nicht hängen lassen, sondern sich große Mühe gegeben, schnell wieder gesund zu werden.

Jessica: Sophie ist so süß und schwach, dass man sie einfach lieb haben muss. Ich helfe deshalb auch oft freiwillig, gehe zum Beispiel einkaufen, damit meine Eltern mehr Zeit für Sophie haben.

I. A.: Wie sieht eigentlich Eure Familiensituation aus? Was macht Eure Mutter, was Euer Vater?

David: Mein Vater ist Unternehmensberater, meine Mutter arbeitet halbtags als Sekretärin. In unserer Familie gibt es die typische Rollenverteilung: Der Vater verdient den Lebensunterhalt. Er hat so viel zu tun, dass er kaum Zeit für uns hat. Meine Mutter hält uns mit großer Liebe und Energie zusammen. Wer zu uns kommt, lobt sie für ihre Kochkünste, für die Gastlichkeit in unserem Haus. Mir ist klar, dass sie durch Beruf, Familie und die Sorge um Daniel überlastet ist. Trotzdem hilft ihr eigentlich niemand von uns. Meinen Vater sieht man nie in der Küche und uns auch so wenig wie eben möglich. Es gibt zwar so eine Regelung, wonach ich zum Beispiel fürs Ein- und Ausräumen der Spülmaschine zuständig bin und Daniel für die Bestecke. Wir versuchen aber beide, uns um diese kleinen Pflichten zu drücken. Ich merke das und finde das nicht gut, aber irgendwie sehe ich auch nicht ein, dass ich mehr mache als Daniel. Ich muss für die Schule so viel pauken, Daniel hat nie Hausaufgaben, also kann er im Haushalt mehr machen, finde ich.

Sabrina und Claus: Unser Vater ist Lehrer, unsere Mutter Bürokauffrau. Sie würde gern wieder arbeiten, besonders jetzt, wo uns Horst, der Zivi, so gut hilft mit Veronika. Aber weil Mama so lange nicht berufstätig war, findet sie jetzt keine Stelle. Papa muss nachmittags Hefte korrigieren und so was, aber meist hat er Zeit für uns. Er kocht auch oft, besonders italienisch, das kann er nämlich richtig gut. Also er hilft schon ziemlich viel – wie wir alle eigentlich.

Elke: Mein Vater ist Rechtsanwalt, meine Mutter hilft ihm in der Praxis, wenn sie kann. Aber sie hat ja wirklich viel mit Lutz zu tun.

Jessica: Meine Mutter ist nicht berufstätig, mein Vater ist Zahnarzt.

Anne-Marie: Meine Mutter ist Programmiererin. Sie und Martin kommen etwa gleichzeitig nach Hause, Mutti aus dem Büro, Martin aus der Tagesstätte. Ich bin schon früher da. Meine Mutter legt mir Zettel hin. Darauf steht, was ich machen muss. Einkaufen oder aufräumen oder rechtzeitig das Essen wärmen. Ich muss meiner Mutter helfen, im Haushalt, aber auch mit Martin. Er läuft gern weg, also muss immer jemand da sein, der auf ihn achtet.

Vera: Wir haben Glück. Meine Mutter ist Schneiderin, sie arbeitet zu

Hause. Das findet sie selber toll, weil sie sich da um uns kümmern kann, wenn wir aus der Schule kommen und weil sie außerdem ihr eigenes Geld verdient. Davon macht sie uns manchmal Geschenke. Mein Vater ist Beamter, ich glaube, er arbeitet im Finanzamt. Sein Hobby ist unser Garten. Meine Brüder müssen ihm da mächtig helfen, Jürgen auch, aber ich muss nicht mitmachen. Ich helfe dafür meiner Mutter im Haushalt. Ich mache das gern, weil sie selbst meist ziemlich fröhlich dabei ist.

I. A.: Wie stellt Ihr euch die Zukunft Eurer behinderten Schwester oder Eures Bruders vor?

Vera: Wir werden noch lange genau so weiterleben wie jetzt. Meine Eltern sind noch ziemlich jung – und gesund sind sie auch. Also hoffe ich, dass alles so bleibt, wie es ist. Anders kann ich mir das gar nicht vorstellen.

David: Ich werde unser Haus erben. Ich weiß, meine Eltern wünschen sich, wenn sie mal nicht mehr leben, dass ich dann eine eigene Familie haben werde und mit dieser Familie in der Wohnung unten lebe und mein Bruder in der Wohnung oben. Das werde ich wohl auch so machen. Aber vorher werde ich studieren, wahrscheinlich Jura. Da will ich auf jeden Fall in eine andere Stadt ziehen und allein leben.

Anne-Marie: Meine Eltern wollen für meinen Bruder einen Heimplatz besorgen. Ich werde ihn dort regelmäßig besuchen.

Elke: Wenn Lutz erwachsen ist, soll er in eine Wohngruppe ziehen. Meine Mutter sucht schon eine für ihn. Mein Vater ist dagegen. Er sagt, der beste Platz für Lutz ist zu Hause – so lange es eben geht. Aber ich denke, Lutz muss ausziehen. Meine Mutter schafft das nicht mehr. Schon das Heben beim Waschen und Anziehen wird ihr zuviel.

Jessica: Sophie ist noch so klein ...

Claus: Also das ist klar, wir werden immer für Veronika sorgen, sie ist doch unsere Schwester. In einem Heim kann sie gar nicht so gut versorgt werden. Wir kennen sie doch am besten.

„Anmeckern darf ich sie nicht."

Was den Geschwistern behinderter Kinder das Leben schwer machen kann

Das vorhergehende Kapitel enthielt Auszüge aus einer etwa dreistündigen Unterhaltung. Was ganz klar wurde: Die Geschwister behinderter Kinder sind in der Tat extrem belastet, auch wenn sie es subjektiv nicht immer so empfinden. Neben dem üblichen Zur-Hand-Gehen im Haushalt und guten Leistungen in der Schule wird von ihnen ein Einsatz erwartet, der geradezu pflegerische und heilpädagogische Ausbildungen voraussetzt. (Jessica: „Wir müssen Sophie stützen und tragen". Claus: „Wenn wir merken, dass Veronika keine Luft mehr bekommt, geben wir ihr gleich ihre Tabletten.") Niemand würde soviel Fürsorge und Sachverstand von Geschwistern nicht behinderter Kinder verlangen.

Es gibt eine Reihe von Unterschieden in den Beziehungen zwischen „normalen" Geschwistern und Geschwistern eines behinderten Kindes.

1. Sie werden früh mit Leid konfrontiert: Kinder, die eine behinderte Schwester oder einen chronisch kranken Bruder haben, erfahren früh, was es heißt, krank, gebrechlich, auf Hilfe angewiesen zu sein. Sie müssen früh Rücksicht üben, Verantwortung übernehmen und lernen, mit allerlei Einschränkungen zu leben (Anne-Marie: „Es muss immer jemand da sein, der auf Martin achtet"). Dazu kommt, dass sie in einer Leistungsgesellschaft aufwachsen, deren Leitbilder Jugend, Schönheit, Gesundheit und „Power" sind. Die Kinder spüren deutlich die Diskrepanz zwischen dem, was ihre Familien täglich praktizieren und was gesellschaftliche Norm ist. Zu Hause wird das Geschwisterkind geliebt und gepflegt. „Draußen" aber herrscht ein anderer Ton. Einer, der immer noch und sogar wieder stärker von der Abgrenzung bis zur Ablehnung behinderter Menschen geprägt ist. Sie erleben gesellschaftliche Diskriminierung oft hautnah. (Anne-Marie: „Die Kinder rufen ‚Blödi'.")

Das Schlimme: Die Kinder würden diese diskriminierenden Äußerungen gar nicht machen, hätten sie nicht das Beispiel der Erwachsenen vor Augen. Da liest man in der Zeitung, die Wirtin einer Pension habe einen (angemeldeten!) spastischen jungen Mann und seine beiden Begleiter nach knapp zwei Stunden Anwesenheit auf die Straße gesetzt, weil sich die Gäste durch Gesten und Geräusche des Rollstuhlfahrers gestört fühlten. Der Kommentar der Wirtin: „Sowas gehört ins Heim, damit geht man nicht ins Hotel."

Geschwister behinderter Kinder müssen so eine schreckliche Szene nicht selbst erleben. Es reicht, wenn sie davon lesen oder hören, um sich und ihre Familie diskriminiert zu fühlen. Außerdem nehmen sie die Blicke, die ihr Geschwister mit einer Behinderung auf sich zieht, überdeutlich wahr. Manche Geschwister fühlen sich von dieser Art Aufmerksamkeit bedroht, ziehen sich in sich zurück, werden depressiv. Bei anderen wecken die Ungerechtigkeiten Kampfgeist. Sie setzen sich für die Rechte Benachteiligter ein, gewinnen an persönlicher Reife und Durchsetzungskraft. In einem der folgenden Protokolle beschreibt Andrea zum Beispiel, wie sie einem Farbigen zu Hilfe kam, der von ein paar Kerlen angepöbelt wurde: „Braucht jemand Hilfe, bin ich sofort zur Stelle, ohne auch nur eine Sekunde nachzudenken."

2. Rivalität ist ihnen verboten: Normalerweise wird in einer Geschwisterbeziehung der Kampf um die Gunst der Eltern und um die beste Position in der Geschwisterreihe ausgetragen. Dabei geht es um Durchsetzungsvermögen und Konkurrenzverhalten, um Identitätsfindung, Abgrenzung und Nähe. Ist die Schwester oder der Bruder behindert, können die Geschwister nicht offen gegeneinander antreten. Die Spielregeln gelten hier nicht mehr.

Vom nicht behinderten Kind erwarten die Eltern in erster Linie Rücksichtnahme. Beispiel: Peter ist sieben und sitzt im Rollstuhl. Lisa ist vier und muss warten, bis Peter aus dem Rollstuhl gehoben und ausgezogen ist, bevor ihr jemand hilft, sich von ihren Winterstiefeln zu befreien. Würde Lisa deswegen quengeln, hieße es wahrscheinlich: „Stell dich nicht so an, du weißt doch, dass Peter behindert ist und Hilfe braucht."

Geschwister von Kindern mit einer Behinderung lernen also schnell, eigene Bedürfnisse zurückzustellen. Sie passen sich an. Das macht sie – meist unbewusst – wütend. Ihre Wut dürfen sie aber nicht auf die behinderte Schwester oder den behinderten Bruder richten. Denn die/der ist ja hilflos oder in einigen Fähigkeiten so eingeschränkt, dass man sie/ihn nicht für sein Tun verantwortlich machen kann, sondern unterstützen muss. (Claus: „Sie zieht mich auch oft an den Haaren. Aber anmeckern oder hauen darf ich sie nicht, weil sie ja nichts versteht.")

Studien haben ergeben, dass Eltern auf Zornesausbrüche ihrer Kinder weniger tolerant reagieren, wenn sich die Wut gegen die Schwester oder den Bruder mit einer Behinderung richtet. Sie verlangen Loyalität und

Rücksichtnahme. Unter dieses moralische Gebot stellen die Kinder aber auch sich selbst. Den Bruder aus dem Rollstuhl schubsen? Das möchte man manchmal schon, wenn Wut und Zorn übergroß werden. Aber man tut es nicht – eben weil „man sowas einfach nicht tut". Unterdrückung von Aggression bedeutet aber immer auch Unterdrückung anderer Formen von Spontanität, von Witz, Humor und Albereien. Das heißt, Kinder, die sich jede Aggressivität gegen die Schwester oder den Bruder mit einer Behinderung verbieten (oder verboten bekommen), können gar nicht frei und spielerisch mit ihnen umgehen.

Alle Gesprächsteilnehmer waren einhellig der Meinung, Bruder oder Schwester würden aufgrund ihrer Behinderung deutlich bevorzugt – und belegten das mit eindrucksvollen Beispielen. Zwei, David und Elke, fühlten sich überfordert. Elke kompensiert das durch Verständnis („Angepasstsein" würden es Psychologen wohl nennen). In ihren Schilderungen tauchen immer wieder Formulierungen auf wie: Das sehe ich ein, das verstehe ich, das ist mir dann klar geworden ... David konnte immerhin im Rückblick zugeben, dass er sich „früher" zu rächen versucht habe, indem er seinem behinderten Bruder allerlei in die Schuhe schob.

Psychologen haben herausgefunden, dass sich gerade in der Geschwisterbeziehung Hass, Wut und Neid ungeschminkt zeigen. Die Freundschaft kann einem gekündigt werden, die Geschwisterbeziehung besteht lebenslang. Weil jeder das intuitiv weiß, will er, egal, ob als Kind oder Erwachsener, im Streit mit Freunden immer noch irgendwie das Gesicht wahren. Unter Geschwistern ist das vergebene Liebesmüh'. Geschwister kennen sich viel zu gut. Da weiß jeder, wo die Schwachstellen des anderen sind. Also nimmt man kein Blatt vor den Mund – und kein Streich ist zu gemein, um Schwester oder Bruder eins auszuwischen. Dessen muss man sich nicht unbedingt schämen. Es macht die Geschwisterbeziehung zu der ehrlichsten überhaupt. Das Gute: Man lernt so, sich nach üppigen Gefühlsausbrüchen wieder zu versöhnen, nachzugeben, sich zu entschuldigen und den Standpunkt des anderen zu akzeptieren. Nur eben: Mit einem behinderten Geschwisterkind sind diese Regeln außer Kraft gesetzt.

3. Sie entwickeln Schuldgefühle: Wegen ihrer unterdrückten Aggressionen dem Kind mit einer Behinderung gegenüber haben die meisten Geschwister Schuldgefühle. „Wie kann ich bloß so böse Gedanken haben? Ich muss mich schämen". Mit dieser Einstellung gehen manche Geschwister Behinderter durchs Leben und werden ihr selbst aufgeklebtes Etikett „Ich bin eigentlich ein schlechter Mensch" nicht los. Sie hüten es wie ein

Geheimnis. Niemand darf wissen, dass sie nicht immer so lieb und hilfreich sind, wie sie sich geben.

Schuldgefühle entstehen aber auch aus dem Bewusstsein der Überlegenheit. „Ich bin gesünder, kräftiger, klüger als meine Schwester". Das vergrößert nicht etwa die Lebensfreude, sondern ist Grund zur Scham. Warum hat die Behinderung die Schwester getroffen? Warum hat sie ein so schweres Schicksal? Oft wird das Kind mit einer Behinderung idealisiert (Jessica: „Alle mögen meine Schwester. Sie ist so zart und klein."). In manchen Familien gilt das Sorgenkind grundsätzlich als unschuldig: „Du weißt doch, Veronika meint das nicht so. Sie versteht das ja nicht." Solche Konstellationen sind weitere Nährböden für Schuldgefühle.

Je nach Charakter, Intelligenz und sozialem Umfeld gehen die Geschwister behinderter Kinder mit ihren Schuldgefühlen um. Manche neigen zum Altruismus. Sie opfern sich auf, sind immer zur Stelle, nichts wird ihnen zuviel. Und dadurch überfordern sie sich. Sie geben sich immer mehr Mühe, um nicht nur gut, sondern besser zu sein. Ein Teufelskreis. Oder aber sie distanzieren sich, gehen, sobald sie können, bewusst eigene Wege, weil sie die Belastung, die das behinderte Geschwisterkind darstellt, nicht aushalten. Sie verdrängen ihre Schuldgefühle. Das kann das Gefühlsleben einschränken, die persönliche Entwicklung behindern.

4. Sie haben weniger Zugang zu den Eltern: Die Kinder im vorangegangenen Kapitel schätzten die Situation ihrer Familie realistisch ein, die meisten wussten auch gut Bescheid über die Art der Behinderung oder Krankheit, die ihr Bruder oder ihre Schwester hat. Einige spürten auch sensibel die Sorge, die das behinderte Geschwisterkind den Eltern machte. (Jessica: „Wenn es Sophie schlecht geht, sind meine Eltern sehr unglücklich").

Ein Kind mit einer Behinderung zu haben, ist für die Eltern eine Dauerbelastung, auf die sie sich erst einstellen müssen und an die sie sich im Laufe der Jahre immer wieder neu anpassen müssen. Oft muss der Alltag vollständig umorganisiert werden. Die Mutter gibt ihre Berufstätigkeit auf, das Haus muss umgebaut oder eine Rollstuhl gerechte Wohnung gesucht werden. Das kostet Geld. Und es erfordert außerdem Kraft und Energie, die den Eltern dann im Umgang mit ihren nicht behinderten Kindern fehlen. Die Hauptfürsorge konzentriert sich auf das Sorgenkind. Hat es die richtigen Therapien? Schließlich will man nichts versäumen, nichts unversucht lassen. Braucht es solche Einlegesohlen oder andere? Ist der Kindergarten/die Schule wirklich optimal oder soll man nach einer anderen Einrichtung Ausschau halten? Über diese und viele andere Fragen vergessen die Eltern manchmal, dass die nicht behinderte Tochter, der nicht behinderte Sohn auch Zuwendung, Anerkennung, Hilfe brauchen. Beispiel: „Für mich hat sie keine Zeit", sagt der kleine Markus traurig, „Mama muss wieder mit Daniel üben." Und wenn er sich mal zwischen die Mama und Daniel drängt und dessen Turnübungen unterbricht, weil er dringend etwas sagen möchte, wird er vielleicht von seiner Mutter zurückgewiesen. Über seine Wut und seine Enttäuschung kann er nicht mit seiner Mutter reden, weil er erfahren hat, dass sie solche Gefühle bei ihm missbilligt.

So kann es kommen, dass die nicht behinderten Kinder in der Familie häufig weniger intensiven Kontakt zu ihren Eltern haben, als es eigentlich normal und richtig wäre. Deutlich wird das beim Thema Hausaufgaben. Die Kinder berichten, sie bekämen von ihren Eltern weniger Hilfe als ihre Mitschüler, die kein behindertes Geschwisterkind zu Hause haben.

5. Ihre Möglichkeiten, Freundschaften zu schließen, sind eingeschränkt: Von den sieben Kindern, die am Gespräch teilnahmen, sagten vier, dass sie nicht so gern von ihren Freunden zu Hause besucht werden. Ein Mädchen, Anne-Marie, gab an, es könne nur eine Freundin haben, die sich auch mit dem behinderten Bruder gut versteht. Das schränkt die Auswahl an möglichen Freunden deutlich ein. Ein weiteres Kind, Vera, hatte sich sogar eine Taktik zurecht gelegt, um etwaige Besucher vorab mit der Behinderung ihres Bruders vertraut zu machen („Ich zeige ein Bild von meiner Familie".)

Diese Situationen entstehen, weil manche Familien auf die Behinderung mit Abkapselung reagieren, zunächst vielleicht unbewusst. Die Eltern sind abends so erschöpft, dass sie nicht mehr aus dem Haus gehen, niemanden mehr sehen wollen. Und die Wochenenden brauchen sie für die liegengebliebenen Dinge, zu deren Erledigung sie bislang nicht gekommen sind.

Oft ist das Kind mit einer Behinderung auch so schwierig oder die Reaktion der Außenwelt so problematisch, dass man mit ihm nur ungern einen Ausflug macht – schon um die Blicke der Spaziergänger nicht aushalten zu müssen. Das schränkt die Freizeit- und Erholungsmöglichkeiten der Familie erheblich ein. Die Isolation behindert die Entwicklung der nicht behinderten Kinder, kann sie zu Einzelgängern werden lassen, auch wenn sie von ihrem Naturell her dazu gar nicht neigen.

6. Sie erleben die Geschwisterfolge anders: Ein etwa achtjähriger Junge sagte mir: „Irgendwie ist das komisch. Ich habe zwar einen großen Bruder. Der ist schon zwölf. Aber trotzdem ist er das Baby in der Familie. Also habe ich eigentlich keinen großen Bruder. Jedenfalls nicht richtig."

Im ersten Teil dieses Buches stand, wie sehr sich Geschwister auch über ihre Position in der Geschwisterreihe identifizieren. Die ist bei Schwestern und Brüdern von Kindern mit einer Behinderung häufig außer Kraft gesetzt. Das jüngere Kind erlebt, wie es allmählich das ältere überholt – und fühlt sich dadurch verunsichert. Die Hierarchie stimmt nicht mehr, die Positionen im Familiensystem werden neu verteilt. Auch das kann häufig Hemmungen und Schuldgefühle verursachen.

7. Sie werden die Angst nicht los, selbst behindert zu sein oder zu werden: Das Bewusstsein, die eigene körperliche und geistige Unversehrtheit nicht als lebenslangen Garantieschein mitbekommen zu haben, prägt die Geschwister behinderter Kinder mehr als Gleichaltrige, die ohne ein behindertes Familienmitglied aufwachsen. „Meine Schwester sitzt im Rollstuhl. Das kann mir auch passieren", fürchtet mancher. „Mein Bruder hat das Down-Syndrom. Liegt die Anlage dazu auch in meinen Genen?", sorgt sich eine junge Frau. „Werde ich Kinder haben, die ebenfalls behindert sind?"

Mehr als die Eltern ahnen, nehmen Töchter und Söhne die Ähnlichkeit zwischen sich und dem behinderten Kind wahr. Gesichtszüge und Gestik von nicht behindertem und behindertem Kind gleichen sich oft sehr. Was Kinder aus „normalen" Familien für selbstverständlich nehmen, nämlich die Familienähnlichkeit, kann auf Kinder mit einem behinderten Geschwister bedrohlich wirken. „Ich sehe aus wie mein Bruder. Er hat eine Gehirnhautentzündung gehabt, vielleicht bin ich auch anfällig für so eine Krankheit…"

Ich kenne ein 13-jähriges Mädchen, das sich dringend wünscht, einmal einen Anfall zu bekommen – so wie ihre Schwester. „Ich will nur einmal erleben, wie sie sich dann fühlt. Sie weint dabei so kläglich. Ob sie wohl Schmerzen hat? Und wo?"

Geschwister sind sich viel näher, als Eltern annehmen. Zwischen ihnen liegen nur wenige Jahre Altersunterschied, nicht gleich eine ganze Generation wie zu den Eltern. Schon kleine Kinder vergleichen sich und spielen in ihrer Phantasie durch: „Was wäre, wenn ich und nicht sie/er behindert wäre?"

8. Sie leben in einer „außergewöhnlichen" Familie: In bestimmten Phasen ihres Lebens ist Kindern Konformität ungeheuer wichtig. Sie wollen ein Leben nach der Norm. Teenager ziehen nur das an, was alle anderen in der Clique tragen. Sie wünschen sich nichts dringender als die gleichen zerschlissenen Jeans wie ihre Klassenkameraden, die gleichen Rucksäcke, die als Schultaschen herhalten, das gleiche „geile" Montainbike. Sie hassen es, aus der Reihe zu tanzen. Sie wollen um Gottes willen nicht mit dem Auto abgeholt werden, wenn sonst niemand so abgeholt wird. Sie schämen sich, wenn ihre Mutter Hausfrau ist, während die Mütter ihrer Freunde berufstätig sind. Oder umgekehrt. Dieses zeitweilige kompromisslose Streben nach Konformität wird durch eine Schwester, einen Bruder mit Behinderung zunichte gemacht. („In Restaurants gucken die Leute immer so, weil Veronika in ihrem Rollstuhl ziemlich zappelt", sagt Claus). Behinderung ist nicht die Norm. Sie macht auffällig. Heranwachsende, die sonst bereitwillig ihr behindertes Geschwisterkind mit zum Spielen genommen haben, versuchen nun, es abzuhängen.

Man sollte meinen, bei so vielen möglichen Entwicklungshürden bliebe die Unbeschwertheit der Kinder zwangsläufig auf der Strecke. Doch keines der Kinder, das am Gespräch teilnahm, erschien niedergedrückt. Sie wirkten auf mich umso frischer und optimistischer, je mehr sie von ihren Eltern oder anderen Erwachsenen für ihren Einsatz gelobt wurden. Bedrückt schienen sie mir, wenn die Behinderung des Geschwisters extrem belastend war (Anne-Maries autistischer Bruder) oder ihrer Meinung nach das Kind mit Behinderung über Gebühr bevorzugt wurde (wie David das von seinem Bruder berichtete).

Wie werden diese Kinder ihre Zukunft meistern? Eine amerikanische Psychologin (Grossman 1972) führte eine Studie mit Studenten und Studentinnen durch, die mit einem behinderten Geschwisterkind aufgewachsen waren. Nach ihren Ergebnissen können aus diesen Kindern besonders tolerante, sensible, offene, selbstkritische Erwachsene werden, die dankbar sind für die eigene Gesundheit und Intelligenz. Sie waren sich mehr der Gefahr von Vorurteilen bewusst und wirken persönlich und beruflich reifer als Gleichaltrige. Allerdings stand dieser Personengruppe, die die Behinderung des Geschwisterkindes offenbar positiv in ihr Selbstkonzept einbeziehen konnte, eine gleich große Gruppe gegenüber, der das Aufwachsen mit einem behinderten Geschwister eher geschadet zu haben schien. Sie lebten noch im Nachhinein mit Groll auf die Familiensituation und mit Schuldgefühlen wegen ihrer Wut auf die Eltern und das behinderte Kind.

Am meisten belastet ist – so Frances Grossman – die älteste Schwester in einer nicht begüterten Zwei-oder-Drei-Kind-Familie mit einem stark behinderten Kind. Denn die älteste Tochter wird am häufigsten zur Mithilfe bei der Betreuung des behinderten Kindes herangezogen, muss die überforderte Mutter im Haushalt entlasten. Sie trägt die doppelte Bürde, die Steigerung der traditionellen Rolle: Das große Mädchen kümmert sich um die Kleinen. (In Mehr-Kind-Familien hat es die älteste Tochter leichter, weil sich die Pflichten auf mehrere Schultern verteilen.)

Die Last der Tradition trifft aber nicht nur die gesunde älteste Schwester in Familien mit geringem Einkommen. Ähnlich schwer hat es der jüngere Sohn einer finanziell gut gestellten Familie mit zwei Kindern. Die Eltern erwarten von ihrem gesunden Sohn, dass er alle Hoffnungen erfüllt, die der behinderte schuldig bleiben muss. In der Grossman-Studie drückt das ein junger Mann so aus: „Ich muss doppelt viel leisten, denn ich bin der einzige in der Familie, der einzige Nachkomme, der etwas erreichen kann. Außerdem: Mein Vater ist ein sehr stolzer Mann, und es verletzt ihn sehr, dass Timmy nichts schaffen kann. Er möchte so gern stolz auf seine Söhne sein. Das konzentriert sich jetzt alles auf mich."

Mädchen, die eine Schwester mit Behinderung haben, geraten ebenfalls häufig in diese Situation. Von ihnen wird erwartet, dass sie doppelt liebevoll, tüchtig, hilfsbereit sind, um die Eltern für die Enttäuschung durch die behinderte Schwester zu entschädigen.

Manche Psychologen, die sich mit dem Thema auseinander gesetzt haben, sind anderer Meinung. Sie sagen, grundsätzlich hätten die jüngeren Geschwister mehr unter der Behinderung ihrer Schwester oder ihres Bruders zu leiden. Die Erklärung: Ältere Geschwister hatten vor der Geburt des behinderten Kindes wenigstens ein paar Jahre die Eltern für sich allein. Ihnen werden auch mehr Erklärungen zur Entstehung der Behinderung gegeben, weil sie – nach Ansicht der Eltern – ja schon größer sind und mehr verstehen. Mit den Jüngeren machen sich die Eltern nicht so viel Mühe. Außerdem scheinen Mutter und Vater ein behindertes Kind besser akzeptieren zu können, wenn sie schon einen gesunden Sprössling haben.

Dem könnte man entgegenhalten, dass gerade das älteste Kind es extra schwer hat, wenn es ein behindertes Geschwister bekommt. Es erlebt die schmerzhafte „Entthronung" durch das zweite Kind und hat obendrein noch hilflose, verunsicherte Eltern, die mit der Behinderung erst zurecht kommen müssen.

„Ich will nicht das zweite Sorgenkind meiner Eltern sein."

Was Studien zur Entwicklung der Geschwister behinderter Kinder aussagen

Die wichtigsten Studien, die es zur psycho-sozialen Situation der Geschwister behinderter Kinder in Deutschland gibt, hat Waltraud Hackenberg Anfang und Ende der 80er Jahre durchgeführt (1987, 1992). Sie ist Diplom-Pädagogin, Diplom-Psychologin und Psychoanalytikerin, arbeitete mehrere Jahre im Kinderneurologischen Zentrum der Rheinischen Landesklinik in Bonn und lehrt jetzt Sonderpädagogische Psychologie und Frühförderung an der Fakultät für Sonderpädagogik in Reutlingen.

Frau Professor Hackenberg, wie sind Sie bei Ihren Studien vorgegangen?
In der ersten Studie habe ich 101 Kinder zwischen 7 und 12 Jahren aus 88 Familien in ausführlichen Gesprächen, durch psychologische Tests, Fragebögen, Zeichnungen zu ihrem behinderten Geschwisterkind und zur allgemeinen Situation der Familie Stellung nehmen lassen. Dabei waren ganz unterschiedliche Fragen zu beantworten, zum Beispiel: „Glaubst du, dass dein behindertes Geschwisterkind leicht, mittel oder schwer behindert ist?" Oder: „Was mögen deine Eltern an dir besonders gerne?" Außerdem gab es ausführliche Gespräche mit den Eltern, in der Regel mit der Mutter. Da ging es um Themen wie: „Welche Vorstellungen haben Sie von Beruf und Zukunft Ihrer Kinder?" Und: „Welche Bedeutung hat die Behinderung für Sie persönlich?"

Woher kannten Sie die Familien, die Sie befragten?
In der Regel kannte ich die Familien vorher nicht. Sie wurden angeschrieben über das Kinderneurologische Zentrum in Bonn und über die Frühförderung der Lebenshilfe Bonn e.V. Ich erklärte ihnen mein Anliegen und bat sie und ihre Kinder, an der wissenschaftlichen Untersuchung teilzunehmen.

Waren alle Familien bereit, mitzumachen?
4% reagierten gar nicht, 20% sagten ab. Zu den häufigsten Begründungen für eine Absage gehörten organisatorische Schwierigkeiten, also umständliche Hin- und Herfahrt, Betreuung der anderen Kinder während der Zeit der Befragung. Oder aber Bedenken wie: „Wir wollen unser Kind

damit nicht noch zusätzlich belasten". Aber auch: „Bei uns läuft alles prima." Dabei sagten weit häufiger Eltern von Mädchen als Eltern von Jungen ab. Hier fanden wir schon geschlechtsspezifische Vorstellungen über die Rolle der Geschwister in dem Sinne, dass Betreuung und Rücksicht auf das behinderte Kind für die Schwestern weniger belastend seien als für die Brüder. Um die Entwicklung ihrer nicht behinderten Söhne machten sich die Eltern eher Sorgen.

Sind Studien mit Kindern nicht besonders schwierig?
Das stimmt. Meist nehmen Kinder nicht aus eigenem Interesse an einer Studie teil, sondern weil sie von ihren Eltern geschickt werden. Kinder sind es auch nicht gewöhnt, über eigene Gedanken und Gefühle zu sprechen. Oft befürchten sie, dass negative Äußerungen an ihre Eltern weitergegeben werden. Man muss sich also sehr gut auf die Kinder einstellen, um ehrliche Antworten zu bekommen. Ich habe mir große Mühe gemacht, den Kindern zu erklären, warum diese Studie so wichtig ist und dass es auf ihre Meinungen und Erfahrungen ankommt.

Haben Sie ehrliche Antworten bekommen?
Ja, in der Mehrzahl sicherlich. In vielen Tests sind Kontrollfragen eingearbeitet, um geschönte Antworten oder Widersprüche aufzudecken. Es zeigte sich, dass die Kinder ihre Angaben mit großer Offenheit machten.

Was war für Sie überraschend an den Untersuchungsergebnissen?
Vieles. Es gab eine Reihe erstaunlicher Ergebnisse, wobei man allerdings vorsichtig sein muss in der Verallgemeinerung dieser Daten. So schätzen sich die Geschwister behinderter Kinder zum Beispiel als extrovertierter und emotional labiler ein als Kinder ohne behinderte Geschwister. Sie greifen – und das fand ich bemerkenswert – viel seltener zu kleinen Lügen, um sich selber besser darzustellen. Sie sind ehrlicher, aber auch kritischer sich selbst gegenüber. Und sie vermeiden aggressives Verhalten. Auffallend ist außerdem, dass sie das behinderte Geschwisterkind stark idealisieren, es also für lieb und unschuldig halten.

Gab es Besonderheiten bei den Mädchen und bei den Jungen?
Ja, die Mädchen zeigten stärkeres soziales Engagement als Schwestern nicht behinderter Kinder, Brüder hatten in ihrer Einstellung geringere Maskulinität, das heißt, weniger typisch männliche Verhaltensmuster. Sie waren weniger aggressiv, dafür feinfühliger als gleichaltrige Jungen ohne behinderte Geschwister.

In Ihrer zweiten Studie haben Sie 76 dieser Kinder ein paar Jahre später wieder um ihre Stellungnahme gebeten. Aus den Kindern waren Jugendliche geworden, zwischen 14 und 20 Jahre alt. Was waren die Ergebnisse dieser Studie?
Vieles, was für die Entwicklung vorhersehbar schien, war tatsächlich eingetreten. Die Mehrzahl der Geschwister hatte sich zu recht reifen Persönlichkeiten entwickelt. Die meisten Mädchen zeichneten sich nach wie vor durch starkes soziales Engagement aus. Viele Jungen vermieden weiterhin aggressive Reaktionen. Das wirklich Erstaunliche aber war der hohe Anteil positiver Beurteilungen der Erfahrungen mit dem behinderten Geschwisterkind. 87 % der Befragten sahen das Aufwachsen mit einem behinderten Geschwisterkind auch als persönlichen Gewinn. Sie reflektierten ihre Entwicklung und sahen neben den Einschränkungen auch die Vorteile für ihre Charakterbildung.

Wo liegen Ihrer Meinung nach die hauptsächlichen Risiken für die Geschwister?
Eine große Gefahr sehe ich in der Überforderung. Viele Eltern erwarten von ihren nicht behinderten Töchtern und Söhnen sehr früh viel Selbstständigkeit. Sie ziehen sie zur Mithilfe heran, übertragen ihnen oft auch schon zu früh zu viel Verantwortung. In der Regel wollen die Kinder ihren Eltern helfen. Sie erkennen ja meist, wie schwierig die Situation ist. Also geben sie sich Mühe, die Erwartungen ihrer Eltern zu erfüllen. Mir hat ein Kind gesagt: „Mit mir sollen Mama und Papa keine Mühe haben. Ich will nicht ihr zweites Sorgenkind sein". Eine solche Einstellung führt schließlich zur Selbstüberforderung. Denn so viel kann gar kein Kind leisten wie das, was es sich selbst in seiner übergroßen Hilfsbereitschaft vornimmt.

Eine andere große Gefahr ist meiner Meinung nach die emotionale Vernachlässigung der nicht behinderten Kinder durch die Eltern. Die Kinder verhalten sich meist sehr angepasst. Sie tun, was man ihnen sagt. Sie „funktionieren" reibungslos. Die Eltern, die ja selbst stark belastet und überfordert sind, denken, alles ist in Ordnung und erkennen nicht, dass dieses Verhalten auf Überangepasstheit beruht. Sie schauen deswegen nicht genau hin, erkennen Probleme, die ihre nicht behinderten Kinder haben, oft gar nicht oder zu spät. Grundsätzlich ist es wichtig, dass das Geschwister als Individuum angesehen wird, mit eigenen Interessen und Bedürfnissen – und nicht als Ersatz oder Trost für die Eltern. Letzteres führt zur Selbstentfremdung des Kindes und stellt ein hohes Risiko für spätere psychische Erkrankungen dar.

Wovon hängt es ab, ob die Entwicklung eines Geschwisterkindes positiv verläuft, also zu mehr Reife und sozialer Belastbarkeit führt, oder negativ, das heißt, Schuldgefühle und Verbitterung hervorruft?

Das ist eine ganz komplexe Frage, bei der Anlagen des Kindes, Familienkonstellation, Familienatmosphäre, soziales Umfeld und das Vorhandensein anderer Belastungsfaktoren (zum Beispiel schwierige ökonomische Situation, schwere Krankheiten oder Todesfälle) zusammen spielen. Ein wichtiger Faktor ist sicherlich die elterliche Lebenszufriedenheit, besonders die Zufriedenheit der Mutter mit ihrer Rolle und ihre Verarbeitung der Behinderung. Großen Einfluss hat auch die Art der Kommunikation in der Familie, also wie offen über die Behinderung gesprochen wird. Dazu gehört auch die Einbeziehung der Kinder in die Entscheidung, wie die Zukunft der behinderten Schwester, des behinderten Bruders aussehen soll. Manche Eltern sagen ihren Kindern nicht, dass sie vorhaben, die behinderte Tochter oder den behinderten Sohn in ein Heim zu geben. Die Geschwister fühlen sich dann überrumpelt, reagieren häufig mit Schuldgefühlen. Oder aber: Die Geschwister beziehen Schwester oder Bruder bereits mit ein in ihre eigene Zukunftsplanung, nicht ahnend, dass ihre Eltern bereits einen Wohngruppenplatz beantragt haben. Auch das führt zu Frust und Missverständnissen. Die spezifische Aufgabe der Geschwister behinderter oder chronisch kranker Kinder liegt darin, in ihrer Entwicklung ein Gleichgewicht zwischen Altruismus und Selbstbehauptung zu finden. Jede Verschiebung zu einem der Pole kann die psychische Stabilität gefährden.

Welchen Stellenwert haben Elternhaus und soziales Umfeld für die Entwicklung der Geschwisterkinder?

Beides ist von großer Bedeutung. Aber man muss zeitlich differenzieren. Am Anfang ist der entscheidende Faktor sicherlich die familiäre Atmosphäre. Herrscht in der Familie ein positiver, optimistischer Grundton, das heißt, gibt es trotz der Belastung durch das behinderte Kind Fröhlichkeit und Harmonie, erleben die Geschwister die Situation nicht als so bedrückend. Aber schon bald, so ab dem sechsten Lebensjahr, wird das soziale Umfeld für die Entwicklung eines Kindes immer wichtiger. Die Einflüsse durch die Schule, durch Freunde nehmen deutlich zu. Und da kommt es natürlich sehr darauf an, wie behindertenfreundlich oder -feindlich die Umwelt reagiert, ob es Verständnis für die Situation einer Familie mit einem behinderten Kind gibt oder ob es abgelehnt wird.

Wer hat Ihrer Meinung nach die größten Probleme in Familien mit behinderten Kindern? Die Mutter, der Vater, die Geschwister?

Die größte praktische und emotionale Belastung hat in der Regel sicher die Mutter, aber sie setzt sich in ihrem Alltag damit aktiv auseinander. Daher hat sie gute Chancen, die Belastung zu bewältigen und zu verarbeiten. Über den Seelenzustand des Vaters weiß man weniger. Väter wurden bisher viel zu wenig in wissenschaftliche Studien einbezogen. Auch ein Mann leidet stark darunter, ein Kind mit einer Behinderung zu haben. Aber er kann seine Ängste, Kränkungen, Verunsicherungen im Normalfall weniger gut zugeben als die Mutter. Er hat weniger Strategien, mit seinen Problemen zurecht zukommen. So kann es Vätern psychisch schlechter gehen als den Müttern. Aber durch Studien zu belegen ist das eben (noch) nicht. Die Probleme der Geschwister schließlich hängen von einer Reihe von Faktoren ab, die wir schon aufgezählt haben. Sie können die Belastung zeitweise als riesengroß, mal als klein empfinden.

Wie sehr kümmern sich die Väter um die Behinderung ihrer Kinder? Früher war ein Sorgenkind vor allem Sache der Mutter. Sind die jüngeren Männer engagierter?

Ja, auf jeden Fall. Früher, als ich noch in der Klinik arbeitete, kamen viele Väter gar nicht mit zur Erstuntersuchung ihres behinderten Kindes. Das überließen sie der Mutter. Ich muss sagen, wir fanden das normal. Darauf hatten wir uns eingerichtet. Wenn Kinder stationär aufgenommen wurden, kamen sie selbstverständlich in unsere „Mutter-Kind-Station". Dagegen wehrten sich dann aber die Väter, die im Laufe der Zeit doch immer häufiger mitkamen, so dass wir die Abteilung in „Eltern-Kind-Station" umbenannt haben.

Welche Kinder und Jugendliche sind von der Geschwister-Konstellation her besonders belastet?

Wieder gilt: Vor Verallgemeinerungen sollte man sich hüten. Es scheint aber so zu sein, dass ein enger Geschwister-Abstand eher belastend wirkt. Außerdem neigen ältere Kinder dazu, die behinderte Schwester oder den behinderten Bruder stark zu idealisieren. Sie erlauben sich dem Geschwisterkind gegenüber oft keinerlei negative Gefühle. Sie unterdrücken ihre Wut, ihre Enttäuschung, ihre Eifersucht und haben Schuldgefühle, wenn ihnen das nicht immer gelingt. In meiner zweiten Studie zeigte sich, dass Geschwister, die jünger sind als das behinderte Kind, eher Schwierigkeiten mit ihrer Identitätsfindung haben. Ihre Rollen sind unklarer als die der älteren Geschwister, die mit den Eltern zusammen bereits eine Reihe von

Schwierigkeiten durchgestanden haben. Jüngere sind meist auch schlechter informiert über die Behinderung. Das macht sie oft im sozialen Umfeld unsicherer. Für sie ist es schwer zu verkraften, dass der ältere Bruder oder die Schwester vieles schlechter oder gar nicht kann. Verständlicherweise fällt es einem Kind leichter zu sagen: „Mein jüngerer Bruder ist behindert", als: „Mein älterer Bruder kann das nicht". Das ist übrigens geschlechtsunabhängig. Da reagieren Mädchen genauso wie Jungen.

Sind die Eheprobleme in einer Familie mit einem behinderten Kind größer?
Das kann man nicht generell beantworten. Es gibt eine Anzahl Studien, gerade aus dem Englisch sprachigen Raum, mit unterschiedlichen Ergebnissen. Ich habe die Eltern meiner Untersuchungsgruppe hierzu befragt. Dabei gab ein Drittel an, die Behinderung des Kindes habe sich negativ auf die Partnerschaft ausgewirkt, ein Drittel sagte, der Einfluss sei eher positiv, ein Drittel meinte, die Behinderung habe die Partnerschaft gar nicht oder kaum beeinflusst.

Welche elterlichen/geschwisterlichen Abwehrmechanismen erkennen Sie am häufigsten?
Zunächst einmal: Der Begriff „Abwehrmechanismus" ist meist negativ besetzt. Das müssen wir differenzierter sehen. Abwehr ist im Grunde etwas Positives, nämlich ein wichtiger Schutz für die Psyche. Abwehr ist sinnvoll und hilfreich. Erst wenn die Abwehr zu stark ist und zu lange dauert, wird es kritisch. Ich halte es für normal, wenn Eltern den Schmerz und die Enttäuschung über die Behinderung in der ersten Zeit abwehren, indem sie die Realität verleugnen oder verdrängen. Nach solch einem einschneidenden Lebensereignis kann man nur langsam die damit verbundenen Gefühle zulassen. Bei einigen Geschwistern habe ich Abwehr durch emotionale Distanzierung und Rückzug gefunden. Auch eine starke Idealisierung des behinderten Kindes kann Abwehrcharakter haben, wenn sie der Vermeidung negativer Gefühle wie Wut oder Eifersucht dient.

Welchen Einfluss hat das Aufwachsen mit einem behinderten Kind auf die Berufs- und Partnerwahl?
Dazu kann ich leider noch nicht viel sagen. Ich habe in meinen Untersuchungen die Kinder und Jugendlichen nach ihren Berufswünschen gefragt. Die gingen meist nicht in den sozialen Bereich. Was die Partnerwahl betrifft: Viele Jugendliche meinen, eine behinderte Schwester, einen behinderten Bruder zu haben, das schränkt ein bei der Umschau nach einem passenden Partner. Andrerseits sehen die meisten Jugendlichen gera-

de darin ein wichtiges Auswahlkriterium, einen Charakter-Test sozusagen: „Wenn sie/er mich nicht mag, weil ich eine behinderte Schwester, einen behinderten Bruder habe, wenn sie/er das nicht packt, dann ist er nicht die/der Richtige für mich." Die Geschwister sehen also die Einschränkung durchaus, aber sie beurteilen sie positiv. Der Umgang mit Behinderung ist zu einem wichtigen Maßstab in ihrem Leben geworden.

„Bei uns dreht sich immer alles um Kristof."

Sabine spricht über ihre Familie

Sabine ist 14 Jahre alt. Ihr Bruder hat eine cerebrale Bewegungsstörung.

Das Mädchen erzählt von seiner Familie: „Es hat ziemlich lange gedauert, bis ich gemerkt habe, dass mein großer Bruder behindert ist. Er war drei Jahre, als ich auf die Welt kam. Ich glaube, er hat sich sehr gefreut über mich. Es gibt Fotos von uns beiden, auf denen er mich sehr behutsam und lieb im Arm hält und mich anlacht. Es gibt auch Aufnahmen von meinen ersten Schritten. Ich machte sie auf Kristof zu.

Meine Eltern haben uns damals ununterbrochen fotografiert und gefilmt. Es sei für sie so ein großes Glück gewesen, nach dem behinderten Sohn eine gesunde Tochter zu bekommen, sagte mir meine Mutter einmal. Das stimmt sicher, obwohl ich nicht glaube, dass meine Eltern damals schon gewusst haben, wie behindert Kristof wirklich ist. Er sieht ja ganz normal aus. Na gut, er hat später laufen und sprechen gelernt als andere Kinder, aber das war ja auch erst der Anfang.

Manche Kinder sind eben Spätentwickler, Einstein war auch einer. Das sagt mein Vater heute noch. Und ich glaube, er hofft immer noch auf den sogenannten „Entwicklungs-Schub" für Kristof. Am Anfang der Pubertät sollte er kommen – oder am Ende. Und jetzt hat mein Vater gerade wieder ein Buch gelesen, in dem steht, dass geistig behinderte Menschen mit 25 Jahren große Kapazitäten zum Lernen entwickeln, weil da Gehirnzellen nachreifen ... Kristof wird demnächst 18. Also hat mein Vater noch sieben Jahre Zeit zu hoffen. Aber dann?

Meine Mutter sieht das realistischer. Gut, Kristof kann nicht lesen und schreiben. Er weiß nicht, dass fünf mehr als vier sind, obwohl er ganz gut zählen, ich meine: Zahlen aufsagen kann. Richtig was abzählen – das klappt bei Kristof nämlich nur in Sternstunden. Kristof ist ungeschickt, er spricht undeutlich, er fragt zehnmal hintereinander dasselbe. Das nervt. Aber meine Mutter meint trotzdem: Wenn schon ein behindertes Kind in der Familie, dann eins wie Kristof. Er kann laufen, er kann alleine essen, aufs Klo gehen und sich ziemlich gut allein anziehen. Er ist zwar ziemlich oft krank, aber dann auch sehr geduldig und tapfer. Das muss man schon sagen.

Ja, also auf den Fotos von früher bin ich nicht auf Papas Arm und nicht auf Mamas Schoß, sondern immer in Kristofs Nähe, an seiner Hand, hinten auf seinem Dreirad, in derselben Badewanne. Unsere Eltern haben uns richtig zusammengeschweißt, so nach dem Motto: Ihr beide gehört zusammen und geht durch dick und dünn. Ich finde das irgendwie unfair. Denn Kristof ist dadurch enorm abhängig geworden von mir. Und ich musste immer das tun, was Kristof wollte.

Wie ich zum ersten Mal merkte, dass mit meinem Bruder etwas nicht stimmt – daran erinnere ich mich noch ganz genau. Meine Mutter versuchte, Kristof und mir das Schleifebinden beizubringen. Sie gab uns Bänder, die an einem Ende rot und am anderen grün waren. Die verschiedenen Farben sollten uns helfen zu unterscheiden zwischen dem, was umschlungen, und dem, was durchgezogen werden muss. Wir saßen auf dem Teppich im Wohnzimmer und verwurstelten unsere Finger und die Bänder.

Schleifenbinden ist ganz schön schwierig. Versuchen Sie mal, es jemandem beizubringen! Kristof kann es bis heute nicht. Deswegen kauft meine Mutter ihm immer Schuhe mit Klettverschluss. Es war nun so, dass ich das mit der Schleife ziemlich schnell raus hatte, aber Kristof eben nicht. Und das hat mich damals schon gewundert. Mein großer Bruder konnte lange Verschiedenes besser als ich. Er war ja größer und kräftiger. Aber dann kam der Zeitpunkt, da musste ich ihm helfen: den Reißverschluss an seinem Anorak zumachen, die Knöpfe an seinem Hemd schließen, eine Semmel für ihn aufschneiden. Das hat mich damals doch gewundert und auch geärgert. Immerhin war Kristof zu dem Zeitpunkt doppelt so groß und doppelt so alt wie ich. Meiner Meinung nach musste er auch mindestens doppelt so klug sein. Aber meine Eltern sagten immer: „Mach du das mal. Kristof kann das nicht". Was nicht stimmte. Kristof konnte eine ganze Menge, aber er war eben viel langsamer. Bloß: Wenn ich mal Hilfe brauchte, hieß es „Probier es erst mal selber, du schaffst das schon." Und wenn ich es nicht schaffte, sagten sie: „Nun stell dich nicht so an. Du bist doch kein Baby." Das ist übrigens bis heute so geblieben.

Ich habe natürlich immerzu die Ohren gespitzt, wenn meine Eltern sich unterhielten. Einmal hörte ich, wie mein Vater sagte, bei Kristof müsste das Zungenbändchen gelöst werden, damit er endlich besser und deutlicher spricht. Das sei ein kleiner Eingriff und nicht der Rede wert. Meine Mutter antwortete völlig genervt, damit wär's ja wohl nicht getan. Bei Kristof würden eben viele Funktionen nicht stimmen. Das sollte er, mein Vater, doch endlich einsehen.

Ich begann, meinen Bruder genauer zu beobachten. Welche Funktionen stimmten bei ihm nicht? Ja, er trägt eine Brille. Er läuft unsicher, seine

Füße knicken nach innen, er hat zittrige Hände. Er kann sich keinen Löffel Zucker in den Tee tun, ohne die Hälfte zu verstreuen. Na ja, und dann kann er eben nicht lesen, schreiben oder rechnen. Aber das merkte ich erst später.

Erst als ich eingeschult wurde, erfuhr ich, dass Kristof in eine Sonderschule geht. Meine Eltern hatten mir das nie gesagt. Vielleicht war ich damals auch noch zu klein. Jedenfalls fand ich das komisch, dass wir nicht dieselbe Schule besuchten. Worüber ich mich damals freute: Ich musste nicht mehr mit in diese langweiligen Therapien. Weil ich jetzt Schulaufgaben zu erledigen hatte, durfte ich zu Hause bleiben, wenn meine Mutter mit Kristof zu den Therapien ging. Vorher musste ich da immer mitdackeln, mich still verhalten, warten, bis Kristof mit seinen Übungen fertig war.

Ich kann mich allerdings an eine Frau erinnern, ich glaube, es war eine Beschäftigungstherapeutin, die hat mich mitmachen lassen – malen, Perlen auffädeln, flechten und kleben und solche Sachen. Ich habe das gut gekonnt, viel besser als Kristof, logisch, aber glauben Sie bloß nicht, dass mich einmal jemand dafür gelobt hätte. Im Gegenteil, wenn ich schneller und geschickter mit irgendeiner Mini-Bastmatte fertig war, wurde ich geradezu getadelt. Überhaupt, bei allem haben sie mich gebremst. Ich sollte nicht schneller, nicht klüger, nicht geschickter sein als Kristof. Und wenn ich es doch war, sollte ich es nicht zeigen. Damit Kristof nicht entmutigt wurde.

Es dreht sich immer alles um Kristof. Was er machte, wurde in die Länge und in die Breite diskutiert, gelobt und bewundert. Ich habe mal als einzige in der Klasse in einer sauschweren Mathearbeit eine Eins geschrieben. Meine Eltern haben sich das Heft gar nicht angesehen, denn Kristof hatte am selben Tag zum ersten Mal selbstständig eine Telefonnummer gewählt. Meine Mutter konnte sich gar nicht wieder einkriegen. Überall rief sie an und erzählte von dem neuesten Kunststück ihres Wunderkindes.

Ich habe bei uns zu Hause immer nur die zweite Geige gespielt. Wenn ich meiner Mutter dringend was erzählen wollte, dann sagte sie: „Jetzt nicht, ich muss gerade Kristofs Lehrerin anrufen." Oder: „Später. Ich muss Kristof eben die Fingernägel schneiden." Vielleicht ist es ungerecht, was ich jetzt sage, aber mir scheint, meine Eltern nehmen mich nur wahr, wenn es um ihre eigene Bequemlichkeit geht. „Nimm Kristof mit ins Kino". „Sieh doch mal eben nach, ob er alles hat, was er für die Schule braucht". „Was, du hast dich verabredet heute abend? Das musst du absagen. Wir haben Theaterkarten und du musst bei Kristof zu Hause bleiben". So geht das, so lange ich denken kann. Manchmal bin ich richtig sauer auf Kristof, aber der kann ja nichts dafür.

Mitunter tut er mir ja auch richtig Leid. Vor drei Jahren etwa sind wir mal alle zum Schwimmen gefahren. So ein Erlebnis-Bad mit Palmen und Rutschbahn und Sprudelbecken. Kristof hopste in dem Sprudelbecken rum, ganz begeistert. Nun muss man wissen, dass Kristof schielt, wenn er sich besonders toll freut. Und beim Baden hat er natürlich keine Brille auf. In seiner Nähe spielten zwei andere Jungen, jünger als er. Und da rief der eine dem anderen zu: „Guck mal, eine Missgeburt." Mir ist fast das Herz stehengeblieben. Ich war so wütend und so traurig und so verletzt. Kristof sieht nämlich eigentlich ganz normal aus. Ich konnte meiner Mutter, die in der Nähe war, das gar nicht erzählen. Ich habe das überhaupt niemandem erzählt, erst jetzt. Es hat ja auch keinen Zweck, darüber zu sprechen. Die Jungen wussten ja gar nicht, was sie da sagten. Aber es ist nun drei Jahre her und ich denke immer noch daran.

Dabei fällt mir ein: Als wir noch kleiner waren, haben Kinder auf dem Spielplatz mal zu mir gesagt. „Hau ab mit deinem Doofi." Da bin ich dem einen an die Wäsche, obwohl der ein Stück größer war als ich. Und Kristof hat auch kräftig hingelangt. Wir sind als Sieger vom Schlachtfeld. Mein Vater hat mir eine runtergehauen, als wir zerbeult und dreckig nach Hause kamen. Eine Prügelei gehöre sich nicht für ein Mädchen. Und ich hätte auf Kristof besser aufpassen sollen. Ich habe versucht, ihm zu erzählen, warum wir uns prügeln mussten. Aber er hat nur gesagt: „Ich will nichts hören." Na denn eben nicht.

Zur Zeit bin ich in der Schule nicht besonders gut. Da ist zu Hause auf einmal die Hölle los. Ich könnte ja, ich wollte nur nicht. Ich soll mal an meinen Bruder denken. Der würde so gern lernen, aber der kann das nicht. Und ich wäre einfach zu faul.

Ich weiß nicht, ob ich faul bin. Ich weiß nur, dass mich der ganze Schulkram nicht mehr interessiert. Alles ein Riesen-Bla-Bla, ohne Bezug zu meinem Leben. Am liebsten würde ich abhauen. Aber das geht nicht. Dem Kristof, dem würde ich mächtig fehlen. Am Anfang jedenfalls."

*„Die wirklich wichtigen Dinge weiß ich
von meinem Bruder gar nicht."*

Werner denkt über sich und seinen Bruder nach

Werner, 19, hat einen zwei Jahre älteren Bruder mit Down-Syndrom. Er versteht sich gut mit ihm – und auch mit seiner jüngeren Schwester. Trotzdem gibt es in der Familie Probleme.

„Früher habe ich viel gemacht mit Torsten. Wir haben draußen gespielt, gerauft, gerangelt, Tore geschossen. Aber wir hatten auch unseren gemeinsamen Spaß an Gesellschaftsspielen. Torsten ist der absolute Champion in „Mensch-ärger-dich-nicht". Damit haben wir ganze Abende zugebracht, und Torsten hat meist – und verdient – gewonnen. Viel zu selten haben wir miteinander Musik gemacht, obwohl Musik sowohl mein wie auch Torstens Hobby ist. Er hört natürlich am liebsten Pop, Michael Jackson, David Hasselhoff. Ich liebe Klassik, will mich an der Musikhochschule bewerben, um Komposition zu studieren. Ich erinnere mich, dass Torsten und ich an einem Nachmittag richtig schön miteinander Musik gemacht haben. Ich spielte Saxophon und er seine Bongo-Trommeln. Für die anderen mag das nicht so toll geklungen haben, aber wir hatten Freude. Unser Spiel passte irgendwie.

Schade eigentlich, zu solchen Sachen kommen wir jetzt gar nicht mehr. Ich habe gerade mein Abi gemacht und leiste meinen Zivildienst in einer Tagesschule, wo ich den Hausmeister unterstütze und bei der Hausaufgabenbetreuung helfe. Und Torsten arbeitet in der Werkstatt für behinderte Menschen. Der ist auch ganz schön geschafft, wenn er heim kommt. Da geht eben jeder auf sein Zimmer, um sich auszuruhen, und hat nicht mehr viel Sinn für Gemeinsamkeiten. Von Clara sieht und hört man auch wenig. Sie geht noch in die Schule und hat nachmittags ihre Verabredungen.

Trotzdem: Ein Leben ohne Torsten kann ich mir gar nicht vorstellen. Er ist ein richtig netter Typ, hat Witz, lacht gern, spricht mit allen Leuten. Er ist mein großer Bruder, obwohl er dem klassischen Bild eines großen Bruders überhaupt nicht entspricht. Nie hat er mich beschützt, nie mir einen Rat gegeben, nie mich unterstützt, wenn ich Streit mit meinen Eltern hatte. Allerdings ist er noch heute kräftiger als ich. Körperlich habe ich ihn nie einholen können. Deswegen blieben unsere Rangeleien wohl so lange so spannend.

Verbünden konnte man sich mit Torsten nie. Dazu ist er zu stur. Er macht immer exakt das, was er will. Versuche, ihn zu beeinflussen, haben wenig Zweck. Richtig gestritten haben nur Clara und ich. Wer mehr durfte, wer mehr bekommen hatte – um solche Sachen ging es da. Torsten war an diesen Auseinandersetzungen nie beteiligt. Er bekam immer seinen Teil, verglich ihn nicht mit anderen und stellte ihn auch nie in Frage.

Ich habe als Kind nicht viel auf Torsten aufpassen müssen. Mein Vater ist Kirchenmusiker. Er konnte es sich einrichten, nachmittags zu Hause zu sein. Meine Mutter war Hausfrau, als wir klein waren, jetzt arbeitet sie als Immobilienmaklerin. Sie hat mir mal erzählt, dass sie voll am Ende war, als Torsten behindert auf die Welt kam. Aber sie hat diesen Jungen immer sehr geliebt. Das läuft bei uns in der Familie eben so: Torsten wird einfach von allen geliebt.

Mein Vater ist sehr christlich eingestellt, er ist wirklich ein „Seelsorger". Sein Glaube hat ihm sicherlich sehr geholfen im Umgang mit Torsten. Ich habe den Eindruck, der Junge ist zu seiner Lebensaufgabe geworden. Er ist immer da, wenn Torsten ihn braucht.

Meine Eltern sind beides tolle Leute – jeder für sich. Mein Vater ist ruhig, zuverlässig, kennt sich in 1000 Sachfragen aus. Meine Mutter ist liebevoll, tüchtig, gern unter Menschen, kulturell sehr interessiert. Das Problem ist, dass meine Eltern sich schon lange nicht mehr verstehen. Meine Mutter hält sich für überfordert, will mehr vom Leben, mein Vater tut ihre Klagen als Wechseljahrsbeschwerden ab. Es gibt viel Streit. Es wäre vielleicht besser, wenn meine Eltern sich trennen würden. Aber man trennt sich eben nicht so einfach, wenn man ein behindertes Kind hat, das man liebt.

Torsten bekommt die gespannte Atmosphäre im Haus natürlich auch mit. Er sagt jetzt immer öfter, er will ausziehen, in eine eigene Wohnung am liebsten oder in eine Wohngruppe.

Ich bin sicher, dass das Aufwachsen mit Torsten mich geprägt hat. Ich weiß bloß nicht genau, wie. Meine Mutter hat mir erzählt, wie schwer es oft für sie war, von mir schon sehr früh „Vernunft" zu erwarten. Ging sie mit Torsten und mir spazieren und wollte Torsten getragen werden, dann hatte sie keine andere Wahl, als Torsten zu tragen. Er setzte sich sonst auf die Straße und blieb sitzen, egal, ob meine Mutter mit mir weiterging oder nicht. Wenn ich jammerte: „Torsten soll laufen. Der ist viel größer als ich. Ich will jetzt auf den Arm", erklärte mir meine Mutter, dass ich „vernünftig" sein müsse, Torsten würde eben so vieles nicht verstehen. Ich kann mich an solche Szenen gar nicht mehr erinnern, aber sicher waren sie wichtig für mich.

Wenn ich an meine Schulzeit denke, so sehe ich mich als eine Art Außenseiter. Immer gab es mehrere Gruppen in der Klasse. Ich gehörte zu keiner. Ich machte bei keinem der üblichen dummen Streiche mit, ich prügelte mich nie, aber ich hatte natürlich auch keinen Zugang zu den erfreulicheren Veranstaltungen, wie Feten oder Wochenendausflügen. Ich glaube, ich war damals ein Stück reifer als die anderen. Durch Torsten habe ich früh gelernt, dass es Menschen gibt, die ohne eigenes Verschulden vieles nicht können, die immer Hilfe brauchen. Wenn man das einmal erkannt hat, dann wächst auch das Verständnis für Randgruppen, dann sieht man vieles differenzierter.

Behindertenfeindliche Bemerkungen habe ich kaum gehört. Vor kurzem läutete ein Mann aus der Nachbarschaft bei uns. Er machte eine Unterschriftensammlung, dass „die Behinderten, die in der nahen Werkstatt arbeiteten, endlich hier verschwinden sollten". Der Mann muss neu in der Gegend gewesen sein, sonst hätte er gewusst, dass Torsten in eben dieser Werkstatt arbeitet. Ich habe ihn gefragt, was genau ihn denn an den Behinderten stört, dann habe ich jedes einzelne seiner schwachen Argumente zerpflückt und ihn vorm Gartentor stehen lassen.

Ich habe nie ein Geheimnis daraus gemacht, dass ich einen Bruder mit Down-Syndrom habe. Wenn es so beim ersten Kennenlernen darum geht, wie viele Geschwister man hat und was die so machen: „Ist dein Bruder schon beim Bund?", dann sage ich schlicht „Nein" und erkläre, dass er das Down-Syndrom hat. Was ich darauf oft höre, ist: „Ich habe eine Cousine (Neffen, Tante), die ist auch behindert." Das gibt dann eigentlich eine ganz gute Basis fürs weitere Kennenlernen. Dass jemand voll sein Mitleid über mich ausgeschüttet hätte, das ist mir bis jetzt erspart geblieben. Aber es kommt sicher auch darauf an, wie man darüber redet. Bei mir klingt das nicht jammervoll, denn erstens war Torsten immer Teil meines Lebens und zweitens ist er eben ein guter Typ.

Auch meine Freundin hat sich übrigens nie daran gestört, dass ich einen behinderten Bruder habe. Im Gegenteil, ich glaube, das hat mir in ihren Augen sogar Pluspunkte gebracht. Sie studiert Germanistik, ist sozial engagiert, hat in ihren Ferien schon manchmal bei Behindertenfreizeiten die Betreuung übernommen.

Ab und zu übernachtet meine Freundin bei mir. Torsten sagt dazu nie etwas. Ich weiß nicht, was er denkt, was er mag, ob ihm etwas fehlt. Klar ist, dass Torsten sich in seiner Phantasie viel mit Mädchen beschäftigt. Er hat eine Freundin in der Werkstatt, die er unbedingt bald heiraten will. Die Hochzeit stellt er sich wohl wie im Fernsehen vor: Er tritt im schicken Anzug mit seiner noch schickeren weißen Braut vor den Altar, alle sind gerührt und streuen Blumen und hinterher gibt es ein Riesenfest und viele Geschenke. Ich glaube, von Ehe und Sexualität hat Torsten keine Ahnung. In seiner Freizeit trifft er sich so gut wie nie mit seiner Freundin. Er geht sogar ohne sie in die Behinderten-Disco und flirtet da heftig mit allen Frauen.

Wie viel mein Bruder von seiner Behinderung weiß, ob er darunter leidet, wie sehr er sich die Beziehung zu einer Frau wünscht – ich weiß es wirklich nicht. Wir reden nicht darüber. In unserer Familie wird überhaupt zu wenig geredet. Wenn jemand mal was sagt, wird gleich ein Streit daraus."

„Wenn ich merke, dass jemand in Schwierigkeiten ist, gehe ich sofort hin und helfe."

Andrea spricht von ihren beiden behinderten Geschwistern

Andrea, 27, hat fünf Geschwister. Ihr Zwillingsbruder Richard und ihre drei Jahre ältere Schwester Brigitte haben das Down-Syndrom. Nach dem Studium der Sprachwissenschaften ist Andrea nun auf Job-Suche. Vor einem Jahr hat sie geheiratet.

„Meine Eltern sind in unserer Stadt angesehene Geschäftsleute. Trotzdem bin ich früher manchmal schief angeschaut worden, wenn Leute erfahren haben, dass wir zu Hause sechs Kinder sind – zwei davon behindert. Wer meine Eltern nicht kannte, war da schnell mit Adjektiven wie asozial oder verantwortungslos zur Hand.

Auf mich richtete sich das Interesse immer besonders, denn ich bin die nicht behinderte Zwillingsschwester eines behinderten Bruders. Er hat das Down-Syndrom, ich nicht. So etwas ist wirklich selten. In der Medizin-Geschichte tauchen solche „Fälle" kaum auf.

Wir haben nicht oft darüber gesprochen, aber ich bin sicher, dass die Geburt der behinderten Brigitte für meine Eltern ein schwerer Schock gewesen ist. Als meine Mutter dann wieder schwanger war, hat sie sich ärztlich beraten lassen und es hieß, die Möglichkeit, noch ein Kind mit Down-Syndrom zu bekommen, sei äußerst gering. Erst später stellte sich heraus, dass sie Zwillinge erwartete.

Meine Mutter erzählte mir, dass sie und mein Vater sehr verzweifelt gewesen seien, ein zweites behindertes Kind zu haben. Sie nahm deshalb das Angebot einer besonders mitfühlenden und hilfreichen Krankenschwester dankbar an, Richard noch eine Woche länger in der Entbindungsklinik zu lassen und erst mit mir nach Hause zu gehen. So konnte sie sich noch etwas schonen, bevor sie zwei Säuglinge zu versorgen hatte. Und sie würde etwas mehr Zeit haben, ihre Kinder auf den behinderten Bruder vorzubereiten. Wie meine Mutter sagte, begrüßten mich meine Geschwister, damals zwischen 16 und 3 Jahren, mit großem Jubel. Und genauso groß war ihre Freude, als sie Richard sahen. Ein behinderter Bruder machte ihnen überhaupt nichts aus. Vielmehr waren sie wohl über die tiefe Sorge der Eltern verwundert. Sie standen nämlich noch immer unter Schock. Die Begeisterung ihrer Kinder für die neugeborenen Geschwister – und eben auch für das behinderte – muss meiner Mutter und meinem Vater aber viel Mut gemacht haben.

Ich habe immer bewundert, wie viel Aktivität und Energie meine Mutter entwickelte und wie souverän sie mit der Behinderung ihrer Tochter und ihres Sohnes umging. Sie schrieb ein Buch und viele Artikel über das Leben mit behinderten Kindern, hielt Vorträge, engagierte sich bei Elternvereinigungen wie der „Lebenshilfe". All das, obwohl sie mit sechs Kindern alle Hände voll zu tun hatte und ihre kleine Buchhandlung bei uns im Haus weiterführte. Die Arbeit wollte sie nicht aufgeben. Ich bin sicher, sie brauchte die Konzentration auf ihre Kunden und ihr Sortiment und vor allem die Stunden ohne uns, um wieder aufzutanken, um neue Kraft für die Familie zu schöpfen.

Mein Vater leitete einen Verlag, arbeitete aber auch oft zu Hause, aber er war für uns Kinder weit weniger zugänglich als unsere Mutter. Mit Alltagssorgen ging ich zu ihr, nicht zu ihm. Meine Geschwister machten es ebenso.

Ich werde oft gefragt, ob ich in meiner Kindheit nicht zu kurz gekommen sei – so mit fünf Geschwistern, von denen zwei behindert sind. Ich habe mir darüber nie Gedanken gemacht. Gerade weil wir so viele waren, blieb für jeden einzelnen nicht viel Zeit. Ich hielt das für normal, kannte es ja nicht anders. Ich weiß noch, dass ich mir oft dachte, meine Mutter müsste sich mehr um Richard kümmern. Er brauchte ihre Hilfe ganz besonders.

Ich habe mich Richard immer besonders verbunden gefühlt. Das liegt sicher daran, dass wir als Zwillinge in großer Nähe zueinander aufgewachsen sind. Er ist im Gegensatz zur ungestümen Brigitte eher still und nachdenklich. Brigitte lebt nur nach ihrem eigenen Kopf, nimmt selten Rücksicht auf andere, Richard ist auf ganz andere Art eine starke Persönlichkeit. Eigentlich ist er ein richtiger Philosoph, der sich sein eigenes Bild von Gott und der Welt macht. Seine Jugendbibel hat er – zuerst langsam mit der Schreibmaschine, später etwas schneller mit dem Computer – bestimmt schon 20mal abgeschrieben. Richard kann sich aber auch gut auf andere Menschen einstellen. Deswegen ist für mich der Umgang mit ihm so viel weniger anstrengend als mit Brigitte.

Unter ihr habe ich viel gelitten. Sie ist, wie gesagt, drei Jahre älter, und es trifft sie hart, als „große Schwester" immer unterlegen zu sein. Brigitte musste miterleben, dass ich zu Kinderfesten eingeladen wurde – und sie nicht. Richard wurde auch nicht eingeladen, aber ich glaube, ihm machte das weniger aus. Brigitte gönnte mir diese Einladungen nicht. Ich muss sagen, ich fand das selbst nicht gut, dass eben oft nur ich, nicht aber meine behinderten Geschwister eingeladen wurden.

Für beide, Brigitte wie Richard, war es schwer, als ich heiratete. Das Fest fanden sie zwar spannend, und sicher gönnten sie mir mein Glück. Aber es war – wieder einmal, und diesmal besonders eindringlich – eine Situation, die ihnen zeigte, dass ihnen bestimmte Lebensbereiche unerreichbar sind. Richard lebt jetzt zusammen mit seiner Freundin in einer betreuten Wohngemeinschaft. Die beiden würden auch gern heiraten. Dass ihnen das Standesamt verschlossen bleibt, weil sie als nicht „geschäftsfähig" gelten, finden die zwei nicht so schlimm. Ihnen kommt es auf den kirchlichen Segen an. Richard ist sehr gläubig.

Auch Brigitte, die jetzt 30 Jahre alt ist, fühlt sich natürlich vom Schicksal benachteiligt, wenn sie erlebt, wie ihre Geschwister heiraten und manche von ihnen jetzt eigene Kinder haben. Ich fühle da sehr mit ihr.

Als ich vier oder fünf Jahre alt war, haben mir meine Eltern erklärt, was es mit Brigitte und Richard auf sich hat. Sie haben mir gesagt, dass diese beiden meiner Geschwister behindert sind, dass diese Behinderung angeboren ist und niemand etwas dafür kann. An weitere Einzelheiten erinnere ich mich nicht, aber ich weiß noch, wie peinlich mir dieses Gespräch war. Irgendwie wollte ich davon nichts hören. Außerdem habe ich wohl gespürt, wie sehr das Gespräch meine Eltern belastete.

Obwohl es mich natürlich ungeheuer interessierte, habe ich nie viel gefragt nach der Behinderung. Ich glaube, ich habe auch mit meinen Geschwistern nicht viel darüber gesprochen, dabei verstand ich mich gut mit allen, besonders mit meiner nächstälteren, nicht behinderten Schwester. Sie ist acht Jahre älter als ich. Später, als ich lesen konnte, habe ich mir viele Bücher zum Thema Behinderung besorgt. Die meisten empfahl mir meine Mutter. Ich wurde als Teenager Mitarbeiterin einer Freizeit-Organisation für Kinder und Jugendliche mit geistiger Behinderung und erfuhr auf den Seminaren weiteres, was ich über Behinderungen wissen wollte.

Im Nachhinein bin ich davon überzeugt: Es war auch, um mich zu schonen und zu schützen, dass meine Eltern Brigitte und später auch Richard immer mal wieder in ein Heim auf dem Land gaben. Eigentlich war immer nur einer von beiden zu Hause. Aber in den Ferien, da lebten beide bei uns. Sicher ging es auch darum, meine Mutter zu entlasten. Sie hatte wirklich zuviel zu tun und sie war gesundheitlich angeschlagen. Aber ich dachte damals, die Heimunterbringung meiner Schwester oder meines Bruders wäre speziell mir zuliebe arrangiert worden. Denn für mich wurde der Alltag tatsächlich wesentlich leichter, wenn Brigitte nicht bei uns war. Sie stichelte mitunter furchtbar, trickste mich aus. Ich erinnere mich an eine Szene: Da steckte sie beim Frühstücken ein Stück Zucker nach dem anderen in den Mund – immer so, dass zwar ich das deutlich sah, meine

Mutter aber nichts merkte. Ich wusste, wenn ich jetzt etwas sagte, würde es einen Höllenstreit geben. Also ließ ich es, aber es ärgert mich bis heute.

Meine Eltern besuchten das Kind, das gerade im Heim war, regelmäßig; und sie taten es jedesmal niedergedrückt und beklommen. Das war zu einer Zeit, wo auch meine älteren Geschwister zum Teil schon das Haus verlassen hatten, um zu studieren. Sicher ist meinen Eltern auch die Trennung von ihnen schwer gefallen, aber die Heimunterbringung ihrer behinderten Kinder machte sie trauriger, ganz zweifellos. Sie regten sich auch immer furchtbar auf, wenn in dem Heim irgendwas passiert war. Wenn also Brigitte von einem anderen Kind geschlagen worden war, durch eine Scheibe gefallen war … Lauter Anlässe, die die Schuldgefühle meiner Eltern sicher verstärkten.

Waren Brigitte oder Richard zu Hause, gingen wir zusammen in eine Privat-Schule. Dort wurden in der Mehrzahl Kinder mit geistiger Behinderung unterrichtet, aber es gab eine so genannte Modellklasse, in der etwa fünf behinderte und fünfzehn nicht behinderte Kinder zusammen unterrichtet wurden. Ich bin sehr gern in diese Schule gegangen. Dort war Behinderung etwas Normales. Mit zwölf Jahren begann ich, mich für die Jugendarbeit der OBA (Offene Behinderten Arbeit) der Evangelischen Jugend zu interessieren. Mit 13 oder 14 habe ich OBA-Gruppen mitgestaltet, später auch Freizeiten selbst geleitet. Die Arbeit hat mir richtig Spaß gemacht. Es fiel mir leicht, mit zu denken, mit zu planen, Handgriffe für andere zu tun. Der große Unterschied: Für das, was ich in der OBA-Jugendarbeit leistete, bekam ich viel Anerkennung. Mein Einsatz zu Hause galt dagegen immer als Selbstverständlichkeit. Irgendwann führte das zu einem sehr kränkenden Disput mit meinem Vater, der mir vorwarf, soziales Engagement, das sich vor allem nach außen wende und sich nicht auch in der Familie zeige, sei kein echtes soziales Engagement.

Ich fand das damals sehr ungerecht. Zwar gaben sich meine Eltern große Mühe, uns nicht mit der Sorge um unsere behinderten Geschwister zu belasten. Aber gerade von meiner älteren Schwester und mir ist doch viel stiller Einsatz erwartet worden. Es wurde uns keineswegs befohlen, unsere behinderten Geschwister mitzunehmen, wenn wir zum Spielen oder zu Freunden gingen. Aber wir nahmen sie natürlich mit, weil wir wussten, dass unsere Eltern das von uns erwarteten. Ich wäre oft lieber allein gegangen, denn natürlich störten Brigitte und Richard beim Volleyballspiel und später auch bei den ersten Verabredungen, die wir hatten.

Wir spürten die unausgesprochene Verpflichtung, uns um Brigitte und Richard zu kümmern. Irgendwie waren wir immer „im Dienst". Ständig konnte etwas passieren.

Durch das Aufwachsen mit meinen behinderten Geschwistern habe ich eine starke Solidarität mit sozial schwachen Gruppen und einen Extra-Sinn für Gefahrensituationen entwickelt. Beides funktioniert ausgezeichnet. Selbst wenn ich Zeitung lese oder sonst irgendwie beschäftigt bin, kriege ich mit, ob jemand in meiner Nähe in Not ist. Braucht jemand Hilfe, bin ich sofort zur Stelle, ohne auch nur eine Sekunde nachzudenken.

Neulich in der U-Bahn gab es eine solche Situation. Ein paar Kerle pöbelten einen Farbigen an. Da gehe ich sofort hin und werfe mich dazwischen. Ich handle dabei wohl so instinktiv und furchtlos, dass ich auch viel Stärkere auf Anhieb einschüchtere und durch solche Aktionen noch nie selbst in Gefahr gekommen bin.

Mir ist klar, dass ich durch Brigitte und Richard früher und stärker mit Problemen konfrontiert wurde, mit denen Kinder im allgemeinen nicht konfrontiert werden. Sicherlich hat mich das stark werden lassen. Interessant ist: Fragt man meine älteren Geschwister zu den Einflüssen, die das Down-Syndrom von Brigitte und Richard auf uns hatte, dann sprechen sie davon, wie stolz sie auf unsere Familie sind, wie gut wir alle mit der Behinderung umgegangen sind, wie wir zusammenhalten. Von allen meinen Geschwistern aber hatte ich den längsten und engsten Kontakt zu Brigitte und Richard, weil ich ihnen altersmäßig am nächsten stehe. Ich bin deshalb wohl auch am gestörtesten im Umgang mit ihnen. Mir war vieles peinlich, was meine älteren Geschwister überhaupt nicht so berührt hat. Sie waren schon in der Ausbildung oder aus dem Haus, als wir aufwuchsen.

Am schlimmsten fand ich die Spaziergänge am Sonntagnachmittag. Sie gehörten zu den Familien-Ritualen. Ich spürte jeden Blick, der Brigitte, Richard, meine Eltern und mich streifte. Als Teenager begann ich, mich gegen diese gemeinsamen Ausflüge zu wehren. Ich ging nicht mehr mit. Meinen Eltern tat das sicherlich weh, aber ich konnte mich damals nicht anders verhalten.

Ich erinnere mich auch an eine Situation, in der ich Richard verleugnete und mir dessen sehr bewusst war. Von der Privat-Schule, die ich sehr liebte, wechselte ich ins Gymnasium. Schon das machte mich unglücklich. Dazu kam, dass die neuen Lehrer immer mal wieder allgemein nach der Familiensituation fragten. Berufe der Eltern, Zahl der Geschwister und so weiter. Ich fand es schwierig, vor so vielen neuen unbekannten Schülern darüber zu sprechen. Und so sagte ich einmal, ich sei die Jüngste in der Familie. Ich verschwieg meinen behinderten Zwillingsbruder. Das war umso schlimmer, weil zwei Mitschülerinnen mit mir befreundet waren und Richard kannten. Ich habe mich damals geschämt. Aber ich wollte auf diese Weise souveräner werden, mich nicht immer mit der Behinderung meiner Geschwister auseinandersetzen.

Meine Auswahlkriterien, wem ich heute von der Behinderung meiner Geschwister erzähle und wem nicht, sind einfach. Zu Menschen, die ich mag und von denen ich denke, dass sich eine Freundschaft entwickeln könnte, spreche ich darüber. Reagiert jemand über Gebühr unwissend, berichte ich entweder detaillierter oder ich lasse es bleiben, je nachdem, wie wichtig mir der Mensch scheint. Lässt sich jemand von einer Bekanntschaft oder Freundschaft mit mir abschrecken, weil ich behinderte Geschwister habe, ist das in meinen Augen eine Charakterschwäche. Wer Behinderung ablehnt, passt nicht zu mir.

Mein Mann und ich – wir kennen uns schon seit unserer Kindheit. Unsere Eltern sind lange befreundet. Die Behinderung meiner Geschwister war nie ein Problem für ihn. Oder nur manchmal. So fuhr er einmal durch die ganze Stadt, um mir eine heiße Liebeserklärung zu machen, wie er mir später erzählte. Bei uns zu Hause aber fing ihn Brigitte ab und bestand darauf, dass er mit ihr Beatles-Lieder singt. Das hat er dann auch getan ...

Natürlich steckt in mir und meinen Geschwistern die Angst, selbst einmal ein behindertes Kind zu bekommen. Aber wir haben uns alle genetisch untersuchen lassen. Wir sind nicht erblich belastet.

Was uns große Sorge macht, ist mitzuerleben, wie meine Eltern immer älter und auch hinfälliger werden. Ihre Gesundheit lässt sie jetzt im Stich. Wir Geschwister sprechen darüber, wie das einmal weitergehen soll. Noch verbringen Brigitte und Richard ihren Urlaub bei den Eltern. Und die geben sich nach wie vor viel Mühe, den beiden den Aufenthalt so angenehm und schön wie möglich zu machen. Immer haben sie ein volles Programm, aber lange schaffen sie das nicht mehr. Meine Geschwister und ich werden also im Wechsel die Ferienbetreuung übernehmen, wobei ich mich natürlich um Richard kümmern werde, eben weil er mir am nächsten ist. Meine Mutter sorgt sich jetzt schon, dass er es dann nicht mehr so schön haben wird wie jetzt bei den Eltern. Einerseits ist diese Befürchtung ganz realistisch, andererseits ärgert es mich, dass meine Mutter so denkt.

Ich fühle mich überfordert. Noch haben wir selbst keine Kinder. Und doch soll ich schon wieder meinen Tagesablauf auf jemanden ausrichten, der ständig Zuwendung und Hilfe braucht."

*„Stundenlohn bekommen wir immer beide.
Ich fürs Babysitten, er fürs Bravsein."*

Monika erzählt von ihrem Bruder, der im Rollstuhl sitzt

Monika, knapp 15, spricht über ihren 12-jährigen spastisch behinderten Bruder Tobias:

„Ich weiß, es ist keine Selbstverständlichkeit. Deswegen bin ich auch so froh, dass ich mit meinen Eltern über alles reden kann. Wahrscheinlich hat das mit Tobias zu tun. Weil uns allen dreien so am Herzen liegt, dass es ihm gutgeht, sprechen wir häufig über ihn. Was er gesagt hat, ob er Ärger in der Schule hat oder gerade mit seinen Freunden verkracht ist. Letztens haben die Alarmglocken zuerst bei mir geläutet. Bekannte meiner Eltern erzählten, dass sich ihrem Sohn – er ist geistig behindert, sitzt nicht im Rollstuhl wie Tobias – auf einer Toilette im Kaufhaus ein fremder Mann in ziemlich eindeutiger Absicht genähert hat. Der Junge wusste wohl gar nicht, wie ihm geschah, hat aber glücklicherweise seiner Mutter davon erzählt. Als ich das hörte, fiel mir gleich ein, dass Tobias nicht aufgeklärt ist. Für Sexualität scheint er sich nicht zu interessieren. Er fragt jedenfalls nie nach bestimmten Dingen. Trotzdem meine ich, dass er einiges wissen muss. Als behindertes Kind hat er ja keine Intimsphäre. Immer muss ihm jemand helfen, wenn er aufs Klo will. Vielleicht würde es ihm da gar nicht auffallen, wenn ihm jemand aus ganz egoistischen Motiven hilft. Man hört und liest ja viel über sexuellen Missbrauch.

Ich habe darüber mit meinen Eltern gesprochen. Die hatten sich wohl schon ähnliche Gedanken gemacht. Gemeinsam haben wir beschlossen, dass es höchste Zeit sei, Tobias aufzuklären. Das machen meine Eltern jetzt immer, wenn sich eine passende Gelegenheit ergibt. Neulich waren wir italienisch essen – alle vier. Da musste Tobias zur Toilette, und mein Vater ging mit ihm hin. Weil da ein Kondomautomat war, hat mein Vater gleich mal eine Packung gezogen und Tobias erklärt, wozu man so etwas benutzt. Ich halte mich aus solchen Gesprächen übrigens heraus. Nicht, dass sie mir peinlich wären, aber irgendwie ist das nicht meine Sache.

Mit mir spricht Tobias hauptsächlich über seine Lieblingssendungen im Fernsehen, über Musik und über seine Freunde. Irgendwie haben wir zu Hause eine ziemlich genaue Arbeitsteilung. Nicht, dass wir das so verabredet hätten, es ergab sich im Laufe der Zeit einfach so. Meine Mutter kümmert sich um alles, was im weitesten Sinn mit Tobias Förderung zu tun hat. Sie macht mit ihm Lauf-Übungen. Die Operation hat die Spastik in seinen Beinen gebessert, Tobias muss deshalb nicht mehr immerzu im Rollstuhl sitzen. Er kann sich nun auch mit einer Gehhilfe aufrecht fortbewegen. Das ist immer noch nicht einfach für ihn, und es geht langsam, aber wir freuen uns alle, dass er das jetzt kann. Er ist selbst sehr stolz darauf. Meine Mutter hilft Tobias auch bei seinen Leseübungen. Er liest jetzt schon ganz gut und interessiert sich sehr für das, was als Schlagzeile in der Zeitung steht. Sie hilft ihm auch am Computer. Zur Zeit will Tobias nämlich Schriftsteller werden. Dazu schreibt er ab, was er finden kann. Meine Mutter hat alle Hände voll zu tun mit ihm, denn Tobias ist nicht immer sehr geduldig. Allerdings hat sich das gebessert. Vor einigen Jahren ist er noch regelrecht ausgerastet, wenn er nicht gleich das bekam, was er wollte. Auch auf diesem Gebiet hat er dazu gelernt. Ihm ist wohl klar geworden, dass sich nicht mehr zwangsläufig alles um ihn dreht.

Ja, und mein Vater macht mit Tobias das, was wir die „Männergeschäfte" nennen. Wenn der Papa da ist – er hat ein Fotostudio, in dem auch die Mama mitarbeitet – dann erledigt er mit Tobias alle Toilettengänge. Aber „Männergeschäfte" sind auch noch ganz andere Dinge. Im ersten Teil der Ferien zum Beispiel hat mein Vater mit Tobias viele Ausflüge gemacht. Die beiden sind einfach in die S-Bahn gestiegen – Tobias natürlich im Rollstuhl – und haben sich die Umgebung unserer Stadt angesehen. Das müssen richtige Abenteuer-Trips gewesen sein, denn abends kamen die beiden immer voller Geschichten und total geschafft von ihren Erlebnissen wieder nach Hause. Ich war in dieser Zeit übrigens bei meinen Freundinnen – oder mit meiner Mutter in der Stadt, um zu bummeln und einzukaufen.

Erst im letzten Teil der Ferien sind wir gemeinsam verreist. Wir fahren meist in dasselbe Hotel in Niederbayern. Da gefällt es uns allen. Die Leute sind nett, die Landschaft ist schön, das Hotel hat keine Stufen, so dass Tobias mit seinem Rollstuhl überall hin kann. Es gibt einen Tennisplatz, das ist wichtig für meinen Vater. Er spielt nämlich gern Tennis.

Ich werde oft gefragt, zum Beispiel von Mitschülern, ob es mir nicht Leid tut, dass wir wegen Tobias keine richtige große Reise machen können. Tut mir überhaupt nicht Leid. Meiner Mutter wäre es in südlichen Ländern zu heiß, und ich finde die Urlaube, die wir bisher gemacht haben, ganz prima. In den Pfingstferien fahren wir jedesmal nach Norditalien – zu dritt. Tobias bleibt bei meiner Großmutter. Das gefällt ihm sehr, denn bei ihr und meiner Tante ist er der absolute Hahn im Korb, darf aufbleiben, so lange er will, und fernsehen, was er mag. Meine Eltern und ich können dann im Urlaub mal Sachen machen, bei denen man nicht vorher überlegen muss, ob ein Rollstuhl Platz hat oder nicht.

Wie gesagt, in den großen Ferien fahren wir meist in unser Lieblingshotel. Da haben wir übrigens mal besonders nette Leute kennengelernt. Deren Tochter ist Tobias Brieffreundin geworden. Die beiden telefonieren auch häufig miteinander. Demnächst will Papa mit Tobias auf einen Besuch in die Stadt fliegen, in der diese Freunde leben. Auch so eine „Männerangelegenheit"! Und zwar eine sehr spannende!

Das mit dem Fliegen ist nämlich so eine Sache. Vor zwei Jahren hatten wir uns vorgenommen, Ferien in Irland zu machen. Um zu sehen, wie Tobias das Fliegen verträgt, sind wir alle einmal nach Hamburg geflogen. Das war ziemlich nervig. Tobias wurde schlecht unterwegs, und er hat Terror gemacht. Auch die Hafenrundfahrt hat ihm nicht gefallen. Da muss ich ihm aber recht geben. Es war so ein kalter Tag, dass ich auch froh war, als das vorbei war. Den Irland-Urlaub haben wir dann gestrichen. Nun warten wir darauf, wie Tobias das Fliegen auf seinem „Männerausflug" verkraftet.

In diesem Lieblingshotel, von dem ich schon sprach, hatte ich einmal Streit wegen Tobias. Wir waren auf dem Spielplatz, ein Mädchen sah mich und Tobias in seinem Rollstuhl immer wieder an und machte abfällige Bemerkungen – so in der Art: „Hast wohl kranke Beinchen, was? Kannst einem ja richtig Leid tun!" Ich habe mit ihr reden wollen, aber sie hörte nicht zu. Schließlich habe ich ihr eine geschmiert. Sie ist zu ihrer Mutter gelaufen, und die hat sich dann bei meinen Eltern beschwert. Irgendwie haben die anderen Gäste und auch das Personal das mitgekriegt. Und weil uns und besonders Tobias alle mochten, waren natürlich alle auf unserer Seite. Das ging so weit, dass sich das Mädchen offiziell bei Tobias entschuldigen sollte. Aber als sie vor dem Rollstuhl stand, bekam sie den Mund nicht auf und lief weg. Uns war es da schon egal.

Ich ärgere mich immer, wenn ich mit Tobias unterwegs bin und Leute uns angaffen. Das passiert uns schon manchmal. Ich kann in solchen Situationen aggressiv werden und meckere die Leute an.

Ich kann mich nicht mehr genau erinnern, seit wann ich weiß, dass Tobias behindert ist. Als er geboren wurde, war ich zwei Jahre alt. Meine Mutter erwartete Zwillinge. Ein Kind kam tot zur Welt – und Tobias eben behindert. Er musste lange im Krankenhaus bleiben. Meine Mutter war damals wohl mehr dort als zu Hause. Ich wurde dann immer zu meiner Oma gebracht, was mir aber gut gefiel. Danach kamen jede Menge Therapien, Gymnastik und so. Meist nahm mich meine Mutter mit, wenn sie mit Tobias irgendwo hin musste. Das fand ich nicht so toll. Ich erinnere mich, dass ich einmal – ich war vielleicht fünf Jahre alt – neben Tobias im Buggy auf meine Mutter wartete, während sie das Auto aus der Garage holte. Tobias quengelte, und ich hatte ihn gerade gründlich satt. Aber da sah ich ihn auf einmal in seiner Hilflosigkeit, wie er mir voll ausgeliefert war. Irgendwie habe ich in der Sekunde begriffen, dass Tobias behindert ist und ich ihm helfen muss.

Ein ähnliches Aha-Erlebnis hatte ich vor etwa einem Jahr. Da erzählte mir meine Mutter, Tobias habe einen Test gemacht. Der ergab, dass mein Bruder nicht lernbehindert ist, so wie ich immer annahm, sondern geistig behindert. Das war für mich ein schwerer Schlag. Ich finde Tobias nämlich ziemlich klug. Er weiß, was er will und er kämpft dafür – genau wie ich. Darin sind wir uns recht ähnlich. Außerdem bin ich – wie er – ehrgeizig. Ich fürchtete, dass Tobias als Junge mit einer geistigen Behinderung nun nicht mehr so gefördert wird wie mit einer Lernbehinderung. Glücklicherweise ist das nicht eingetreten. Ich glaube sogar, dass sich Tobias in der Klasse mit anderen geistig behinderten Kinder sehr wohl fühlt. Da ist er einer der Besten. Das tut seinem Selbstbewusstsein bestimmt gut.

Wie ich schon sagte: Ich bin ziemlich ehrgeizig. In der Schule gehöre ich zu den Besten. Meine Eltern freuen sich darüber, das weiß ich. Aber sie würden mich auch lieben, wenn ich nicht mit einer Zwei, sondern mit einer Fünf nach Hause käme. Ich wollte, dass auch mein Bruder gute Leistungen bringt. Wenn er das nicht so kann, wie ich mir das früher dachte, ist es auch egal. Tobias schafft so viel, mehr als manches nicht behinderte Kind. Wir können wirklich stolz auf ihn sein.

Meine Eltern haben nie ein Geheimnis daraus gemacht, wodurch Tobias Behinderung entstanden ist. Sie haben es auch Tobias erzählt. Er hat es einfach so zur Kenntnis genommen, glaube ich. Er ist häufig schon sehr unglücklich, dass er vieles nicht so kann. Er erlebt ja täglich, wie viel mehr Freiheit ich habe. Ich kann mich mit meinen Freundinnen verabreden und weggehen. So hätte er es auch gern. Er lädt gern Freunde zu uns nach Hause ein. Das ist auch in Ordnung, macht aber immer einen ziemlichen Aufstand, denn Tobias Freunde kommen alle aus dem Spastikerzentrum und sitzen im Rollstuhl wie er. Entweder werden sie von ihren Eltern gebracht und bleiben allein bei uns. Dann hat meine Mutter die Aufgabe, Tobias Gästen beim Essen, beim Trinken und dem Gang zur Toilette zu helfen. Oder die Eltern bleiben hier – das ist dann zusätzlich ein richtiger Erwachsenen-Kaffeeklatsch, für den sich meine Mutter vorher in die Küche stellen muss.

Dabei hat sie wirklich schon genug zu tun. Und viel Hilfe bekommt sie von uns Kindern nicht. Weil Tobias im Haushalt kaum etwas tun kann, tue ich auch nicht viel. Muss ich auch nicht. Das hat wohl mit der „Gleichbehandlung" zu tun, die sich unsere Eltern für uns vorgenommen haben. Ich weiß, dass es meiner Mutter heute noch Leid tut, früher, als wir klein waren, so wenig Zeit für mich gehabt zu haben, weil sie sich so sehr um Tobias kümmern musste. Erst als Tobias im Spastikerzentrum eingeschult wurde und die Therapien von dort aus gemacht wurde, war es für sie leichter. Da hat sie sich dann auch bewusst mehr Zeit genommen für mich. Oder mein Vater hat etwas mit mir unternommen, zum Beispiel mit mir Radtouren gemacht.

Wenn meine Eltern ausgingen, fragten sie mich meist, ob ich für Tobias babysitten wollte. Das mache ich auch jetzt noch. Das ist nicht so schwer. Meist gehen meine Eltern erst, wenn Tobias schon gut versorgt im Bett liegt. Und außerdem hinterlassen sie mir eine Reihe von Telefonnummern. Falls Tobias gehoben werden muss oder zur Toilette will, kann ich bei verschiedenen Nachbarn anrufen. Die kommen und helfen mir dann, aber bis jetzt war das noch nie nötig. Ich bekomme fürs Babysitten einen Stundenlohn von fünf Euro, Tobias einen von drei Euro für gutes Benehmen. Er ist sehr sparsam, freut sich über das Geld und deshalb hat ihn sein Stundenlohn immer sehr motiviert, mir meine Aufgabe so leicht wie möglich zu machen.

Wie es weitergehen wird? Wir haben auch darüber gesprochen. Tobias wird nach der Schule wahrscheinlich in einer Werkstatt für behinderte Menschen arbeiten. Meine Eltern schauen sich schon nach einem Wohnheimplatz für ihn um. Schließlich soll er hier nicht mit seinen immer älter werdenden Eltern versauern, sondern irgendwo leben, wo er Freunde hat und seinen Fähigkeiten angemessen Spaß und Freiheiten haben kann. Er weiß, dass ich ausziehen werde, zum Beispiel, um in einer anderen Stadt zu studieren. Psychologie ist übrigens zur Zeit mein Wunschfach. Tobias will sich auch auf eigene Beine stellen – auch wenn das bei ihm mehr als eine Redensart ist. Ganz egal, wohin er zieht – ich werde ihn immer besuchen. Nicht so oft, dass er sich kontrolliert fühlt. Aber oft genug, um den guten Kontakt zu ihm zu behalten."

„Meine Eltern versuchten, mir die Behinderung meiner Schwester zu verschweigen."

Karin erinnert sich an ihre Kindheit mit ihrer Schwester

Karin, 35, ist Bibliothekarin in einer kleinen Universitätsstadt. Ihre Eltern, die ein Reiseunternehmen aufgebaut haben, bekamen eine zweite Tochter, als Karin neun Jahre alt war. Monika, 26, eine junge Frau mit Down-Syndrom, lebt seit 11 Jahren in einem Heim. Karin vermeidet, über ihre Schwester zu sprechen. Nur sehr enge Freunde wissen, dass sie eine geistig behinderte Schwester hat.

„Ich kann mich erinnern, dass ich mich damals wie verrückt darauf gefreut habe, einen kleinen Bruder oder eine kleine Schwester zu bekommen. Irgendwie haben meine Eltern es verstanden, mir die Nachricht vom Familienzuwachs so mitzuteilen, als hätten sie das Baby überhaupt nur für mich produziert. Es hieß: „Damit du nicht immer so allein bist", „Dann hast du endlich jemanden zum Spielen". Heute glaube ich, dass meine Schwester ein Pillenpausen-Kind ist. Damals empfahlen die Ärzte ja, die Pille von Zeit zu Zeit für ein paar Monate abzusetzen, damit der Körper sich von den Hormongaben wieder erholen könne. Da muss es wohl passiert sein.

Ich kann mir nicht vorstellen, dass meine Eltern wirklich noch ein zweites Kind wollten. Sie hatten schon für mich so gut wie gar keine Zeit, waren ständig im Büro, in der Werkstatt, bauten ihre Firma auf. Zuerst war's ein kleines Fuhr-, später ein recht erfolgreiches Reise-Unternehmen. Das verband sie, da waren sie sich einig. Ich war ihnen lieb, klar, aber ich musste mich in ihren Tageslauf einpassen. Extrawürste gab's für mich nicht. Manchmal noch nicht mal ein richtiges Mittagessen. Denn die Tante, die sich um mich kümmern sollte, war häufig krank. So lebte ich streckenweise von Pommes aus der Imbissbude und von Fischstäbchen, die ich mir selber in die Pfanne tat. War ja alles kein Problem für mich.

Ich glaube, ich war früh sehr selbstständig. Ich fand es überhaupt nicht schlimm, ein Schlüsselkind zu sein. Und ich verbrachte viel Zeit im Büro, wo meine Mutter mir zeigte, wie man mit der Schreibmaschine umging, meine Vater mir erzählte, worauf es bei Verhandlungen mit Hotels, Pensionen, Gasthäusern ankam. Fuhr mein Vater eine Wochenend-Tour in eine besonders schöne Gegend selber, so nahm er meine Mutter und mich mit. Ich erinnere mich, dass wir eine Traum-Zeit in Florenz hatten, kurz bevor es hieß: „Was hättest du denn lieber, einen Bruder oder eine Schwester?"

Ich hätte lieber einen Bruder gehabt. Meine beste Freundin hatte eine kleine Schwester und die war eine ziemliche Pest, so ein mageres Ding, das überall dabei sein wollte. Ich dachte, Brüder machten keinen solchen Ärger.

Meiner Mutter ging es während der Schwangerschaft sehr gut. Sie arbeitete nicht mehr so häufig in die Firma, lag zu Hause auf der Couch, unterhielt sich viel mit mir, las Zeitschriften, nähte, strickte, kaufte Sachen für das Baby, richtete das, was wir als „Kammer" in unserem Haus bezeichneten, als neues Kinderzimmer her. Hübsch. Ich war mit der veränderten Familiensituation sehr zufrieden, malte mir alles in den leuchtendsten Farben aus.

Doch als Monika geboren war, änderte sich alles. Meine Mutter schien sich von der Geburt gar nicht zu erholen, mein Vater wirkte in sich gekehrt. Ich fand das Baby süß und brav, es schrie ganz selten. Trotzdem wurde es kaum jemandem gezeigt. Kam jemand zu Besuch, hieß es: „Die Kleine schläft gerade …", „Wir dürfen sie jetzt nicht stören …" Und wenn jemand gar nicht locker ließ, wurde ihm Monika tief in die Kissen versteckt vorgeführt.

Das Wort „mongoloid" hörte ich das erste Mal von zwei Angestellten meiner Eltern. Sie standen hinter einem Bus, sahen mich nicht und sprachen darüber, dass es ja ein großes Unglück sei, das mit dem zweiten Töchterchen vom Chef. Mongoloid, das sei ja so viel wie schwachsinnig. Solche Kinder seien im Suff gezeugt. „Eigenartig, wo der Chef doch sonst nie was trinkt."

Ich war wie erstarrt. Innerlich völlig taub, gefühllos, ganz klein. Meine Eltern, mein Vater, meine Mutter, die beiden Menschen, die ich auf der Welt am besten kannte und am meisten liebte, sollten ein schwachsinniges Kind, meine Schwester, gezeugt haben? Im Suff auch noch?

Damals war ich ja erst knapp elf Jahre alt und trotzdem, so scheint es mir, schon erwachsen. Von einen Tag auf den anderen. „Pipi Langstrumpf" war keine Lektüre mehr für mich. Ich wälzte zu Hause und in der Stadtbücherei dicke Nachschlagewerke. Sah unter „mongoloid" nach. Und überall stand im Großen und Ganzen dasselbe: schwachsinnig. Plötzlich sah ich auch die Schlitzaugen, die große Zunge und die eigenartige Kopfform meiner Schwester. Vorher war mir das gar nicht aufgefallen. Ich dachte, alle Babys sehen so aus.

Ich habe mich nicht getraut, meine Eltern danach zu fragen. Wenn sie mir so etwas Wichtiges nicht selber sagen wollten, mussten sie ihre Gründe dafür haben, dachte ich.

Bis Monika etwa drei Jahre alt war, haben wir alle so getan, als wäre nichts. Natürlich konnten meine Eltern Monika nicht vollständig verstecken. Meine kleine Schwester war lebhaft, unternehmungslustig und wahnsinnig lieb. Ihre kleine Augen strahlten, wenn sie mich sah. Ich muss ihr großer Schwarm gewesen sein. Sicherlich hätte ich sie auch richtig gern gemocht, wenn da nicht immer dieses „schwachsinnig" gewesen wäre. Manchmal, wenn ich sie in ihrem Kinderwagen mit in die Stadt nahm, habe ich überlegt, ob ich nicht einfach den Griff loslasse. Wir wohnten nämlich auf einer leichten Anhöhe, und unten ist die Hauptstraße. Der Wagen mit Monika drin wäre einfach runtergerollt ... Ein Unfall. Meine Eltern und ich hätten wie früher zusammenleben können. Ohne Monika, ohne Schande, ohne Schwachsinn.

Mein Vater hat einen viel jüngeren Bruder: Max. Das ist so ein fröhlicher Typ, immer noch. Er tobte gern mit mir, lieh mir Karl-May-Bücher, lud mich manchmal ins Kino und ins Eiscafé ein. Mit ihm konnte ich über fast alles sprechen. Also fragte ich ihn eines Tages ganz direkt. Es war Sonntag mittags; er hatte bei uns gegessen. Nun wusch ich das Geschirr, er trocknete ab. Meine Eltern sahen sich im Wohnzimmer irgendeine Ratgeber-Sendung im Fernsehen an.

„Max, weißt du eigentlich, dass Monika mongoloid ist?" „Ja, aber ich wusste nicht, dass du das weißt." Es stellte sich heraus, dass meine Eltern nur unseren engsten Verwandten von Monikas Behinderung erzählt und sie gleichzeitig zu völliger Verschwiegenheit verpflichtet hatten. Vor allem ich sollte nichts erfahren. Meine Eltern hatten mich nicht belasten wollen.

Heute kann ich das verstehen. Damals in der Küche, mit der Geschirrbürste in der Hand, brach eine Welt in mir zusammen. Klingt grässlich banal, aber so fühlte es sich an. Ich war ausgeschlossen worden, ich, ein wichtiges Familienmitglied, sollte nicht erfahren, was mit meiner Schwester los war. Meine Eltern hielten mich für zu schwach, für zu dumm, für ich-weiß-nicht-was. Sie hatten mir nicht die Wahrheit gesagt, sie hatten mich nicht mit einbezogen, sondern ausgegrenzt aus ihrem Kummer. Ich fühlte mich wie eine Verstoßene, heulte und schluchzte, allerdings leise, damit meine Eltern nichts merkten. Und beschwor Max „bei meinem Leben" ihnen nicht zu sagen, dass ich nun Bescheid wusste.

Max war es auch, den ich kurze Zeit später das fragte, was mich überhaupt nicht wieder losließ: „Im Suff gezeugt". Er erklärte mir, was ich mittlerweile in verschiedenen Bücher schon selbst gefunden hatte: dass das Down-Syndrom eine genetisch vererbbare Krankheit ist, die mit Suff überhaupt nichts zu tun hat. So erleichtert, wie ich war, dass meine Eltern

„schuldlos" waren, so besorgt war ich jetzt, dass ich selbst einmal ein Kind mit Down-Syndrom bekommen würde. Erbkrankheit! Es gab nichts, was meine Ängste verringern konnte. Keine schlüssige Antwort aus den Büchern, keine von Max.

Nun muss man sich das mal vorstellen: Ich war 13 Jahre alt, lebte bei meinen Eltern wie jedes andere normale Kind, aber ich war zu Hause wie eine Fremde. Es gab ja diese große Lüge zwischen uns. Wenn ich heute an damals denke, so war das wie eine Theateraufführung. Jeder spielte seine Rolle. Ich glaube, wenn ich Max nicht gehabt hätte, wäre ich durchgedreht. Max hat mir später erzählt, dass er meine Eltern geradezu angefleht hat, sie sollten mich ins Vertrauen ziehen. Aber meine Mutter wollte davon nichts hören, mir meine „Unbeschwertheit" nicht nehmen… Sie muss so in ihren eigenen Schmerz versunken gewesen sein, dass sie überhaupt nicht gemerkt hat, was mit mir los war, wie ich immer unglücklicher wurde und mich immer mehr zurückzog. In der Schule schrieb ich eine fünf nach der anderen, Freundinnen hatte ich kaum noch, weil ich mit niemanden reden mochte.

Natürlich hatte ich auch Schwierigkeiten im Umgang mit Monika. In dieser ganzen Farce spielte sie die Hauptrolle – und sie war die einzige, die das nicht wusste. Sie benahm sich überhaupt nicht drehbuchgemäß. Sie bewegte sich ungeschickt, sprach undeutlich, kränkelte infolge eines Herzfehlers – war also alles andere als die „normale" kleine Schwester, als die meine Eltern sie immer hinzustellen versuchten. Ich schwankte in meinem Verhältnis zu ihr. Manchmal spielte ich wochenlang mit ihr, kümmerte mich, war bis zur Erschöpfung für sie da. In diesen Phasen war mir klar, dass dieses Kind ja nichts für seine Existenz kann und dass es gerade dafür meine ganze Liebe und Fürsorge braucht. Dann wieder hielt ich mich total zurück, verkroch mich in mein Zimmer, sagte, dass ich lernen müsste. Ich wollte mit dieser ganzen Familie nichts zu tun haben. Ihre Probleme waren nicht meine Probleme.

Monika besuchte keinen Kindergarten. Angeblich weil sie zu zart war. Dabei war sie eine ziemliche Kugel mit kräftigem Appetit. Meine Eltern merkten gar nicht, wie sie sich immer mehr in die eigene Tasche logen. Wir hatten früher häufig Besuch, meine Eltern feierten gern, gingen in den Kegelverein, Vater spielte auch noch Skat. Das alles zusammen ergab einen großen Freundeskreis. Der schrumpfte – langsam, aber deutlich. Selbst zu Geburtstagen gab's keine Feiern mehr. Ich lud auch niemanden mehr zu uns nach Hause ein – und selbst wurde ich auch immer weniger eingeladen. Der Alltag sah bei uns so aus: Vater ging allein in die Firma, Mutter blieb zu Hause, obwohl sie so eine richtige Hausfrau nie sein wollte, Monika spielte im Garten hinter dem Haus, und ich war entweder in meinem Zimmer oder in der Stadtbücherei.

Irgendwann einmal gab es einen Riesenkrach. Anlass war eine Kleinigkeit. Meine Mutter hatte mir einen Pullover gekauft, einen für sonntags – was ich sowieso bescheuert fand. Aber damals gab es eben noch „Sonntagskleidung". Als wir das teure Stück meinem Vater zeigten, sagte er: „Den ziehst du doch hoffentlich nicht gleich morgen in die Schule an." Ich fühlte mich unnötig bevormundet, gab eine naseweise Antwort. Und später dann in einem heftigen Wortwechsel sagte ich: „Ich weiß schon, dass ihr mich für blöd haltet. Mindestens so blöd wie Monika und viel zu blöd, um zu verstehen, dass sie mongoloid ist." Es gab dann endlich die längst fällige Aussprache, in der mir meine Eltern zu erklären versuchten, warum sie die Wahrheit vor mir hatten verbergen wollen. Aus Rücksicht, aus Fürsorge, aus Liebe. Lauter edle Gründe. Und einer so falsch wie der andere.

Trotzdem, auch danach wurde die Stimmung nicht besser. Irgendwie war alles zu spät. Als Monika sechs wurde und in die Sonderschule eingeschult werden sollte, packten meine Eltern auch das nicht. Sie hätten ja öffentlich eingestehen müssen, dass mit ihrer kleinen Tochter etwas nicht stimmte. Sonderschule – das war in ihrer Vorstellung ein großer Makel. Sie fanden für Monika eine Art Internat, speziell für lernbehinderte Kinder, 300 Kilometer von uns entfernt.

Mir brach es beinahe das Herz, als ich Monika mit ihrem Koffer so fröhlich in unser Auto steigen sah. Sie ahnte nicht, dass sie ihr Elternhaus für immer verließ. Monika freute sich auf die Reise, so wie sie sich über alle gemeinsamen Unternehmungen freute – wenig genug waren es ja.

Das Heim überraschte mich. Es war schön gelegen, hübsch eingerichtet, machte einen sehr angenehmen, optimistischen Eindruck. In den ersten vier Wochen hatte Monika wohl Eingewöhnungsschwierigkeiten. Danach scheint sie uns und ihr Zuhause nicht mehr vermisst zu haben. Hätte sie die Wahl gehabt, ich glaube, sie wäre auch von sich aus lieber im Heim geblieben, als zu uns zurückzukommen. Ganz erklärlich: Im Heim war was los. Da gab es viele Spielkameraden für sie, feste Regeln, die ihr Sicherheit im Alltag vermittelten, Erwachsene, die sich unvoreingenommen und – ich sag mal – frohen Herzens um sie kümmerten.

Bei uns zu Hause hätte nun alles wieder so sein können wie vor Monikas Geburt. War's aber nicht. Zwar ging meine Mutter wieder mit meinem Vater zusammen in die Firma. Ich wurde mächtig ehrgeizig und schaffte fünf Minuten vor zwölf noch meine Versetzung. Aber das alte Zusammengehörigkeitsgefühl stellte sich einfach nicht wieder ein. Monika hing wie ein Schatten über uns. Ich merkte, dass meine Eltern, besonders meine

Mutter, sich mit großen Schuldgefühlen plagten. Alle vier bis sechs Wochen fuhren wir ins Heim, um Monika zu besuchen. Obwohl sie uns jedesmal fröhlich entgegen kam und es ihr so offensichtlich gut ging, weinte meine Mutter den ganzen Heimweg – und das waren immerhin so an die drei Stunden Autofahrt.

In den Ferien besuchte uns Monika regelmäßig. Aber es waren Pflichtbesuche für sie. Sie machte alles, was wir wollten, sie freute sich über alles, was wir uns für sie einfallen ließen – was Gutes zum Essen, was Schönes zum Anziehen. Lauter Dinge, die man im Haus erledigte. Denn Ausgehen – das taten wir mit Monika immer noch nicht. Zwar war in unserer kleinen Stadt mittlerweile überall bekannt, dass wir ein mongoloides Kind in der Familie hatten, aber meine Mutter konnte die Blicke einfach nicht aushalten, die sie trafen, wenn sie mit Monika unterwegs war. Mir machte das viel weniger aus. Ich ging mit Monika gelegentlich in die Stadt, in den Park, zur Pizzeria. Aber ich muss zugeben, auch für mich war es ein rechtes Spießrutenlaufen. Die Leute waren zwar alle nett, aber irgendwie war ich immer auf der Wellenlänge meiner Mutter: Hinter jeder Bemerkung vermutete ich Mitleid, wenn nicht sogar Häme. Selbst wenn die Bäckersfrau fragte: „Wie geht's euch denn?" grübelte ich. Was genau konnte sie damit gemeint haben? Jedenfalls waren wir alle, Monika eingeschlossen, immer ganz froh, wenn die Ferien wieder vorbei waren und Monika wieder ins Heim zurückgebracht wurde.

Ich selbst habe in der Schule und mit meinen Freundinnen, den wenigen, die ich hatte, so gut wie nie über Monika gesprochen. „Ich habe eine behinderte Schwester", das war alles, was ich dazu sagte.

Heute ist mir klar, dass ich es leichter hätte haben können. Aber ich konnte nun mal nicht offen über unsere Familienprobleme sprechen. Der einzige, mit dem das ging, war Max, mein Onkel. Nur gut, dass es ihn gegeben hat und dass es ihn noch gibt. Ich wär sonst bestimmt schon lange in der Psychiatrie.

Die Zeit als Teenager war denn für mich auch alles andere als schön. Ich zankte mich ständig mit meiner Mutter, von der ich glaubte, dass sie meinen Vater und uns alle überhaupt nicht verstünde. Ich hatte keinen Freund, wollte auch keinen, sehnte mich aber doch sehr nach Zärtlichkeit und einem Hauch von Abenteuer. Gleich nach dem Abitur zog ich von zu Hause aus, begann ein Germanistik-Studium hier in dieser Universitätsstadt. Das war die endgültige Abnabelung von meinen Eltern. Begonnen hatte die schon, als ich acht war. Inzwischen habe ich einen netten, kleinen Bekanntenkreis. Einigen von meinen Freunden habe ich von meiner Schwester mit dem Down-Syndrom erzählt. Die meisten wissen es aber nicht.

Ich habe einmal einem Mann, den ich sehr liebte, von Monika erzählt. Ich meinte, er müsste das wissen, bevor er sich auf mich einlässt, womöglich ans Heiraten und Familiengründen denkt. Er nahm das ganz locker. Wollte ins Heim fahren, Monika besuchen. Und war ganz entsetzt, als ich mich mit Händen und Füßen sträubte. Ich habe ihn nicht mal mit zu meinen Eltern genommen. Er hätte das Problem ja doch nicht verstanden.

Monika sehe ich nur noch zu Weihnachten. Bis jetzt bin ich jedes Jahr treu und brav zu den Feiertagen nach Hause gefahren. Vielleicht bleibe ich in diesem Jahr mal hier. Mutter, Vater und Monika – wir werden uns doch immer fremder."

„Ich wurde meistens übersehen."

Manchmal hat Katja ihre Zwillingsschwester sogar um den Herzfehler beneidet

Katja, Informatikerin, und Antje, Sachbearbeiterin, beide 21, leben in einer kleinen Stadt an der Nordsee. Antje, die mit einem schweren Herzklappenfehler auf die Welt kam, ist vor einem Jahr bei ihren Eltern ausgezogen – und war damit zum ersten Mal schneller als Katja, die sonst immer alles als erste tat.

„Ich kann an die tausend und noch mehr Beispiele aufzählen, wie ich im Alltag zu Hause total übersehen wurde. Dafür kann keiner was. Alle haben es immer nur gut gemeint, aber ich stand dabei stets irgendwie in Antjes Schatten. Eigentlich geht das bis heute so. Meine Mutter leitet hier im Ort und in der Umgebung eine Selbsthilfegruppe für Eltern mit herzkranken Kindern. Das heißt, bei uns rufen viele Leute an. Bin ich am Telefon und merke, dass der Anruf meiner Mutter gilt, entwickelt sich meist folgender Dialog:

Ich: ‚Schneider.'
Anruferin: ‚Frau Schneider, wie sind denn Ihre Erfahrung mit der XY Klinik …?'
Ich: ‚Sie wollen sicher meine Mutter sprechen. Ich bin die Tochter …'
Anruferin: ‚Ach, Sie sind die Tochter, dann erzählen Sie mir doch bitte, wie die Operation bei Ihnen …'
Ich: ‚Ich bin nicht die herzkranke Tochter.'
Anruferin: ‚Was? Sie sind nicht die herzkranke Tochter? Hat denn Frau Schneider zwei Töchter?'

Ja, es gibt zwei Töchter in der Familie Schneider, auch wenn immer nur von einer die Rede ist! Solche und ähnliche Erfahrungen sind für mich der Beweis, dass viele Menschen mich als Kind und Jugendliche gar nicht wahr genommen haben – vor lauter Mitleid mit Antje.

Aber ich will nicht ungerecht sein. Meine Eltern haben sich sehr bemüht, Antje und mich ziemlich gleich zu behandeln. Einfach war das bestimmt nicht, denn der Unterschied war ja immer da. Gingen wir schwimmen, wurden Antjes ohnehin blasse Lippen schnell blau und dann mussten wir beide aus dem Wasser. Gingen wir spazieren, richtete sich das

Tempo eben nach Antje. Wanderwege, Urlaubsorte, Ernährung – alles wurde mit Rücksicht auf Antje ausgesucht. Ich selbst richtete mich auch ganz automatisch danach, was für Antje gut war und was sie konnte. Das heißt, ich wurde nicht nur durch meine Eltern gebremst, um bloß nicht schneller, besser, tüchtiger zu sein als Antje, ich bremste auch mich selbst. Spielten wir mit Freundinnen, dann immer nur so lange, wie es Antje Spaß machte oder bis sie erschöpft war. Gab sie mir zu verstehen, dass sie nicht mehr wollte, hörte auch ich auf. Ich glaube, manche unserer Freundinnen hat dieses Doppelpack-Verhalten ziemlich genervt. Aber weil wir nun mal Zwillinge sind, fiel mir das ständige Rücksichtnehmen – ehrlich gesagt – gar nicht so schwer. Wir verstehen uns nämlich meistens prima.

Als wir drei Jahre alt waren, wurde Antje zum ersten Mal operiert. Danach musste sie innerhalb eines Jahres noch zweimal ins Krankenhaus. Ich glaube, sie hatte eine Hirnhautentzündung bekommen. Das war für meine Eltern sicher eine schreckliche Zeit voller Sorgen und Leid. Meine Mutter war immer in der Klinik bei Antje. Ich kann mich daran natürlich nicht erinnern, ich weiß auch gar nicht mehr, wer sich damals um mich gekümmert hat, vermutlich mein Vater mit Unterstützung von Verwandten. Aber ich weiß, als Antje wieder zu Hause war und alles wieder seinen einigermaßen normalen Gang nahm, da wurde ich von meiner Mutter bei einem Kinderpsychologen in der Kreisstadt zur Therapie angemeldet. Ich litt wohl unter schlimmen Trennungsängsten, klammerte mich an meine Mutter, wenn sie weggehen wollte, konnte nachts nicht allein im Bett schlafen, wollte am liebsten immer meine Mam und meinen Dad bei mir haben. Dass meine Mutter sich da nach Hilfe für mich umgeschaut hat, beweist mir heute, wie sehr sie auch mich – und eben nicht nur immer Antje – im Blick hatte. Eine andere Mutter hätte vielleicht gemeint, ihre Tochter sei normal bockig und bräuchte nur eine feste Hand ... Meine Mutter aber hat meine Probleme gespürt – und gehandelt. Dabei war es bestimmt nicht einfach für sie, einen Therapeuten einzuschalten. Damals galt das ja noch mehr als heute als Scheitern der eigenen Erziehungsmethoden.

Trotz aller ihrer Weitsicht war aber auch sie schockiert, als ich einmal vor allen Verwandten auf die Frage, was ich denn gern zum Geburtstag hätte, ganz ernsthaft antwortete: ‚Ich wünsche mir auch einen Herzfehler!' Da muss ich so etwa sieben Jahre alt gewesen sein. Alle, die das gehört hatten, schimpften natürlich mit mir. Dass ich dankbar sein sollte für meine gute Gesundheit und wie gern doch Antje so gesund wäre wie ich ...

So etwas brauchten sie mir eigentlich gar nicht zu sagen. Schuldgefühle bekam ich von alleine. Ich bin die Erstgeborene, Antje kam ein paar Minuten später auf die Welt. In einem Streit hat Antje mal gesagt, wär ich nicht gewesen, hätte sie keinen Herzfehler, denn dann wäre in der Gebärmutter Platz genug für sie gewesen und sie hätte sich beim Geborenwerden nicht so anstrengen müssen und schneller Sauerstoff gekriegt. Heute weiß ich, dass das alles nichts mit ihrem Herzfehler zu tun hat, aber damals leuchtete mir das ein. Aber geredet habe ich darüber mit niemandem. Ich habe immer alles mit mir selbst abgemacht. Ich bin gar nicht auf die Idee gekommen, dass sich jemand für meine Gedanken interessieren könnte. Daran hat wohl auch die psychotherapeutische Behandlung nichts ändern können. Vielleicht war ich damals auch einfach noch zu klein. Jedenfalls: Je älter und „vernünftiger" ich wurde, das heißt, je genauer ich meine eigene Situation einschätzen konnte, umso mehr zog ich mich in mich selbst zurück. Ich hätte auch gar nicht gewusst, an wen ich mich wenden könnte. Irgendwie erschienen mir alle, die in Frage gekommen wären, zu sehr mit ihrem eigenen Alltag beschäftigt.

Meine Großeltern – sowohl die Eltern meiner Mutter wie die meines Vaters – waren mir überhaupt keine Hilfe. Mit den Eltern meines Vaters war das ohnehin eine Sache für sich. Antje und ich wussten lange nicht, dass die Frau, die oben in unserem Haus wohnte, unsere Oma ist. Das kam so: Die Eltern meines Vaters waren nach dem Krieg in diesen Ort gezogen und obendrein katholisch. Sie mochten ihre protestantische Schwiegertochter, also meine Mutter, überhaupt nicht, aber sie wohnten alle zusammen in einem Haus. Mein Großvater starb noch vor unserer Geburt. Danach machte meine Großmutter meiner Mutter das Leben wohl richtig sauer. Ganz schlimm wurde es, als wir Zwillinge geboren wurden und sich herausstellte, dass Antje eben den Herzfehler hatte. Das muss ein ziemlicher Triumph für meine Großmutter gewesen sein. Unsere Eltern haben das Antje und mir später erzählt. Ständig gab es Krach. Die Großmutter warf meiner Mutter vor, die Veranlagung zum schwachen Herzen stamme mit Sicherheit aus ihrer Familie. Bei ihnen sei so etwas noch nie aufgetreten. Meine Mam hat darunter sehr gelitten: die Zwillinge, Antjes Herzfehler, die böse Schwiegermutter – das muss echt heftig für sie gewesen sein. Sie wog damals wohl gerade noch 46 Kilo. Kam mein Vater abends müde nach Hause, musste er sich gleich an der Haustür lange Klagelieder seiner Mutter über seine Frau anhören. Irgendwann hat's ihm wohl gereicht, und er hat seine Mutter angeschrien, sie solle nach oben in ihre Wohnung verschwinden und sich nie wieder blicken lassen. Das hat die Großmutter dann so perfekt in die Tat umgesetzt, dass wir lange geglaubt haben, da oben wohne eine fremde Frau. Wir trafen sie nur gelegentlich im Treppenhaus. Erst als etwa Zehnjährige haben wir die Wahrheit erfahren – durch unsere Kusinen übrigens!

Ein ganz anderes Kapitel sind die Eltern meiner Mutter. Sie bangten wie unsere Mam und unser Dad stets mit um die herzkranke Antje. Es ging ihr ja auch wirklich nicht gut. Mit 14 wurde sie im Herzzentrum der nächsten Universitätsstadt – immerhin rund 150 Kilometer entfernt – zum zweiten Mal operiert. Natürlich blieb meine Mutter bei ihr in der Klinik. Meine Großeltern schrieben ihr jeden Tag und ich bin sicher, sie telefonierten auch oft mit meiner Mutter. Sie schickten auch immer Geld und Geschenke ans Krankenbett.

Ich habe in dieser Zeit meinem Vater den Haushalt geführt. Anfangs fand ich das toll, da konnte ich zeigen, wie erwachsen ich war und wie gut ich alles im Griff hatte. Ich gab mir Mühe, alles ganz prima zu machen. Aber mein Vater konnte den Stress nicht aushalten, er bekam eines Nachts einen Nervenzusammenbruch. Wie ich das damals ausgehalten habe, weiß ich gar nicht mehr. Ich hatte ja auch große Angst, Antje könnte sterben. Ich habe damals überhaupt nicht geschlafen, keine Nacht. Und das mindestens eine Woche lang.

Zum Glück kam bald die Nachricht, dass Antje die Operation gut überstanden hatte. Mit Dad zusammen bin ich in die Klinik gefahren. Ich werde nie vergessen, wie ich Antje da in ihrem Bett sitzen sah, fröhlich, mit rosigem Gesicht und rosa Lippen. Da ist mir zum allerersten Mal aufgefallen, wie ähnlich wir uns sind. Sie sah echt aus wie ich!

Als Antje wieder zu Hause war und mit mir in die Schule ging, hörte das Theater um sie nicht auf. Ständig trabten meine Großeltern an, umsorgten und beschenkten ‚das arme Kind'. Ich will gar nicht wissen, wie viel die Geschenke wert waren, die Antje bekam. Aber irgendwann habe ich mich bei meiner Mutter beschwert: ‚Ich habe auch allerhand geleistet – hier im Haushalt mit dem kranken Dad. Das könnten die Großeltern und alle anderen wirklich mal anerkennen!' Kurze Zeit später hörte ich, wie meine Mam das ihrer Mutter am Telefon erzählte und mich lobte. Der Erfolg war, dass meine Oma anrückte mit einer Rolle Schokodrops und 15 Mark als „Belohnung" für mich. Das fand ich total unmöglich. Solche Almosen hätte sie sich sparen können.

Anerkennung für meine Leistungen und für mein Durchhaltevermögen in der schweren Zeit gab es also nicht. Ich hatte schon vorher angefangen, mich gegen die Nichtbeachtung zu wehren: Ich wurde in allem ein bisschen besser oder schneller als Antje. Ich spielte geschickter Geige und malte eindrucksvoller als Antje, bekam bessere Noten, gewann in allen Spielen und war natürlich ausgezeichnet im Sport. Das gab mir Genugtuung angesichts all der Ungerechtigkeiten, hatte aber eben auch wieder den unangenehmen Nebeneffekt, dass es hieß: Tja, wäre Antje nicht krank, könnte sie sicher eben so viel leisten. Ich habe solche Bemerkungen gehasst, denn außer in den Wochen vor der Operation hatte ich Antje nie als „leidend" empfunden. Ihr Zustand schien mir normal, die ständige Rücksicht auf sie übertrieben. Ich hätte schreien können, als meine katholischen Tanten einmal eine Messe lesen ließen für Antje. Ihren Freundinnen stellten sie mich so vor: ‚Das ist die Schwester von Antje. Ach, das arme Mädchen', womit sie natürlich wieder Antje meinten. Liest man Messen nicht hauptsächlich für Tote? Antje hatte gerade ihre Operation überstanden. Was für ein Brimborium.

Unterstützung bekam ich übrigens von manchen meiner Lehrerinnen und Lehrern. Sie wussten Bescheid, brieten keine Extrawurst für Antje, sondern behandelten uns Zwillinge wie andere Schüler auch. Mich vielleicht sogar einen Hauch besser, denn ich war aufmerksam und eifrig. So was gefällt Lehrern ja.

Wie wirkte das alles auf meine Zwillingsschwester und mich? Ich denke, unser Verhältnis zueinander war normal. Mit einer Ausnahme: Antje fand das Theater, das um sie gemacht wurde, wohl im großen und ganzen als angemessen. Dennoch stritten wir meist nicht um die Bevorzugung, sondern um andere Dinge, wir waren eifersüchtig aufeinander, aber wir hielten zusammen. Wir teilten auch – von den Geschenken, die sie in die Klinik bekam, hat sie allerdings das meiste behalten – aber wir haben zum Beispiel seit einigen Jahren eine gemeinsame beste Freundin und verstehen uns zu dritt super. Wir reden auch wie andere Schwestern über Jungs. Antje hat einen Freund, ist aber noch nicht mit ihm zusammengezogen. Sie hat sich vor einem Jahr eine kleine Wohnung genommen, denn während der Lehre hat sie so gut verdient, dass sie sich das leisten konnte. Sie zog also aus, noch bevor ich so weit war. Da war sie echt schneller. Vielleicht wollte sie ja auch einfach der direkten elterlichen Fürsorge entgehen. Was ich als Bevorzugung ärgerlich fand, war für Antje wohl eher Bevormundung und auf Dauer schwer zu ertragen. Ich wohnte noch ein Jahr allein bei meinen Eltern. In dieser Zeit haben wir Schwestern uns viel besucht. Jetzt ziehe ich auch aus. Mit meinem Freund zusammen habe ich eine bezahlbare Wohnung gefunden. Er versteht sich übrigens gut mit Antje. Wir werden uns weiter häufig sehen.

In unseren Gesprächen spielt der Herzfehler schon lange keine Rolle mehr. Nur unsere Mam – die beschäftigt sich noch sehr damit, indem sie anderen Eltern herzkranker Kinder mit Rat und Tat und großem Organisationstalent zur Seite steht. Und unser Dad hilft ihr nach Kräften dabei, indem er zum Beispiel die Adressen der Elternselbsthilfegruppe im PC verwaltet oder bei der Organisation von Tagungen hilft. Antjes Herzfehler hat uns nicht klein gekriegt, im Gegenteil, wir sind als Familie dadurch sogar gestärkt worden. Nur meine Großmutter im Haus meiner Eltern hat die Chance nicht genutzt. Sie stand uns nicht bei, als es uns schlecht ging. Also konnte sie sich nach Antjes erfolgreicher Operation auch nicht mit uns freuen. Irgendwie schade."

3. Teil

Wovon es abhängt, wie sich die Geschwister behinderter Kinder entwickeln

*„Die Eltern müssen nicht perfekt sein,
es reicht, wenn sie gut sind."*

Die Einstellung der Eltern und ihre Beziehung zueinander

Aus den Berichten im letzten Kapitel lässt sich erkennen, dass das Zusammenleben mit einer behinderten Schwester oder einem behinderten Bruder ganz unterschiedlich verarbeitet wird. Das hängt nicht nur von individuellen Charakterzügen ab, sondern von komplexen familiären Interaktionen. Sabine findet ihren Alltag zum Weglaufen: „Am liebsten würde ich abhauen." Die etwa gleichaltrige Monika dagegen spricht gelassen, oft geradezu heiter von ihrer Familiensituation und wie stolz sie und ihre Eltern auf Tobias sind. „Er schafft so viel, mehr als manches nicht behinderte Kind." Karin fühlt sich durch die Geheimnistuerei um ihre behinderte Schwester den Eltern entfremdet, wohingegen aus Andreas Schilderungen persönliches Wachstum und große Reife spricht.

Festzuhalten ist, dass die Bedingung, gemeinsam mit einem behinderten Geschwister aufzuwachsen, die Entwicklung von dessen Brüdern oder Schwestern keineswegs festlegt. Die Geschwister behinderter Kinder können belastbarer, sozial engagierter, kompetenter und lebenspraktischer werden. Sie können aber auch unter der Behinderung ihres Geschwisters so leiden, dass sie Schuldgefühle und Minderwertigkeitskomplexe entwickeln, die sie ihr Leben lang begleiten, sie unglücklich und zu Einzelgängern machen. Als gelungen gilt die Entwicklung eines Geschwisterkindes, wenn es

- überwiegend eine gute Beziehung zu dem behinderten Kind hat,
- so sicher und kompetent wie möglich mit dem behinderten Kind umgeht,
- sich gegenüber dem behinderten Kind abgrenzen kann, also nicht glaubt, ständig in Bereitschaft sein zu müssen,
- auch negative Gefühle dem behinderten Kind gegenüber empfindet und diese Gefühle zugeben kann,
- sich in der Öffentlichkeit (meist) nicht (mehr) mit dem behinderten Kind schämt,
- ein überwiegend positives Selbstbild hat,
- seine Zukunft unabhängig vom behinderten Kind plant.

An welchen Faktoren liegt es nun, ob die Entwicklung in die günstige oder in die weniger günstige Richtung geht? Wodurch werden die Weichen gestellt?

Wichtig ist die Persönlichkeit der Eltern. Zweifellos sind es die Eltern, die die Einstellungen und Reaktionen ihrer Kinder prägen und die das Verhältnis der Geschwister untereinander maßgeblich beeinflussen. Dabei kommt es sehr auf den Charakter von Mutter und Vater an. Ihr „Wesen" ist zum einen ererbt, zum anderen geprägt durch Wertvorstellungen der Familie, in der sie aufgewachsen sind, und schließlich wurde es geformt durch eigene Erlebnisse und Erfahrungen. Stammt jemand aus einer Familie, in der Behinderung als Makel galt, so wird er sich seines behinderten Kindes eher schämen als jemand, der von Eltern großgezogen wurde, die in der Behinderung eine zu bewältigende Bewährungsprobe sehen.

Sind Mutter und Vater – im Idealfall – selbstbewusst, stehen mit beiden Beinen in Leben, haben gelernt, sich von Krisen nicht entmutigen zu lassen, so werden sie mit der Behinderung ihres Kindes voraussichtlich besser fertig als Paare, die von sich glauben, dass ihnen nichts Rechtes im Leben gelingt.

Allerdings: So wie es oft schon reicht, dass ein Partner in seiner Grundstimmung optimistisch ist, um den anderen positiv zu beeinflussen, ihn sogar mitzureißen, so genügt es im negativen Fall eventuell auch, wenn einer von beiden sich für einen Versager hält, um den anderen bei einer Krise ebenfalls resignieren oder depressiv werden zu lassen.

Wichtig ist ihre Akzeptanz der Behinderung. Die Geburt eines behinderten Kindes oder die Erkenntnis, dass ein Kind nach einer Krankheit oder einem Unfall behindert bleiben wird, ist in jedem Fall für ein Paar ein nur mühsam zu verkraftender Schock. Viele Eltern reagieren darauf zunächst mit Leugnung. Sie machen sich selbst etwas vor, weil sie die ganze Wahrheit (noch) nicht ertragen können: „Laufen lernt er schon noch. Er ist halt ein Spätentwickler." Oder: „Der Arzt sagt, das kann man gut operieren. Davon sieht man später nichts mehr." Immer mehr Psychologen halten diese phasenweise Leugnung der Realität für einen legitimen, weil gesunden Abwehrmechanismus. Er hält die Eltern bei Kräften. Wer will am Bettchen seiner drei Monate alten Tochter mit einer cerebralen Bewegungsstörung schon wissen, dass sie später nur mit Krücken laufen wird? Alle Hoffnung wäre dahin und damit womöglich auch jede Motivation, für das Kind das Beste zu wollen und zu tun.

Die zweite Stufe des Verarbeitungsprozesses ist häufig gekennzeichnet durch zwei parallel laufende Verhaltensweisen: die Ursachenforschung und die verzweifelte Suche nach Hilfe. Woher kommt die Behinderung des Kindes? Hätte sie verhindert werden können? War die Hebamme schuld, lag es an der Flugreise, die die werdende Mutter im sechsten Schwangerschaftsmonat machte? Natürlich hat Ursachenforschung auch immer etwas mit Schuldzuweisung zu tun. Man möchte gern wissen, wer oder was es war, um sich von Selbstvorwürfen und Selbstzweifeln befreien zu können. Denn die unterminieren das Durchhaltevermögen, machen mürbe und misstrauisch ...

Außer mit der Ursachensuche sind die Eltern jetzt auch mit der Förderung des Sorgenkindes beschäftigt. Die Mutter läuft mit dem Kind zu jeder Therapie, die der Arzt verordnet. Bobath-Turnen, Beschäftigungstherapie, Logopädie. Die Koordinierung und Einhaltung dieser Termine verbraucht – außer Zeit – eine Unmenge Kraft und Organisationstalent. In meinem Taschenkalender standen nie wieder so viele Eintragungen wie damals, als mein Sohn zu seinen Therapien musste. Natürlich wollte ich keine Turnstunde, keine Sprechübung verpassen, um die Entwicklungschancen meines Sohnes nicht zu reduzieren. Konnte ich die Termine nicht in den Vormittag legen, in die Zeit also, in der meine Töchter in der Schule waren, ließ ich die beiden Mädchen nachmittags notgedrungen allein. Hilfe bei den Hausaufgaben? Fehlanzeige. Die konnten sie von mir nicht erwarten.

In dieser Phase sind manchen Eltern die vom Arzt verordneten Therapien nicht genug. Sie suchen nach anderen Wegen, die schneller und gründlicher Hilfe bringen sollen. So setzen sie große Hoffnungen in alternative Heilweisen oder Außenseiter-Medizin. Ich kenne eine Familie, die fast ihre gesamten Ersparnisse dazu verwandte, ihre an einer Stoffwechselkrankheit leidenden Tochter immer wieder mit Frischzellen-Therapien behandeln zu lassen. Manche Eltern unternehmen beschwerliche und teure Reisen zu Wunderheilern. Dass auch das auf Kosten der nicht behinderten Geschwister geschieht, ist klar.

Nach der Leugnung und der Suche nach Hilfsmöglichkeiten kommt die dritte Stufe der Verarbeitung. Sie ist die längste und dauert meiner Meinung bei den meisten Eltern bis an ihr Lebensende: Es ist die Phase des Akzeptierens. Mutter und Vater wissen nun so ungefähr, was ihr behindertes Kind kann und was nicht, welche Fortschritte sie noch zu erwarten haben und welche nicht. Im besten Fall haben sie gelernt, ihren Alltag mit dem Kind so zu gestalten, dass sie trotz der Einschränkungen durch die Behinderung Abwechslung, Freude und Erfolge haben. Im schlechtesten Fall haben sie resigniert, sich von Verwandten und Freunden isoliert – wie die Eltern von Karin, erledigen enttäuscht und verbittert ihre täglichen Pflichten.

Wichtig ist das Familienklima. Die im zweiten Teil wieder gegebenen Berichte der Geschwister zeigen, dass es die Eltern sind, die mit ihrer Einstellung gegenüber dem behinderten Kind prägend auf die Haltung der Geschwister wirken. Wie in vielen anderen Bereichen haben auch hier die Eltern zunächst Vorbildfunktion. Einfaches Beispiel: Ein Sohn, dessen Vater sich an der Hausarbeit beteiligt, wird das selbstverständlich auch tun. Und er wird seinen Teil der Verantwortung für die behinderte Schwester möglichst klein halten wollen, wenn sein Vater das auch tut.

Doch die elterliche Vorbildfunktion geht natürlich noch viel weiter. Fühlen sich die Eltern zutiefst enttäuscht und verletzt durch die Tatsache, dass sie ein behindertes Kind haben, so geben sie diese Haltung – vielleicht sogar ganz unbewusst – an ihre nicht behinderten Töchter und Söhne weiter. Die empfinden das behinderte Geschwister als Makel, als Klotz am Bein – wenn die Eltern das so vorleben. „Bei uns muss eben jeder in der Familie Opfer bringen", seufzt ein 15-Jähriger. „Pierre, mein Bruder, ist blind. Zu Hause muss immer alles an Ort und Stelle stehen. Und spontane Sachen wie ein schneller Ausflug zum Baggersee sind gar nicht drin. Pierre ist so langsam und ängstlich."

Man könnte sich auch vorstellen, dass derselbe 15-Jährige über seinen Bruder sagt: „Pierre ist wirklich Spitze. Wenn wir einigermaßen Ordnung halten und zum Beispiel Sachen in der Küche nicht allzu sehr verräumen, findet Pierre fast alles allein. Und wenn wir ihn mit zum Baggersee nehmen und ihn einmal vom Picknickplatz bis zum Wasser geführt haben, kommt er da mit etwas Hilfe auch zurecht." Es gehört nicht viel Phantasie dazu, sich deutlich zu machen, wie die Eltern in dem einen und in dem anderen Fall mit dem blinden Pierre umgehen...

In der Grossman-Studie antwortet eine Studentin auf die Frage, ob sie es lieber hatte, wenn ihre sehr schwer behinderte Schwester nicht dabei war, wenn Freunde zu Besuch kamen: „Nein. Sie war ein Mitglied der Familie – und es entstand niemals das Gefühl, dass sie anders oder unpassend war. Ich denke, es lag hauptsächlich daran, dass meine Mutter immer zeigte, wie sehr sie sie liebte. Unsere Eltern behandelten sie nicht als seltsam, und so war sie es für uns auch nicht."

Wichtig ist das Verhältnis der Eltern zueinander. Nicht nur die Einstellung der Eltern zur Behinderung ihres Kindes bestimmt Ansichten und Verhalten der Geschwister, sondern auch die Beziehung der Eltern zueinander – und die leidet oft unter den gegebenen Umständen. Denn ein behindertes Kind zu haben, ist der absolute Härtetest für jede Partnerschaft. Verlangt schon die Geburt eines gesunden Kindes von den Eltern unvorhergesehene Anpassungsleistungen, so müssen die Eltern eines behinderten Kindes ihren Alltag noch viel rigoroser und für einen längeren Zeitraum den Bedürfnissen des Kindes unterordnen. Oft muss die Mutter, die geplant hatte, nach der Elternzeit wieder berufstätig zu sein, ihre Stellung ganz aufgeben, um bei dem Kind zu bleiben. Vielleicht braucht man Hilfskräfte zur Pflege des Kindes oder langfristig eine größere, Rollstuhl gerechte Wohnung. Neben den äußeren ändern sich auch die „inneren" Lebensgewohnheiten. Die Gefühle der Partner nehmen – je nach Temperament und Charakter – ganz neue Dimensionen an. Da gibt es vielleicht insgeheim Schuldzuweisungen. Der Vater grübelt: Hat nicht auch die Kusine der Mutter ein behindertes Kind? Vielleicht liegt es also in ihrer Familie? Irgendein fehlerhaftes Gen, man liest ja jetzt so viel darüber ... Und die Frau stellt möglicherweise ähnliche Überlegungen über ihren Mann an: Er ist ja schon fast 50. Da sollen die Spermien ja nicht mehr so ganz intakt sein ... Oder: Wenn er auf mich gehört hätte und gleich mit dem Kind ins Krankenhaus gefahren wäre, hätten die Ärzte bestimmt noch etwas machen können ...

Normalerweise spricht keiner der Eheleute aus, was er sich so denkt. Erst im Streit werfen sie sich ihre Verdächtigungen an den Kopf.

Zu schweren Konflikten kann es auch kommen, wenn die Eltern im Laufe der Zeit unterschiedliche Bewältigungsstrategien entwickeln. Beispiel: Die Mutter sorgt sich sehr um das behinderte Kind, sie überbehütet es. Der Vater will – bewusst oder unbewusst – ein Gegengewicht setzen, also leugnet er das Ausmaß der Behinderung: „Du bist ja ständig um ihn herum. Er kann ja gar nicht anfangen, selbstständig zu werden, wenn du alles für ihn tust." Auch solche unterschiedliche Einstellungen sind gefährlicher Sprengstoff für die Partnerschaft.

Statistisch lässt sich übrigens nicht belegen, ob die Scheidungsraten bei Eltern eines behinderten Kindes höher sind. Eine englische Studie ermittelte 1978 in Familien mit Kindern mit Down-Syndrom eine erhöhte Anzahl zerbrochener oder unharmonischer Ehen, wies aber gleichzeitig darauf hin, dass bei labilem Ehegleichgewicht ein behindertes Kind die Störanfälligkeit einer Ehe erhöht, eine gute Beziehung aber gefestigt werden kann. Noch älter, nämlich aus dem Jahr 1974, ist eine Studie, die bei Kindern mit Spina bifida (das sind Kinder mit einem so genannten „offenen Rücken". Der Wirbelsäulendefekt entsteht in den ersten Wochen der Schwangerschaft, wenn sich das Neuralrohr des Embryos nicht schließt.

Die meisten betroffenen Neugeborenen werden dadurch querschnittsgelähmt, manche haben einen so genannten Wasserkopf. Zwar kann das heute operiert werden, aber oft bleiben Hirnschäden) eine Verschlechterung der elterlichen Ehen und eine erhöhte Scheidungsrate feststellte, besonders bei jungen Paaren, die wegen der Schwangerschaft geheiratet hatten.

Einschränkungen im Alltag, Veränderung der Einstellung zueinander, Schuldzuweisungen, unterschiedliche Bewältigungsstrategien – trotz dieser vielen außergewöhnlichen Belastungen in der Partnerschaft sollen Eltern obendrein ihren Kindern das Aufwachsen mit einem behinderten Bruder oder einer behinderten Schwester erleichtern. Wie können sie das? Müssen sie dazu nicht geradezu engelsgleiche, grundgütige Wesen sein, ganz ohne negative Emotionen? Mir fällt dazu eine Stelle in dem Buch der amerikanischen Erziehungswissenschaftlerin Helen Featherstone (1981) ein. Sie hat einen schwer mehrfach behinderten Sohn und beschreibt unter anderem die Schwierigkeiten der Eltern, sich mit Experten wie Kinderärzten, Chirurgen, Neurologen, Psychologen zu verständigen. Andrerseits haben aber eben auch die Experten ihre Probleme, den Eltern die oftmals schlimmen Diagnosen mitzuteilen. Da macht sich ein Kinderarzt, neu in der Klinik, Gedanken, ob die Eltern nicht zusammenbrechen, wenn er ihnen das Ausmaß der Behinderung ihres Kindes mitteilt. Wie widerstandsfähig und zäh müssen Eltern sein, um diesem Schicksalsschlag standzuhalten? Brauchen sie nicht geradezu übermenschliche Qualitäten dazu? Nach ein paar Monaten hat der junge Arzt diese Ängste nicht mehr. Weil er im Laufe der Zeit erlebte: „Parents are not tough, but tough enough." Übersetzt heißt das etwa, Eltern verkraften nicht alles, aber meist sind sie hart genug im Nehmen, um die Nachricht irgendwie zu verarbeiten.

Ähnlich lautet die Antwort auf die Frage, wie gut Eltern sein müssen, um trotz der Behinderung eines Kindes ihren Töchtern und Söhnen ein harmonisches Familienleben zu ermöglichen. Sie müssen nicht perfekt sein, aber eben gut genug.

Wie dieses „gut genug" zu definieren ist – ich weiß es nicht. Die Idealvorstellung ist natürlich, dass die Eltern sich verstehen, dass sie liebe- und verständnisvoll miteinander umgehen, dass sie in den allerwichtigsten Punkten meistens einer Meinung sind. Es sollte ihnen gelingen, die täglichen Pflichten so zu verteilen, dass sich keiner von beiden benachteiligt oder überfordert fühlt. Wenn sie sich ihren Kindern mit großer Aufmerksamkeit zuwenden, Gespür für die Individualität jedes einzelnen entwickeln, weiterhin Außenkontakte und Freunde haben, stehen die Chancen für ein positives Familienklima gut. Dann kommen auch Schwestern und Brüder des behinderten Kindes besser mit der Situation zurecht.

Nur leider – in den allerwenigsten Familien sind die Verhältnisse so. Mutter und Vater fühlen sich belastet, unglücklich, frustriert oder gestresst. Wie sie mit ihren Alltagsproblemen zurechtkommen, dafür gibt es keine Patentrezepte, lediglich Hinweise. Den Familien bleibt überlassen, ob und wie sie diese Hinweise umsetzen: Eltern sollen ihre gesunden Kinder nicht überfordern, sie weder mit Pflichten im Haushalt noch mit Betreuung des behinderten Geschwisters allzu sehr belasten. Ihnen muss Zeit bleiben zum Spielen, zu Verabredungen, für Hobbys. Die schon zitierte Grossman-Studie ergab, Kinder fühlen sich umso unglücklicher, je mehr Mitarbeit und Rücksichtnahme von ihnen verlangt wird, je weniger Zeit die Eltern für sie haben.

Doch auch psychisch dürfen die Geschwisterkinder nicht überfordert werden – indem Mutter und Vater zum Beispiel von ihnen erwarten, dass sie an gutem Benehmen, Hilfsbereitschaft, Dankbarkeit, Leistungen in der Schule alles doppelt und dreifach bringen, um die Eltern für die Enttäuschung mit dem behinderten Kind zu entschädigen.

Wichtig sind die Außenkontakte. Manche Eltern gehen so in der Betreuung ihres behinderten Kindes auf, dass sie darüber ihr gesellschaftliches Leben völlig vernachlässigen. Freunde einladen? Geht nicht. Juliane braucht absolute Ruhe, sonst bekommt sie womöglich wieder einen epileptischen Anfall.

Ausgehen? Es ist doch so furchtbar mühsam, einen vertrauenswürdigen Babysitter zu finden.

In den Sportclub gehen? Viel zu müde. Eine Stunde vor den Fernseher, dann ins Bett. Dazu reicht es gerade noch. Ein Ausflug am Wochenende? Damit alle anderen Ausflügler Monika mit dem Down-Syndrom begaffen? Nein, da ist es zu Hause doch gemütlicher. In den Urlaub fahren? Was – mit dem behinderten Kind?? Da weiß man doch überhaupt nicht, wie Oliver das Essen verträgt und ob er in dem Bett dort schlafen kann.

Wenn Eltern, die sich nach diesem Muster verhalten, eines Tages ihren Freundes- und Bekanntenkreis besehen, stellen sie fest, dass der sehr klein geworden ist und fast nur noch aus Menschen wie ihnen besteht: aus Familien mit behinderten Kindern nämlich. Man hat sich bei Elternabenden im Kindergarten oder in der Schule kennengelernt, die Kinder zu den Geburtstagen eingeladen (Kinder ohne behinderte Geschwister lädt man nach ein bis zwei unerfreulichen Versuchen nicht mehr ein) und sich schließlich miteinander richtig angefreundet. Man hat dieselben Probleme, dieselben Themen und vor allem Verständnis für die Situation der anderen Familien. Sie gleicht der eigenen nämlich aufs Haar. Aber: Alle Gespräche drehen sich immer wieder um das Nächstliegende – und das ist die Behinderung oder chronische Krankheit. Für die Geschwister sind solche Unterhaltungen im besten Fall langweilig, im schlimmsten Fall bedrohlich und deprimierend.

Natürlich sind Kontakte zu anderen Paaren mit behinderten Kinder besser als die Beinahe-Isolation, in die manche Familien im Laufe der Jahre geraten. Es besteht ja immerhin die Chance, dass die nicht behinderten Kinder der befreundeten Familien Gemeinsamkeiten haben, Spaß an Spielen und an Hobbys. Auch wenn sie sich wahrscheinlich öfter wie Satelliten fühlen, die um ein Zentrum rotieren, nämlich um die behinderten Kinder beider Familien. „Ist Petra in der Nähe?", fragt ihr siebenjähriger Bruder. Als er hört, dass Petra mit der Mutter im Garten ist, bläst er voller Kraft seinen Luftballon weiter auf. „Prima, dann macht's ja nichts, wenn er platzt." Petra reagiert auf unvermutete Geräusche mit Panik. Luftballons sind in ihrer Umgebung tabu.

Gut ist es, wenn die Familien auch mit Paaren befreundet sind, die kein behindertes Kind haben – schon um mal über andere Dinge sprechen zu können als darüber, unter welchen Umständen die Krankenkasse einen Computer für das Kind mit den feinmotorischen Störungen zahlt oder wo es Windeln gibt, die groß genug sind für einen Zwölfjährigen.

Wichtig ist die Zeiteinteilung. Alle Geschwister, mit denen ich gesprochen habe, betonten, wie sehr sie es genossen, wenn Mutter oder Vater sich mal für sie ganz allein Zeit nahmen: „Mein Vater macht mit mir immer ganz tolle Radtouren", erzählt Monika. Manchmal beschäftigt sich ihr Vater aber auch mit dem behinderten Tobias, und die Mutter geht mit Monika in die Stadt.

Diese bewusste Hinwendung zum nicht behinderten Kind ist äußerst wichtig, denn sie vermittelt ihm das Gefühl für den eigenen Wert. Sie ist der Ausgleich für Hast und Eile im Alltag. „Tut mir Leid, ich hab jetzt keine Zeit, ich muss mit Torsten zum Zahnarzt" – oder ihn füttern oder zur Toilette oder zum Orthopäden, um die neuen Schuhe abzuholen. Irgendetwas gibt es immer für das behinderte Kind (oder im Haushalt) zu tun – und Schwester und Bruder müssen ihre Hausaufgaben allein erledigen, mit dem, was sie gerade erzählen wollen, noch warten oder selbst schnell Betreuungsaufgaben übernehmen. Umso dankbarer sind sie, wenn Mutter oder Vater – noch besser: beide – sich gezielt an vorher festgelegten Terminen für sie Zeit nehmen. So spüren sie, dass sie von den Eltern bewusst als Personen mit eigenen Interessen wahrgenommen werden.

„An mir hängt doch alles."

Auf die Zufriedenheit der Mutter mit ihrem Leben kommt es an

Um deutlich zu machen, wie das Verhalten der Mutter und des Vaters die Entwicklung ihrer behinderten und nicht behinderten Kinder beeinflusst und welche typischen Fehler dabei passieren, habe ich mich zunächst mit Jutta unterhalten. Sie 48 Jahre alt. Danach sprach ich mit ihrem Ex-Mann. Gemeinsam haben sie drei Kinder. Steffi, die jüngste Tochter, ist 18 Jahre alt und geistig behindert. Ich wollte gern auch mit Steffis Schwestern sprechen, die heute 24 und 22 Jahre alt sind. Aber die jungen Frauen wollten nicht. „Ich habe keine Probleme mit meiner behinderten Schwester", erklärte Carla, die älteste. Und Iris meinte abweisend: „Wenn Sie mit meinen Eltern gesprochen haben, wissen Sie schon alles. Mehr kann ich dazu auch nicht sagen." Für mich war das ein Hinweis darauf, wie unterschiedlich die beiden Töchter die Familiensituation verarbeitet haben. Carla, die älteste, übernimmt noch immer die Ersatzmutter-Rolle. Iris ist nach wie vor in Kampfbereitschaft. Sie fühlt sich zu kurz gekommen. Nur ihre Mutter scheint das nicht zu merken.

„Stellen Sie sich vor", erzählt mir Jutta, „da besucht mich vor kurzem meine Tochter Iris – sie ist mittlerweile 22 Jahre alt und mit einem Freund zusammengezogen. Ich hatte den Käsekuchen gebacken, den sie so besonders liebt, und sie vom Bahnhof abgeholt. Während ich nun in der Küche stehe und Tee koche, geht Iris durch die Wohnung, in der ich – nach der Scheidung vor zwölf Jahren und dem Auszug meiner beiden Töchter vor rund zwei Jahren – mit Steffi, meiner 18jährigen geistig behinderten Tochter, lebe.

Iris war lange nicht da. Sie steckt noch mitten in der Ausbildung zur Krankengymnastin, hat wenig Geld und wenig Zeit. Sie geht in der Wohnung herum und sieht sich alles genau an. Es gefällt mir, dass sie sich so interessiert zeigt. Nach einer Weile setzt sie sich zu mir an den Tisch und meint so ganz nebenbei: ‚Komisch, überall hast du Bilder von Steffi. Aber von mir kein einziges'.

Das stimmt. Weder von Iris, noch von Carla, meiner ältesten Tochter, habe ich Bilder. Dafür umso mehr von Steffi. Sie klebt mir jedes ihrer Fotos irgendwo hin. An ihre Zimmertür, an meine Zimmertür, an den

Küchenschrank, neben den Haken für die Topflappen, über den Spiegel im Badezimmer. Mir fällt das schon gar nicht mehr auf. Und weil es ihr so viel Freude macht, lass ich die Bilder hängen. Bis sie sie selber durch neue ersetzt.

Durch lange und nicht immer ganz einfache Erziehungsjahre habe ich ein feines Ohr für Zwischentöne. Und bei Iris hörte ich deutlich Eifersucht heraus. Kaum zu glauben. Aber diese junge Frau, mit beiden Beinen fest im Leben, fühlte sich zurückgesetzt, weil in der Wohnung ihrer Mutter nur Fotos von ihrer geistig behinderten Schwester hängen und keine von ihr.

Carla, meiner ältesten, wäre das genau so wenig aufgefallen wie mir. Sie hat sich von Anfang an in einer sehr selbstverständlichen Art um ihre Schwester gekümmert. Ich konnte mich immer 100%ig sie verlassen. Sie hat sich auch nach Kräften bemüht, das Mädchen zu fördern, mit ihr zu spielen, ihr eine Freude zu machen, wo es nur ging.

Ich kann nicht sagen, dass Iris abweisend zu Steffi gewesen wäre. Nein, sie war eigentlich auch für sie da, aber manchmal eben auf eine sehr unbeständige, ungeduldige Art. Und immer darauf bedacht, dass Steffi keine Extrawurst bekam. Was ja oft nicht ausblieb, weil sie ja doch viel Zuwendung und Zeit brauchte.

An dieser Episode mit den Fotos in der Wohnung ist mir wieder einmal so richtig klar geworden, wie unterschiedlich sich meine beiden Töchter auf ihre behinderte Schwester eingestellt haben. Wie unterschiedlich ihre Reaktionen auf sie sind – in der Kindheit und auch jetzt noch.

Ich frage mich natürlich häufig: Warum ist es mir nicht gelungen, bei beiden Töchtern dieselbe Standfestigkeit, Fürsorglichkeit, Gelassenheit im Umgang mit ihrer behinderten Schwester heranzubilden? Was habe ich da falsch gemacht?

Die beiden haben natürlich verschiedene Charaktere. Aber sie sind doch in derselben Familien-Situation aufgewachsen, haben alle Krisen miterlebt. Und jetzt, wo sie beide erwachsen sind, fühlt sich Iris immer noch häufig zurückgesetzt. ‚Steffi muss nur einen Mucks machen, schon springst du', sagt sie zu mir. Oder ‚Kaum behauptet sie unterwegs, dass sie durstig ist, hältst du Ausschau nach einem Restaurant. Bei uns warst du nicht so großzügig.'

Wenn Iris jetzt noch so kleinlich nachrechnet – wie sehr leidet sie dann noch unter den Belastungen unseres Familienlebens? Natürlich war es nicht einfach für die Mädchen. Sie haben miterlebt, wie mein Mann sich immer mehr von der Familie absetzte. Erst machte er Überstunden im Geschäft, dann Dienstreisen, die immer länger dauerten. Bis er mir schließlich mitteilte – per Brief, gelehnt an eine Vase mit frischen Tulpen auf dem Wohnzimmertisch – dass er eine andere Frau liebe. Und wir sollten ihm nicht böse sein, so ginge es nun mal im Leben.

‚Siehste, das hast du nun davon', hat Iris damals gesagt. ‚Wovon?' habe ich sie nichtsahnend gefragt. „Na, vor lauter Sorge um deine Jüngste hast du deinen Mann vernachlässigt", hat sie da geantwortet, und ich habe ihr eine gelangt. Ich war wirklich überfordert. Ich habe mir immer Mühe gegeben, für alle da zu sein. Gleich nach Steffis Geburt habe ich aufgehört, berufstätig zu sein. Bis dahin hatte ich halbtags in einer Steuerkanzlei gearbeitet. Aber schon vorher habe ich immer alles getan, um meiner Familie ein schönes Zuhause zu bieten. Meinen Mann habe ich geliebt, vielleicht nicht besonders leidenschaftlich, das ist ja auch nicht so einfach nach einem 18-Stundentag. Aber abgewiesen so nach dem Motto: Nein, Schatz, ich habe diese grässlichen Kopfschmerzen – das habe ich nie getan. Natürlich hat Steffi den Großteil meiner Zeit und Aufmerksamkeit beansprucht. Sie ist ja erst mit 8 oder 9 Jahren nachts trocken geworden. Solange habe ich ihr wirklich jede Nacht das Bett neu bezogen, Gummiunterlage trocken gewischt, sie in einen frischen Schlafanzug gesteckt. Das war schon ziemlich anstrengend. Aber ich habe nie geklagt.

Mein Mann und die beiden Ältesten sind manchmal allein in die Ferien gefahren. Mit Steffi ging es nicht. Auch der freundlichste Gasthausbesitzer lässt sich nicht jede Nacht ein Bett durchnässen. Mir hat das gar nichts ausgemacht, mit Steffi zu Hause zu bleiben. Wir haben es uns gemütlich gemacht, sind geradelt, zum Schwimmen gegangen. Auch mal ins Kino, durch die Warenhäuser, in den Zoo.

Iris hat nie einsehen können, dass so ein geteilter Urlaub für uns alle die beste Lösung und die einzige Möglichkeit war. Sie hat mir sogar mal bitterböse vorgeschlagen, ich soll Steffi doch in einen Ferienaufenthalt für Behinderte schicken und wir fahren drei Wochen lang ohne sie nach Italien. Also – das hätte ich nie übers Herz gebracht.

Carla hat das ganz anders gesehen. Sie wäre ohne zu Murren mit mir und Steffi zu Hause geblieben. Sie ist so eine Leseratte, braucht zu ihrem Glück nichts weiter als ein Stapel Bücher. Iris ist mehr so ein Typ, der selber vor der Haustür auf Entdeckungsreise geht. Bloß da wollte sie ihre behinderte Schwester nicht so gern dabei haben, machte jedes Mal ein langes Gesicht, wenn ich sie mit ihr zum Spielplatz schickte. Aber ich meine, die Kleine brauchte das. Das muss Iris doch verstehen. Jetzt, als erwachsene Frau, ist sie immer noch eifersüchtig auf sie. Mir ist das wirklich ein Rätsel."

„Jutta nahm mir die Unbefangenheit im Umgang mit meinen Töchtern."

Wie Väter die Behinderung bewältigen

Der 54-jährige Bertram ist Juttas Ex-Mann. Er hat sich von seiner Familie getrennt, als seine behinderte Tochter acht Jahre alt war.

„Bis zu Steffis Geburt waren wir eine ganz normale Familie. Ich liebte Jutta, meine Frau, in ihrer ruhigen Art, und war ganz hingerissen von Carla und Iris. Zwei so hübsche, lebhafte, kluge kleine Töchter hatte außer uns niemand, davon war ich überzeugt. In Carla glaubte ich, einige meiner Charakterzüge zu entdecken. Sie konnte unglaublich stur sein, wenn sie ihren Kopf durchsetzen wollte. Aber sie war auch herzlich, mitleidig und begeisterungsfähig. Iris kam mehr nach Jutta, war phantasievoll, anhänglich, aber auch ängstlich. Vor allem konnte sie mich mit ihrem Lächeln komplett um den Finger wickeln. Das ist noch heute so.

Ich freute mich von ganzem Herzen, als Jutta mir sagte, sie sei wieder schwanger. Und weil ein Kollege von mir gerade Vater geworden war und ganz begeistert von der Geburt erzählt hatte, bei der er dabeigewesen war – so nah habe er sich seiner Frau gefühlt und so gerührt sei er gewesen von dem Auf-die-Welt-kommen seines kleinen Sohnes – wollte ich diesmal auch mit in den Kreißsaal gehen, um Jutta nicht allein zu lassen. Aber sie war dagegen: „Ich will nicht, dass du mich so siehst", sagte sie, „eine Frau, die ein Kind bekommt, ist kein schöner Anblick. Ich schaff' das schon allein. Ist ja das dritte, da weiß ich, wie es geht." Also habe ich die klassische Kino-Nummer gemacht: Werdender Vater, nervös im Warteraum hin-und herlaufend. Als die Wehen aussetzten und sich die Geburt hinzog, schickte mich die Krankenschwester nach Hause. Ich ging natürlich in die Kneipe. Und war nicht greifbar, als Jutta mich gebraucht hätte. Es gab Komplikationen, das Baby musste mit der Saugglocke geholt werden – und ich war nicht da. Ich weiß, dass Jutta mir das seitdem zum Vorwurf macht: „Wärst du da gewesen, hättest du auf einem Kaiserschnitt bestehen können. Dann wäre es bei Steffi nicht zu dem Sauerstoffmangel gekommen..."

Dass Steffi, unser Baby, behindert sein würde, wussten wir damals noch gar nicht. Was mir das Leben zunächst viel schwerer machte, waren die Quasi-Kondolenzen meiner Bekannten und Kollegen: „Wieder ein Mädchen! Viel Phantasie scheinst du in deinem Liebesleben ja nicht zu entwickeln!" „Ein Viermäderl-Haus, da hast du nicht viel zu melden", oder – sogar tröstend: „Macht ja nichts, vielleicht kriegst du nette Schwiegersöhne ..."

Einige Monate noch ging es weiter mit der „Wir sind eine normale Familie"-Illusion. Jutta gab ihren Job in der Steuerkanzlei auf, denn Steffi kränkelte häufig. Dass eine Mutter von drei kleinen Kinder nicht mehr berufstätig ist, fand ich normal, und Jutta sah das genau so. Doch dann lag sie mir ständig in den Ohren. Steffi könne dies und jenes noch nicht, weder sich aufrichten noch sitzen, noch krabbeln. Und was die Ärzte dazu sagten, denn natürlich war sie ständig bei Ärzten mit Steffi. Sie habe eine Entwicklungsverzögerung infolge der schwierigen Geburt, hieß es. Auf mich machte Steffi einen ziemlich normalen und fröhlichen Eindruck. Sie strampelte und lachte, wenn ich nach Hause kam, wollte gleich auf meinen Arm.

Ich fand die Diagnose „cerebrale Bewegungsstörung" deshalb auch gar nicht so beunruhigend, und es nervte mich doppelt und dreifach, wenn Jutta mich ständig darauf hinwies, was Steffi alles immer noch nicht konnte. Ich fand, sie übertrieb.

Natürlich spürte ich, dass Jutta am Rand ihrer Kräfte war. Gerade deshalb verstand ich nicht, warum sie sich nicht mal eine Pause gönnte. Sie war immer in Bewegung. Und wenn sie wirklich mal im Sessel saß, war ihr Kopf unterwegs: Was die Krankengymnastin zu Steffis Beinen gesagt habe ... Steffi huste so, ob ich glaube, sie könne vielleicht allergisch sein? Carla brauche eine Zahnspange, habe der Zahnarzt gesagt ... Wenn ich Jutta meine Hilfe anbot, mit den Kindern oder im Haushalt, war ihre Antwort immer: „Lass man, das ist meine Sache. Ich mach das schon." Außer gelegentlichen Handreichungen wie Töpfe-spülen ließ sie sich nicht von mir helfen.

In die Zeit um Steffis ersten Geburtstag herum fiel der Verkauf des Verlages, bei dem ich als Redakteur angestellt war. Nur ein Teil der Mitarbeiter wurde von dem neuen Inhaber übernommen. Ich gehörte dazu. Und natürlich wollte ich meinen Vorgesetzten jetzt erst recht zeigen, dass ich tüchtig war. Ich schuftete mich ab. Das Familienleben kam dadurch zu kurz. Mir tat das auch Leid – besonders wegen der Kinder. Carla und Iris hingen sehr an mir. An den Wochenenden hatten wir immer viel miteinander unternommen. Nichts Geplantes, einfach so. Ich rief: „Wer geht mit in den Park?" oder „Schwimmen?" oder „Kino?". Die beiden waren immer mit Feuereifer dabei. Jutta blieb mit Steffi meist zu Hause. Die Kleine brauchte Ruhe, sagte sie. Solche Unternehmungen wurden infolge meiner beruflichen Anspannung immer weniger – und unsere Ferien immer freudloser. Ein paar Mal reiste ich mit Carla und Iris allein nach Italien, denn Jutta wollte Steffi nicht aus ihrer gewohnten Umgebung reißen. Ich erinnere mich noch, wie ich einmal an einem kleinen Ort in einem Hotel direkt am Meer an einem unglaublich schönen Abend auf dem Balkon saß und den blauen Nachthimmel schaute. Carla und Iris schliefen schon; sie waren den ganze Tag im Wasser gewesen. Ich hörte das Meer rauschen und fühlte mich so verlassen, voller Sehnsucht und Trauer. Die Unbeschwertheit meines Lebens war dahin, seit Steffi auf der Welt war. Das musste man zugeben, wenn man die Sache nüchtern sah. Ich konnte auch mit Carla und Iris nicht mehr so unbefangen umgehen wie früher. Wenn wir irgendetwas spielten, kam Jutta und sagte: „Ihr seid wirklich egoistisch. Warum spielt ihr nicht mal etwas, wobei Steffi mitmachen kann?" Damit hatte sie uns erstmal das Spiel vermiest. Aber auch sonst sah ich immer und überall Juttas gereiztes Gesicht. Sie sorgte sich ständig um Steffi. Dabei schien sich die Kleine ganz gut zu entwickeln. Sie ging auf die Sonderschule und hatte da ihren Spaß, soweit man das sehen konnte. Jedenfalls kränkelte sie nicht mehr so oft, und sie wurde selbstständiger und vernünftiger. Zum Beispiel konnte man sie mit zum Einkaufen nehmen, ohne dass sie den ganzen Laden zusammenschrie, weil man ihr etwas, was sie sich in den Kopf gesetzt hatte, nicht kaufte. Aber es war klar, dass sie bei einem Intelligenzquotienten von etwa 70 immer auf dem Entwicklungsstand einer 6- bis 7-Jährigen bleiben würde. Mal ehrlich, ich fand das gar nicht so schlimm. Steffi sah nett aus, konnte sich verständlich machen, konnte laufen, hatte Spaß an Bilderbüchern und Fernsehen. Sie war behindert, aber da gab es doch wirklich Schlimmeres. Als ich solche Gedanken einmal formulierte, reagierte Jutta aus dem Stand aggressiv: „Das sagst du, weil Steffi nur ein Mädchen ist. Wäre sie ein Junge, würdest du dich viel mehr für ihr Fortkommen interessieren." Das stimmte nun wirklich nicht. Ich liebte meine drei Töchter und war stolz auf jede einzelne. Ich wollte mich in das ganze besorgte Getue meiner Frau nicht einbeziehen lassen. Die Kinder entwickelten sich toll, jedes auf seine Art eben. Besser für uns alle wäre allerdings gewesen, wenn es zu Hause etwas fröhlicher zugegangen wäre.

Unser Eheleben wurde immer mehr zur Routine. Jutta und ich schliefen zwar von Zeit zu Zeit miteinander, aber das war für uns beide mehr eine Pflichtübung als wirkliches Bedürfnis nach der Nähe des Anderen. Damals, auf dem Balkon in Italien, dachte ich, der unbeschwerte, schöne Teil meines Lebens sei vorbei. Da könne man eben nichts machen.

Ja, und dann lernte ich Marlies kennen. Sie war freie Mitarbeiterin bei uns, kam nur gelegentlich in die Redaktion. Als wir einen Artikel zusammen schrieben, merkte ich, wieviel Schwung und Vitalität in ihr steckten. Das gefiel mir – und bevor ich mich versah, war ich in einen handfesten Flirt verwickelt. Was dann folgte, war die Hölle für mich. Ein anstrengender Job, eine schwierige Familiensituation und eine fröhliche Geliebte – das überforderte mich. Marlies arbeitete gerade soviel, dass sie über die Runden kam. Sonst sah sie das Leben hauptsächlich als Quell aller möglichen Freuden. Sie las viel, kochte mit Leidenschaft, reiste gern. Ihre Sorglosigkeit machte sie unerhört attraktiv für mich. Man hört ja oft, dass sich Männer eine Geliebte nehmen, die ihrer Frau ähnelt. Bei mir konnte man das nicht sagen. Marlies war das ganze Gegenteil von Jutta.

Ich habe gelitten wie ein Hund. Ich wusste nicht, was ich tun sollte. Ich wollte mit Marlies leben, aber bei dem Gedanken, meine Familie zu verlassen, drehte sich mir das Herz um. Den Ausschlag gab dann die alljährliche Diskussion, was wir in den Ferien machen wollten. Und wieder hieß es: „Das Beste wird sein, du fährst mit Carla und Iris. Ich bleibe mit Steffi zu Hause." Ich sah mich allein auf einem Hotel-Balkon am Mittelmeer sitzen. Und ich wusste, diese Situation wollte ich nie mehr erleben.

Am nächsten Tag teilte ich Jutta schriftlich mit, dass ich sie verlasse. Das war sicher nicht die feine Art, aber anders hätte ich es nicht übers Herz gebracht. Die Scheidung verlief dann relativ friedlich. Ich zahle ziemlich viel Unterhalt, aber das sehe ich als „ausgleichende Gerechtigkeit". Außerdem rechne ich es Jutta hoch an, dass sie den Mädchen keine Horrorstories über ihren bösen, verantwortungslosen Vater erzählt hat.

Als ich auszog, waren Carla 14, Iris zwölf und Steffi acht Jahre alt. Das ist zehn Jahre her. Die Kinder konnten mich besuchen, wann sie wollten. Sie sind oft mit Marlies und mir in den Urlaub gefahren. Auch Steffi kommt und übernachtet bei uns. Sie mag Marlies sehr. Marlies hat sie stets als „normal" behandelt. Das heißt, Steffi musste sich in unserem Ferienhaus genauso am Küchendienst beteiligen wie alle anderen, das heißt aber auch, die beiden Frauen verschwinden immer mal wieder im Bad und probieren stundenlang ein neues Make-up aus.

Für manchen mag das zynisch klingen, aber rückblickend meine ich, es hat der Familie gut getan, dass ich gegangen bin. Meine Töchter haben mich als Vater nicht verloren, auch wenn ihnen das erst so schien. Jutta hat zu ihrer gewohnten ruhigen Art zurückgefunden. Das Aggressive in ihrem Verhalten, unter dem die Familie zunehmend litt, ist ganz verschwunden. Natürlich habe ich manchmal Schuldgefühle, meine Familie sitzengelassen zu haben – mit einem behinderten Kind obendrein. Doch dann sage ich mir, gerade weil ich mich getraut habe, mehr Freude vom Leben zu wollen, kann ich auch mehr Freude geben."

Was klar ist: Natürlich wünschen sich auch Männer (wie ihre Frauen) die klügste, schönste Tochter, den klügsten, schönsten Sohn. Auch sie wollen stolz auf ihren Nachwuchs sein. Auch für sie repräsentieren gesunde Kinder ein großes Stück soziale Anerkennung. Umso schmerzhafter, wenn es „kein Kind zum Vorzeigen" wird.

Gerlinde Engelmann, Ehrenvorsitzende der Lebenshilfe München, Mutter einer behinderten Tochter, hat den für mich so wichtigen Satz gesagt: „Anscheinend ist kaum vermittelbar, was für eine elementare und existentielle Verletzung ein behindertes Kind bedeutet".

Diese Worte machten mir schlagartig klar, warum mein Selbstvertrauen, meine Kraft, mein Durchhaltevermögen mich oft im Stich lassen. Ich bin tief verletzt – und die Wunde will nicht heilen. Ich denke, dass es allen Eltern eines behinderten Kindes so geht. Den Vätern eben genauso wie den Müttern.

Man unterstellt Männern oft, dass sie es sich „leicht" machen, dass sie berufliche Verpflichtungen vorschützen, um sich dem Alltag mit dem behinderten Kind weniger stellen zu müssen. Sicher gibt es solche Männer. Das Beispiel Bertrams zeigt aber auch, wie manche ganz ohne eigene Absicht in den Überstunden-Strudel geraten. Und es gibt genauso viele Männer, die sich um ihre Familie kümmern, die sich Sorgen machen und mitfühlen. Die mit anpacken und eine Riesenfreude haben, wenn es in der Entwicklung ihres behinderten Kindes einen kleinen Fortschritt gibt. Und die es zu schätzen wissen – und nicht als selbstverständlich hinnehmen –, wenn auch ihr nicht behindertes Kind Fortschritte macht, mit einer guten Note aus der Schule kommt oder das Fahrrad fahren gelernt hat.

Die meisten PsychologInnen, mit denen ich gesprochen habe, sagen, es sei falsch, zu glauben, nur für die Mütter, die das Kind neun Monate in sich genährt und getragen haben und es zu Welt brachten, sei die Erkenntnis, dieses Kind werde nie sehen, sprechen oder laufen können, ein schwerer Schock. Das gilt im selbem Maße für den Vater. Mit einem Unterschied: Während die Mutter sich nun täglich mit tausend Handreichungen um das Kind kümmert, bleibt mancher Vater bei der schwierigen Betreuung „außen vor".

„Das ist meine Sache", bekommt Bertram zu hören, als er Jutta seine Hilfe anbietet. Sie will ihm nichts überlassen, vielleicht, weil sie ihn schonen will. Er hat ja schon so viel zu tun ... Oder der Vater wird, wenn er von seinem Arbeitsplatz in der Firma zurückkommt, nur zu Hilfsdiensten herangezogen: „Kannst du mal das Bett umstellen? Wenn es links steht, muss ich mich nicht so anstrengen, wenn ich Tina hole." Die Mutter ist also stark eingebunden, findet ihre Beziehung zu dem Kind – der Vater nicht oder nur unter großer Mühe. Für die Mutter ist es dadurch in gewisser Weise leichter, mit der Behinderung umzugehen. Sie integriert sie notgedrungen in ihren Alltag, in die „normale" Fürsorge um das Kind. Vielen Vätern ist diese Möglichkeit des Akzeptierens durch aktive Betreuung nicht gegeben.

Eine weitere Eigenheit macht ihnen zusätzlich das Leben schwer: Viele von ihnen wollen auf keinen Fall Hilfe von außen. „Wir schaffen das aus eigener Kraft", sagen sie, denn sie empfinden Unterstützungsangebote aus dem sozialen Umfeld als Kritik, die ihre Kompetenz beeinträchtigt.

Manche Männer, die im Haushalt und bei der Kinderbetreuung nur wenig helfen, kümmern sich jedoch auf andere Weise um das behinderte Kind. Sie übernehmen Funktionen im Elternbeirat des Kindergartens oder der Schule. Sie arbeiten ehrenamtlich in einer Behindertenorganisation mit. Das ist gut so. Das gibt Frau und Mann das Gefühl, an einem Strang zu ziehen. Diese Zusammenarbeit, wenn auch auf verschiedenen Ebenen, hilft bei der Akzeptanz der Behinderung und nützt dem verständnisvollen Umgang der Eltern miteinander.

Die andere Variante väterlichen Verhaltens ist weniger familienfreundlich. Einige Männer, wie eingangs angedeutet, entziehen sich allen häuslichen Aufgaben, indem sie sich bewusst und freiwillig auf ihren Beruf konzentrieren. Sie machen Überstunden, bringen Arbeit mit nach Hause und signalisieren allen Familienmitgliedern überdeutlich: „Leider, leider – ich habe keine Zeit für euch!" Diese Abkehr ist eine (wenn auch keine sonderlich reife) Reaktion auf die Behinderung eines Kindes.

Natürlich leiden auch die gesunden Kinder unter den Verhaltens-Variationen des Vaters. Er ist chronisch überarbeitet, er akzeptiert keine Hilfe von außen. Das bedeutet Zeitmangel. Also: keine Radtour mit dem Vater, kaum ein Gespräch, selten ein Spiel. Er projiziert seine Hoffnungen auf die nicht behinderten Kinder. Die sollen die Leistungen bringen, zu denen der spastische Bruder nicht in der Lage ist. Das schafft extra Leistungsdruck, den Kinder nur schwer aushalten. Oder: Der Vater ist so verletzt durch die Tatsache, ein behindertes Kind zu haben, dass er sich nun auch seinen gesunden Töchtern und Söhnen nicht mehr unbeschwert zuwenden kann, weil er meint, das behinderte Kind ginge vor. „Die Unbeschwertheit meines Lebens war dahin, seit Steffi auf der Welt war", sagt Bertram. Das spürten auch Carla und Iris. Dass ihr Vater seine Unbeschwertheit außerhalb der Ehe wiederfand, mag ihnen ein – schwacher – Trost gewesen sein.

„Der ist doch gar nicht richtig behindert."
Welche Rolle Art und Schwere der Behinderung spielen

In einem TV-Dokumentarfilm über Familien mit behinderten Kindern sah ich folgende Szene: Zwei Mädchen laufen geschickt und schnell mit Rollerblades auf der Straße. Ihre Haare wehen im Wind. Abwechselnd schiebt eine von ihnen den Rollstuhl, in dem ihr Bruder sitzt. Er ist stark spastisch behindert, aber man kann seinem Gesicht die Freude ansehen, die ihm diese ungewöhnlich rasante Fahrt macht.

In meinem Bekanntenkreis gibt es eine Familie mit zwei Söhnen. Der jüngere Sohn, Bernd, ist lernbehindert. Er war lange Jahre Schüler in einem Internat, in dem er speziell gefördert wurde. Doch er kam zurück und konnte immer noch nur ungenügend lesen, rechnen und schreiben. Die Tatsache, dass Bernd keinen „normalen" Beruf lernen und ausüben kann, bedrückt diese Familie ungeheuer. Eine Studentin wurde engagiert, um mit Bernd weiter Rechnen und Rechtschreibung zu lernen. Täglich muss Bernd mehrere Stunden lang an seinem PC sitzen und üben. Spaß machte ihm der Umgang mit dem Computer nur am Anfang, jetzt hasst er ihn. Abends kontrolliert der Vater, ob und welche Fortschritte Bernd gemacht hat. Die Atmosphäre in dieser Familie ist immer angespannt. In jedem Gespräch klingt der Schmerz und die Enttäuschung an, die Bernds Behinderung bringt. Sein großer Bruder wird demnächst ausziehen, um in einer anderen Stadt zu studieren.

Warum ich bei den Rollschuhfahrerinnen an Bernds Familie denken musste? Weil diese TV-Szene ein positives Lebensgefühl der Geschwister spiegelte, in Bernds Umgebung fehlt das völlig.

Früher war ich überzeugt davon, dass das Ausmaß einer Behinderung direkt proportional ist zu dem Leid derer, die davon betroffen sind. Also: Je schwerer die Behinderung, desto größer das Unglück in der Familie. Stimmt nicht. Seitdem ich mich genauer mit Behinderungen beschäftige und mein Blick schärfer geworden ist, stelle ich immer deutlicher fest: Nicht die Behinderung an sich, sondern die Art des Umgangs damit bestimmt, welche Auswirkungen die Behinderung auf die einzelnen Familienmitglieder hat. Die Familie aus der TV-Dokumentation kommt mit der schweren körperlichen und geistigen Behinderung ihres Jungen offensichtlich sehr gut zurecht. Würden die beiden Schwestern Bernd sehen, wäre ihre Reaktion sicherlich: „Der ist doch gar nicht richtig behindert." Für sie wäre es höchstes Glück, wenn ihr Bruder laufen und sprechen könnte. Eine Lernbehinderung? Wunderbar! Für Bernds Familie aber ist gerade diese Lernbehinderung Wurzel allen Unglücks.

Noch einmal: Wie sehr jemand unter der Behinderung eines Familienmitglieds leidet, hängt nicht von der Behinderung ab, sondern von seiner persönlichen Reaktion darauf. Neben dieser subjektiven Einschätzung gibt es jedoch auch objektive Gründe, die die eine Behinderung schwerer erträglich machen als die andere. Ist ein behindertes Kind zum Beispiel sehr laut und aggressiv, stört das die Familie nachhaltig. Untersuchungen haben gezeigt, dass Geschwister sehr unruhiger Kinder eher zu psychoneurologischen Störungen neigen.

Eltern, deren Kind sich – weil es spastisch oder autistisch ist – unkontrolliert und heftig bewegt oder schreit, müssen deswegen besonders auf einen Ausgleich für die nicht behinderten Geschwister achten. Sie sollten regelrechte „Schutzzonen" schaffen: Das nicht behinderte Kind braucht ein Zimmer für sich allein, einen Nachmittag für sich, einen Ausflug mit Mutter oder Vater allein – ohne das Geschwister mit Behinderung.

Besonders schlimm empfinden Kinder es auch, wenn ihr behindertes Geschwister Dinge tut, die ihnen peinlich sind. Die amerikanischen Psychologen Stephen Bank und Michael Kahn (1994) bemerken dazu: „Es ist für Geschwister sehr viel leichter, mit einem depressiven Bruder oder einer Schwester zu leben als mit einem Geschwister, das während eines akuten psychotischen Schubs splitternackt in der Kirche auftaucht und versucht, sich als Christkind in die Weihnachtskrippe zu legen." Am besten kommen Kinder mit so einer Situation zurecht, wenn sie erleben, wie ihre Eltern souverän und gelassen damit umgehen. Idealtypisch gegenübergestellt: Statt in der Kirche einen Weinkrampf zu bekommen, nimmt die Mutter ihren Mantel, hängt ihn dem nackten, verhinderten Christkind um die Schultern und sagt: „Komm, wir gehen heim, hier erkältest du dich nur."

Es scheint sich auch leichter mit einer Behinderung zu leben, die deutlich sichtbar ist. Ein Kind im Rollstuhl oder eins mit Down-Syndrom findet mehr Sympathien und Verständnis als ein Autist oder eines mit dem Fragilen X, einer genetischen Veränderung, die sich nicht so deutlich am Gesicht ablesen lässt. Die 14-jährige Elke beschreibt das sehr anschaulich: „Mein Bruder Mick ist geistig behindert, aber das sieht man ihm nicht auf den ersten Blick an. Wenn ich mit ihm U-Bahn fahre, ist anfangs alles o.k. Aber dann beginnt Mick, laut alle Stationen anzusagen. Er macht alle Fahrgeräusche nach, auch das Zischen, mit dem sich die Türen automatisch öffnen und schließen. Erst gucken die Leute irritiert. Dann sehen sie sich meinen Bruder genauer an. Ich kann genau verfolgen, wie es ihnen langsam dämmert: ‚Mit dem stimmt was nicht'. Danach schauen sie auf mich. Ich kenne diesen Blick. Nach der ersten Verwunderung kommt das Aha-Erlebnis und dann Diskretion. Keiner guckt mehr in unsere Richtung, ganz egal, was Mick für Töne macht. Früher habe ich mir manchmal gewünscht, mein Bruder würde im Rollstuhl sitzen. Dann könnten alle gleich sehen, dass er behindert ist. Und ich müsste diesen Blick nicht immer wieder aushalten."

Die amerikanische Wissenschaftlerin Frances K. Grossman kommt in ihrer schon zitierten Studie zu dem Schluss, dass es einfacher ist, mit einem deutlich körperbehinderten als mit einem leicht geistig behinderten Geschwister zu leben. Eine Körperbehinderung kann jeder schnell einordnen. Auch Fremde wissen, dass sie mit dem Körperbehinderten auf gleicher Ebene reden können. Es ist einfacher, einzuschätzen, welche Handgriffe benötigt werden. In der Öffentlichkeit wird das körperliche Handicap deshalb eher akzeptiert, und man nimmt Rücksicht. Bei der geistigen Behinderung – so die Aussagen der befragten College-Studenten – belaste es vor allem, wenn die Schwester oder der Bruder die eigene Behinderung erkennt und darunter leidet. „Es fehlt ihm nur ein kleines bisschen mehr Intelligenz. Dann wäre er normal", sagt Elke über Mick. Mit ansehen zu müssen, wie Bruder oder Schwester selbst mit ihrem Schicksal hadern, depressiv und unglücklich reagieren, weil sie „nicht so sind wie die anderen", ist für viele Geschwister eine enorme Extra-Belastung. Und noch etwas kommt hinzu: Meist sind leichte Behinderungen schwerer zu diagnostizieren. Eine Zeitlang denken alle an eine Störung, an Konzentrationsmangel, sogar an Faulheit und Erziehungsfehler. Bis die Behinderung festgestellt ist, hat die Familie oft eine lange Zeit des Frustes durchlebt.

Wie Geschwister die Behinderung ihres Bruders oder ihrer Schwester verkraften, hängt noch von weiteren Faktoren ab: zum Beispiel von ihrem Alter und dem Entwicklungsstand, in dem sie zum ersten Mal mit der Behinderung konfrontiert wurden. Evi war vier, als ihr 6-jähriger Bruder den ersten epileptischen Anfall bekam. „Ich wusste überhaupt nicht, was los war. Ich hatte solche Angst, denn ich dachte, er stirbt und ich müsste auch bald sterben." Glücklicherweise war Evi bereits in einem Alter, in dem sie die Erklärungen ihrer Eltern verstand und dadurch ihre tiefen Ängste abbauen konnte. Kleinere Kinder können ihre Furcht nicht verbalisieren. Wenn sie durch irgendeine Facette der Behinderung erschreckt werden, leiden sie oft lange darunter – und manche Eltern merken es nicht einmal.

Ähnlich verstört reagieren Kinder, wenn sie ihr Geschwister gesund und normal kennen, der Bruder oder die Schwester aber plötzlich durch einen Unfall oder eine Krankheit behindert wird. „Als Alexander mit der Hirnhautentzündung im Krankenhaus lag, meine Mutter ständig weinte und wochenlang bei ihm auf der Station war, da blieb für mich die Welt stehen", erzählt der 12-jährige Jörg. „Ich dachte, etwas Schlimmeres könnte unserer Familie nicht passieren. Aber als Alexander dann nach Hause gebracht wurde, nicht mehr laufen und reden konnte, wie ein Baby versorgt werden musste, da wurde der Schmerz in mir sogar noch schlimmer. Und meinen Eltern ging es genauso. Wir waren plötzlich keine Familie mehr, sondern nur noch ‚Leidtragende' – wie auf dem Friedhof. Jeder trug sein Leid für sich, und jeder für sich war tot." Jörg und seine Eltern machten schließlich eine Familientherapie, um ihr schweres Schicksal akzeptieren zu können.

Mitunter höre ich die Meinung, eine Behinderung, die durch Unfall oder Krankheit plötzlich einbricht, sei weniger problematisch für die Familie als eine angeborene Behinderung. Immerhin hätten die Eltern und Geschwister das nun behinderte Kind eine Zeit lang doch gesund und fröhlich erlebt. Das sei Trost zum einen. Und zum anderen würde die Familie mehr Mitgefühl von außen bekommen, als das bei angeborenen Schäden oder chronischen Krankheiten der Fall sei. Ich meine: Es ist müßig, darum zu streiten. Schließlich sucht sich keiner die Behinderung aus.

Wie ist es für Eltern, die ein Baby erwarteten und nach der Geburt erfahren mussten, dass mit ihm „etwas nicht stimmt"? Wie entsetzlich tief ist der Fall von erwartungsvoller Vorfreude auf das Kind bis zu den Ur-Ängsten und Unsicherheiten: „Wie wird das weitergehen? Was können wir tun? Warum gerade wir?" Und wie ist es für Eltern, deren Kind gestern noch gesund und munter war und heute durch einen Unfall oder durch eine Krankheit zum behinderten Menschen wurde? Die Qual, was hätte sein können, wenn man an jenem Tag keine Radtour gemacht und somit auch keinen Unfall gehabt hätte? Die Selbstzweifel und -vorwürfe der Eltern teilen sich natürlich vehement den Kindern mit, die dann unter der Behinderung ihres Geschwisters noch mehr leiden, als sie es ohnehin schon tun.

Bei uns dauerte es Jahre, bis die Behinderung meines Sohnes in ihrem ganzen Umfang diagnostiziert war. Wir wussten lange nichts davon. Der Junge galt als „entwicklungsverzögert". Später habe ich mir oft Vorwürfe gemacht, dass ich nicht auf genauere Untersuchungen, präzisere Auskünfte gedrängt habe. Da hätten wir doch viel früher viel intensiver mit den Therapien beginnen können ... Heute denke ich mir, dass wir uns über diese „Schonfrist" freuen sollten. Unsere Töchter, bei der Geburt des Bruders sieben und fünf Jahre alt, hatten reichlich Gelegenheit, unbeschwert mit dem kleinen Bruder zu spielen. Diese Unbeschwertheit war sicher eine stabile Basis für die gute Beziehung, die sie seitdem zueinander haben.

*„Ihr Kind wird mit dem Taxi in die Schule gebracht?
Haben Sie es aber gut!"*

Der Einfluss der sozio-ökonomischen Situation und des familiären Umfeldes auf die Geschwister

Kommen Kinder reicher Leute leichter mit der Behinderung eines Geschwisters zurecht? Oder ist das Leid, der Kummer, die Einschränkung, die zum Beispiel ein Rollstuhl bringt, unabhängig vom Einkommen und deswegen für alle gleich?

In den wenigen Studien, die es zur Situation der Geschwister behinderter Kinder gibt, ist auch diese Frage untersucht worden. Die Ergebnisse scheinen nur auf den ersten Blick widersprüchlich. Einerseits heißt es, Geschwister aus Familien mit gehobenem Einkommen hätten weniger Probleme, eine behinderte Schwester oder einen behinderten Bruder zu akzeptieren. Andererseits wird gerade von Familien mit niedrigem Einkommen oft berichtet, sie würden mit einer Behinderung besonders gut zurechtkommen. Was stimmt denn nun?

Die eine Aussage ist so richtig wie die andere. Kinder aus der sozio-ökonomischen Oberschicht werden in der Regel durch die Behinderung ihres Geschwisters weniger belastet, denn sie müssen sich weniger an der Pflege und Betreuung beteiligen. Die Eltern können sich Hilfe von außen holen, zum Beispiel stundenweise einen Pfleger, einen Babysitter engagieren. Und fast immer hilft eine Zugehfrau im Haushalt, so dass auch da die Kinder nicht eingespannt werden und zu ihren Pflichten allenfalls das Wegtragen des Mülls gehört. So genannte besser Verdienende leben meist auch in Häusern oder größeren Wohnungen. Geschwister müssen sich nicht das Zimmer teilen. Das verringert die Konflikte erheblich. „Der Hauptgrund, dass ich so früh zu Hause ausgezogen bin, war sicher, dass ich bis zuletzt in Etagenbetten mit meinem jüngeren Bruder schlafen musste", sagt ein 18-Jähriger. „Er unten, ich oben. Er schlief sehr unruhig. Jede Bewegung von ihm habe ich mitgekriegt. Ich habe das wirklich gehasst. Tagsüber ging's. Da war ich entweder im Wohnzimmer, wo ich meine Hausaufgaben machte, oder bei Freunden. Aber die Nächte waren wirklich eine Qual. Die haben meine Beziehung zu meinem Bruder echt belastet."

Grossman (1972) ermittelte in ihrer Studie unter College-Studenten einen weiteren Faktor für die geringere Belastung der Kinder „reicher"

Eltern. Deren behinderte Söhne und Töchter waren häufiger in Internaten und Heimen untergebracht als die der weniger begüterten. Und da die meisten Streitereien und Empfindlichkeiten entstehen, weil sich jemand überfordert, ausgenutzt oder ungerecht behandelt fühlt, entfällt in den besser verdienenden Familien eine Menge Zündstoff.

Dafür leiden diese Eltern unter stärkeren Frustrationen. Weil sich ihre hochfliegenden Pläne mit dem Kind, so wie es ist, nicht verwirklichen lassen, sind viele Eltern unglücklich und gekränkt – und diese Grundhaltung vermitteln sie ihren Töchtern und Söhnen. Eine Frau erzählt: „Mein Mann und ich haben immer davon geträumt, dass unsere Söhne studieren. Einer sollte Arzt, einer Jurist werden. So haben wir uns das gedacht, als die beiden klein waren. Und jetzt? Was ist daraus geworden? Daniel, unser Ältester hat gerade die Schule geschmissen, und Benny ist Autist. Er kann nicht lernen, selbst wenn er wollte."

Familien mit weniger Geld haben meist auch weniger ambitionierte Pläne für ihre Kinder. Zwar sollen Sohn und Tochter „es einmal besser haben im Leben", aber dazu ist nach Ansicht der Eltern nicht gleich ein Studium nötig. So trifft sie – möglicherweise – die Erkenntnis, dass ihr Kind es allerhöchstens zu einem Arbeitsplatz in der Werkstatt für behinderte Menschen bringen wird, nicht ganz so hart. Ein Psychotherapeut sagt: „Es hat mich sehr gerührt, wie glücklich ein Elternpaar, einfache Leute, reagierte, als es für seinen Sohn einen Platz in einer Einrichtung für Kinder mit geistiger Behinderung zugesagt bekam. Für manche Väter und Mütter gerade aus der Oberschicht ist ein solcher Bescheid Grund für tiefe Verzweiflung und Hadern mit dem Schicksal."

Man kann über eine solche Beobachtung denken, wie man will – allemal stimmt: Wer die Mittel hat für ausreichenden Wohnraum und wer sich zur Betreuung und Pflege des behinderten Kindes Hilfe holen kann, reduziert die Belastung, die die Geschwister zu tragen haben. Außerdem hatten wir in einem vorhergehenden Kapitel festgestellt, wie wichtig es für die psychische Gesundheit der Familienmitgliedern ist, in Freizeitaktivitäten gemeinsam und getrennt Lebensfreude zu tanken und Kontakte zu pflegen. Auch das kostet Geld. Wer sich manches nicht leisten kann, was der Entlastung und dem besseren Familienklima dient, der sollte versuchen, so viel staatliche Hilfe wie möglich zu bekommen. Das hat mit Bettelei nichts zu tun. Das ist ein Teil der Hilfe, die Familien mit behinderten Kindern zusteht. Dafür zahlen wir – die Solidargemeinschaft – Beiträge in die Kranken-, Sozial- und Pflegeversicherung. Meist sind die Amtswege lang und mühsam, bis ein Zuschuss bewilligt wird – gerade in Zeiten immer knapper werdender öffentlicher Mittel. Oft handhaben die zuständigen Verwaltungsbeamten den Antrag umständlich oder sogar unwillig. Doch ich möchte alle, die keine Millionäre sind und denen aufgrund ihrer Einkommensverhältnisse bestimmte Hilfen zustehen, ermuntern, diese Hilfen auch in Anspruch zu nehmen. Denn finanzielle Zuschüsse oder ein Nachmittag, an dem eine Aushilfskraft das behinderte Kind betreut, kommen auch den Geschwistern zugute.

Viele Eltern sträuben sich, einen Behindertenausweis für ihr Kind zu beantragen. „Dann ist ja aktenkundig, dass er nicht normal ist", sagt mir eine Mutter. „Später, wenn er eine Stellung sucht, kann das ein Nachteil für ihn sein." Das stimmt so nicht. Im Gegenteil, seitdem mein Sohn den Behindertenausweis hat, ist unser Leben abwechslungsreicher geworden. Ich nehme ihn zum Beispiel viel öfter mit auf Reisen. Für ihn muss ich eine Fahrkarte kaufen, eine Begleitperson – meist ich oder eine seiner Schwestern – wird kostenlos befördert. Das gilt auch für Flugreisen – natürlich nur innerhalb Deutschlands. Und für die Dampfer auf dem Bodensee! Mein Sohn trägt seinen Behindertenausweis in einem Brustbeutel und findet ihn überhaupt nicht peinlich. Er zückt ihn an allen möglichen Kassen mit ebenso großer Selbstverständlichkeit wie seine Schwestern ihren Studentenausweis und ich meinen Presseausweis. Auf diese Weise haben wir manches Schloss, manches Museum besucht, dessen Eintrittsgeld uns ohne Ermäßigung zu teuer gewesen wäre. Und als mein Sohn Taxischeine bekam, fuhr er allein in die Behinderten-Disco und war nicht mehr auf meine Fahrdienste angewiesen. Das gibt ihm ein Stück mehr Selbstständigkeit und dadurch Selbstbewusstsein.

Mir völlig unbegreiflich, aber leider wahr: Der in diesem Zusammenhang immer wieder auftauchende Neidfaktor. Mit dem muss man rechnen, damit man vom Zorn nicht mitgerissen wird, wenn man ihn zum ersten Mal erlebt. Ich schreibe das für junge, noch unerfahrene Eltern eines behinderten Kindes. Alle anderen Mütter und Väter sind damit schon konfrontiert worden. Es geht nämlich ganz früh los: „Was, Ihr Kind wird jeden Morgen mit dem Taxi abgeholt und in den Kindergarten gefahren? Wie praktisch für Sie! Ich muss meine Tochter immer mit dem Rad hinbringen und abholen. Wir haben ja kein Auto, wissen Sie. Was müssen Sie denn für das Taxi bezahlen?" Antwortet man darauf wahrheitsgemäß, dass man für das Taxi (noch) nichts zahlt, weil der Transport zur Eingliederungshilfe gehört, erlebt man unverhohlene Missgunst: „Haben Sie's aber gut!" Die Tatsache, dass man ein behindertes Kind zu umsorgen hat und die schulvorbereitende Einrichtung nicht um die Ecke, sondern mehrere Kilometer weit weg ist, tritt völlig in den Hintergrund. Später wird einem geneidet, dass in der Klasse des Förderzentrums nur acht Kinder und nicht wie in der

Regelschule über 20 sind. Dass man gleich einen Hortplatz für sein Kind bekommen hat. Dass in der Werkstatt für behinderte Menschen ein Schwimmbad ist. Und so weiter.

Auch Geschwister sind übrigens manchmal neidisch auf die Sonderbehandlung, die das behinderte Kind genießt. Klar, wer möchte an einem schmuddeligen Wintermorgen nicht lieber mit dem Taxi in die Schule fahren statt dorthin zu laufen? Und auch andere Zuwendungen beobachten die Geschwister mit Argusaugen: „Jetzt hast du ihm schon wieder ein Auto gekauft. Der hat doch schon so viele!" Diese Art von Neid unter Geschwistern ist normal und eigentlich ein positives Zeichen dafür, dass die behinderte Schwester, der behinderte Bruder als gleichberechtigtes Mitglied in Familienverband angesehen wird.

Was das soziale Umfeld der Familie betrifft, da bekommen Geschwister häufig starke Diskrepanzen zu spüren. In der Familie erfährt das Kind, dass Menschen mit einer Behinderung schwach und hilfsbedürftig sind und deshalb mehr Aufmerksamkeit brauchen. Im täglichen Leben „draußen" wird ihm vermittelt: Aufmerksamkeit bekommt, wer stark ist. Dem Tüchtigen gehört die Welt. Von dem Kind wird erwartet, dass es in beiden Bereichen „funktioniert". Zu Hause soll es sensibel auf die Bedürfnisse des Geschwisters mit einer Behinderung und der anderen Familienmitglieder eingehen, draußen, in der Schule zum Beispiel, soll es sich vor allem durchsetzen. Viele Kinder geraten da schon mal in Gewissenskonflikte. „In der Schule wussten alle, dass ich eine behinderte Schwester habe. Sie ist ein Contergan-Kind, hat keine Arme", erzählt ein 40-jähriger Mann.

„Wir spielten Völkerball auf dem Schulhof in der letzten Stunde. Ich war richtig gut. Fast alle meine Bälle trafen. Plötzlich merke ich, wie keiner mehr konzentriert spielt. Jeder schaut Richtung Schulhoftor. Ich drehe mich um. Da steht meine Schwester. Es ist das erste Mal, dass sie hierher gekommen ist, um mich abzuholen. Sie hat eine Bluse mit kurzen Ärmeln an, man kann ihre Armstummel sehen. Jemand ruft: „Hey, werft ihr doch mal den Ball hin! Vielleicht ist sie ja ein Super-Catcher." Alle lachen. Und ich kriege eine Riesenwut. Ich weiß, wie gern meine Schwester Ball spielen würde und dass sie ganz gut kicken kann. Ich will nicht, dass sie hier zum Gespött wird. Aber ich will jetzt auch nicht hingehen müssen, um sie zu trösten. Ich würde sowieso lieber mit meiner Clique nach Hause bummeln, so wie ich das sonst tue, und nicht mit meiner Schwester durch die Straßen laufen. Aber allein kann ich sie nicht gehen lassen. Also nehme ich nach dem Klingeln meine Tasche und trabe, ohne mich umzuschauen, auf meine Schwester zu. Ich habe mir später wegen dieser Szene noch oft Vorwürfe gemacht. Weil ich so unsouverän reagiert habe, weil ich mich wegen meiner Schwester geschämt und sie nicht in Schutz genommen habe, weil ich mir durch sie so abgewertet vorkam."

Diese Szene liegt schon fast 30 Jahre zurück, sie könnte sich aber ebenso heute zugetragen haben. Ein Behinderten freundlicheres Umfeld würde den Geschwistern behinderter Kinder viel Unsicherheit, Scham und Zweifel ersparen.

Dass solch ein Behinderten freundliches Umfeld noch nicht einmal in der Familie selbstverständlich ist, erlebte ich, als ich mit einem Freund zusammen eine Ferienwohnung in einem herrlich gelegenen Bauernhof mieten wollte. Die Vorgespräche waren geführt. Mein Freund hatte der jungen Bäuerin von meinem behinderten Sohn erzählt. Sie führte die Verhandlungen, ihr Mann und die alten Bauersleute hielten sich im Hintergrund. Das junge Paar hatte selbst einen etwa dreijährigen Sohn und eine nur vier Wochen alte Tochter. Die Behinderung meines Sohnes schien der jungen Mutter gar nichts auszumachen, im Gegenteil, mir kam es vor, als würde gerade das uns als Pluspunkt angerechnet. Der Kinderwagen mit dem Baby stand auf der Wiese. Selbstverständlich schaute ich hinein. Noch bevor ich das übliche: „Ach, wie goldig" rufen konnte, sagte mir die Bäuerin: „Meine Tochter ist mongoloid. Bitte, sagen Sie das auf keinen Fall meiner Schwiegermutter oder meinem Schwiegervater." Ich werde ihr Gesicht dabei nie vergessen, dieser Ausdruck von Verwirrung, Scham, Angst und eben auch zärtlicher Liebe zu der kleinen Tochter. Wir setzten uns unter einen Baum, und ich erzählte ihr, was ich über die Entwicklung von Kindern mit Down-Syndrom wusste. Ich versuchte, ihr Mut zu machen. Denn die junge Frau tat mir sehr Leid. Sie brauchte jede mögliche Unterstützung, um mit der Situation zurechtzukommen. Aber sie ahnte, dass sie die Unterstützung von ihren Schwiegereltern, von den anderen Familienmitgliedern, von den Dorfbewohnern nicht bekommen würde und wich in die Heimlichkeit aus.

Wir haben die Wohnung nicht gemietet. Sie war uns zu klein. Aber ich frage mich oft, was wohl aus der Bäuerin und ihrem kleinen Mädchen geworden ist. Und der Bub, der zukünftige Hoferbe – ob er wohl die Chance bekommen hat, seine Schwester als Mensch mit vielen individuellen Charakterzügen wahrzunehmen und zu lieben?

Wo das familiäre Umfeld nicht stimmt, wird es eben auch den Geschwistern schwer, manchmal sogar unmöglich gemacht, liebevoll mit ihrer behinderten Schwester oder ihrem behinderten Bruder umzugehen.

4. Teil

Wo und wie Familien mit einem behinderten Kind Hilfe finden

„Mein Bruder ist kein Trampel.
Er hat eine feinmotorische Störung!"

Die „Kraftquellen" für die Geschwister

In der Psychologen-Sprache gibt es die Begriffe „Coping" und „Ressourcen". Sie scheinen mir für Familien mit behinderten Kindern besonders wichtig zu sein. Unter „Coping" versteht man, wie jemand mit einer Situation umgeht. Ob er klein beigibt, sich kaputt machen lässt oder ob er kämpft. Dazu muss der Mensch zunächst seine Lage einschätzen: Ist sie für ihn belastend, unerträglich oder unwichtig? Kann er die Situation aushalten, sie meistern, oder übersteigt sie seine Kräfte?

Um das beurteilen zu können, muss jeder für sich auch eine Bestandsaufnahme seiner Möglichkeiten machen. Welche Hilfsmittel hat er? Wo liegen seine Ressourcen? (Das Wort gefällt mir in diesem Zusammenhang sehr gut. Es erinnert mich an verborgene Bodenschätze. Mancher weiß ja auch gar nicht, welche Kräfte in ihm ruhen). Die Ressourcen können sich im Charakter eines Menschen finden, in seinen Talenten, in seinem Umfeld. Es kommt nun darauf an, wie man mit diesen Ressourcen umgeht, ob man sie überhaupt „anzapft" und, wenn ja, wo und wie man sie einsetzt. Vieles tut man dabei bewusst, manches unbewusst.

Genug der Psycho-Theorie. Wo genau liegen die Ressourcen für die Eltern und Geschwister von Kindern mit einer Behinderung?

In den vorhergehenden Kapiteln haben wir festgestellt, dass es zum Bewältigen der Behinderung eines Kindes vor allem auf die Einstellung der Eltern zueinander, auf die Zufriedenheit der Mutter mit ihrem Leben, auf das Verhalten des Vaters, auf die Schwere der Behinderung und auf die finanzielle Stellung der Familie ankommt.

Das sind Faktoren, die einfach da sind, an denen sich häufig nur noch wenig ändern lässt. Doch es gibt eine Reihe anderer Ressourcen, die Eltern für sich sprudeln lassen können, um sich und ihren Kindern das Leben leichter zu machen. Zu diesen „Hilfsquellen" gehören:

Gespräche. Man kann gar nicht oft und kräftig genug betonen, wie wichtig es ist, dem nicht behinderten Kind so früh, so ehrlich und so ausführlich wie möglich zu erklären, warum die Schwester oder der Bruder behindert ist. Vielen Eltern fällt das schwer. Zum Teil wissen sie selbst nicht genau, woher die Behinderung kommt, zum Teil ist ihnen das Thema peinlich. Das heißt, es tut ihnen wirklich weh, darüber zu sprechen. In der Untersuchung von Grossman (1972) wird das Gespräch über die Behinderung oft mit der sexuellen Aufklärung verglichen. Die Teilnehmer an der Studie sagten, die Entstehung der Behinderung hätte sie brennend interessiert, aber sie hätten ihre Eltern nicht so genau zu fragen gewagt. Und vielen Müttern und Vätern ist diese Art von Aufklärung ebenso unbequem wie Gespräche über Sexualität. Sie denken: „Wenn das Kind nicht fragt, will es auch gar nichts Genaueres wissen", und beginnen von sich aus das Gespräch nicht. Das ist falsch. Gerade mit kleineren Kindern, die ihre Ängste und ihr Unverständnis nicht verbalisieren können, muss öfter über die Behinderung gesprochen werden: „Klaus kann das nicht, weil er ..."

Was Eltern häufig übersehen: Auch ihnen tut diese Erklärung der Behinderung gut. Durch ihre Offenheit den Kindern gegenüber sind sie gefordert, sich aktiver mit ihrem Schicksal auseinanderzusetzen. Karins Eltern hätten sich viel Schmerz, Schuldgefühl und Isolation ersparen können, hätten sie Karin von Anfang an von Monikas Down-Syndrom erzählt. (s. S. 76) Durch ihre Heimlichtuerei verloren sie das Vertrauen ihrer Tochter für immer.

In einigen Untersuchungen wird immer wieder festgestellt, dass Kinder sich umso mehr sorgen und ängstigen, je weniger sie über die Behinderung wissen. Grossman berichtet von der elfjährigen Cindy, Schwester eines behinderten Jungen, die bei ihr in psychotherapeutischer Behandlung war. Cindy glaubte, jemand habe ihrem Bruder „auf den Kopf gehauen. Ich weiß aber nicht, wer." Und sie fürchtete sich, dass ihr Ähnliches passieren könne. Solche bedrohlichen Vorstellungen belasten die Entwicklung eines Kindes nachhaltig. Aber auch bei den älteren Geschwistern wirkt sich Unkenntnis über die Behinderung einschränkend aus: Sie machen sich Sorgen, ob sie die Behinderung an eigene Kinder weiter vererben könnten.

Das Gespräch, die gründliche Aufklärung über die Behinderung, ist jedoch nicht nur wichtig, um die Ängste der Geschwister abzubauen. Es dient auch dazu, die Kinder so zu informieren, dass sie Freunden, Schulkameraden, notfalls Leuten auf der Straße Rede und Antwort stehen können. „Als mal jemand zu meinem Bruder ‚Trampel' sagte, weil er seinen Kakao verschüttete, habe ich ganz kühl gesagt: Der ist kein Trampel, der hat eine feinmotorische Störung. Und Sie können froh sein, dass Sie keine haben", erzählt eine Zwölfjährige selbstbewusst.

Mitgliedschaft in einer Behinderten-Organisation. Für fast alle Arten von Behinderungen gibt es spezielle Selbsthilfegruppen, Vereine und Verbände. Es ist meiner Meinung nach dringend notwendig, in einem von ihnen Mitglied zu werden. Für viele Eltern ist das schwer. Sie schirmen sich ab, sie wollen sich nicht weiter mit Behinderungen auseinandersetzen, tun lieber so, als beträfe sie das alles im Grunde nicht. Das ist natürlich falsch. Jeder sollte einer Selbsthilfeorganisation angehören. Die Beiträge sind meist nicht hoch. Die Verbände führen Informationsabende und Wochenend-Seminare durch, auf denen jeder mehr über die Behinderung oder Krankheit seines Kindes erfahren und sich mit anderen Eltern austauschen kann. Je besser die Eltern Bescheid wissen, umso sicherer gehen sie mit der Behinderung um. Das wiederum hilft ihnen im Umgang mit ihren gesunden Kindern. Oft geben die Verbände kostenlose Zeitschriften für ihre Mitglieder heraus, denen man das Neueste über juristische, finanzielle, organisatorische Entwicklungen entnehmen kann. „Dass wir Anspruch auf Pflegegeld für unseren Sohn haben, erfuhr ich aus einem Artikel der Lebenshilfe-Zeitung. Ich rief bei unserem Ortsverband an und ließ mich genauer darüber beraten, wie und wo ich den Antrag stellen musste", erzählt ein Vater. „Jetzt bekommen wir das Geld."

Die Verbände bieten auch Freizeit-Unternehmungen für die Behinderten an. Mein Sohn ist seit Jahren im Club der OBA (Offenen Behinderten Arbeit). Er trifft sich montags dort mit seinen Freunden und Betreuern, bastelt, geht zum Kegeln, Pizza essen oder ins Kino. Sein Montag Nachmittag ist ihm heilig. In den Ferien fährt die Gruppe mal auf den Ponyhof, mal in ein Schullandheim. Mein Sohn kommt jedesmal ganz begeistert zurück. Ich bewundere die meist jungen, ehrenamtlichen BetreuerInnen. Sie lassen sich weder von den mitgegebenen Medikamenten schrecken, die pünktlich verabreicht werden müssen, noch von Anweisungen, wer wann eine Windel zu bekommen hat. Sie gehen mit großer Selbstverständlichkeit, mit Enthusiasmus und Unvoreingenommenheit ihrem schwierigen Job nach. Die Kosten für die Reisen waren lange so niedrig, dass sie sich wohl jeder leisten konnte. Jetzt sind sie – Folge allseitiger Sparmaßnahmen – erhöht worden. Und auch für die Club-Nachmittage müssen jetzt Beiträge gezahlt werden. Kurzfristig stand zur Debatte, dass die OBA-Club-Nachmittage aus Kostengründen ganz entfallen sollen. Dagegen haben wir Eltern uns erfolgreich zur Wehr gesetzt. Wir waren uns einig: Lieber zahlen wir für die Freizeit-Treffs unserer Kinder, als sie ganz ausfallen zu lassen. Behinderte Menschen haben ja kaum Möglichkeiten, unabhängig von ihren Eltern etwas zu unternehmen, deswegen sind diese Treffs so besonders wichtig – nicht nur für die Behinderten, sondern auch für ihre Geschwister, die stolz darauf sind, dass ihre Schwester, ihr Bruder an solchen Unternehmungen teilnimmt und sich freuen, mal allein mit den Eltern zu sein.

Gerade um noch mehr Kürzungen – beim Steuerrecht bis zum Essen in der Tagesstätte – zu verhindern, ist es wichtig, einer Organisation anzugehören. Die Verbände sind die einzige Lobby, die wir haben. Ihr Einfluss muss möglichst stark sein. Bei der Schaffung oder Änderung von Gesetzen werden die Verbände gehört, und ihre Kompetenz hat schon manche geplante Einschränkungen abwenden können.

Die Solidarität der Lehrkräfte. Wichtig ist auf jeden Fall der gute Kontakt zu den LehrerInnen der nicht behinderten Kinder – vorausgesetzt, sie sind verständnisvoll und kooperativ. (Achtung, es gibt auch andere!). Es kann unglaublich viel helfen, wenn im Unterricht der Geschwister sensibel über Behinderungen gesprochen wird. Die Klassenkameraden des nicht behinderten Kindes sagen nicht mehr „Depp", „Doofi" oder „Spasti" zu einem Rollstuhlfahrer, wenn sie mehr über die Entstehung von Behinderungen und den Umgang mit Behinderten erfahren haben. Deshalb ist es wichtig, dass die Eltern die Lehrerin oder den Lehrer auf das behinderte oder chronisch kranke Kind in der Familie hinweisen und die Lehrkräfte das zum Unterrichtsthema machen. Dabei kann das Geschwisterkind von seinen eigenen Erfahrungen erzählen. Das fördert das Verständnis nicht nur für Behinderte allgemein, sondern eben auch für die Familie und in diesem Fall besonders für das Geschwisterkind.

Was immer wieder vermittelt werden sollte, jedem von uns, ist, dass Behinderungen nichts „Abartiges" sind, sondern dass sie jeden treffen können. Jeder kann durch Krankheit oder Unfall blind oder querschnittsgelähmt werden. Man muss dabei noch nicht einmal so weit gehen wie in Amerika, wo die Gesunden immer häufiger als TABs bezeichnet werden, als „Temporary Able Bodied", also als „zur Zeit mit funktionierendem Körper ausgestattete" Menschen. Morgen kann schon alles anders sein ...

Berichte und Filme in den Medien. Behinderungen sind immer häufiger Thema in Kino-Filmen und im Fernsehen. „Bobby", „Forrest Gump", „Gilbert Grape – Irgendwo in Iowa", „Vier Hochzeiten und ein Todesfall" waren Filme, in denen Menschen mit einer Behinderung eine wichtige Rolle spielten. Als „Rain Man" mit Dustin Hoffman im Kino lief, konnten alle Eltern und Geschwister autistischer Kinder mit einer Extra-Portion Verständnis rechnen. Oft sind solche Filme geschönt, mit der Realität haben sie wenig gemeinsam. Und doch sind sie wichtig, weil sie Interesse und Sympathien wecken. Familien mit einem behinderten Kind sollten solche Filme weiter empfehlen, mit ihren Freunden und Nachbarn darüber sprechen. Sie helfen, Vorurteile abzubauen und erleichtern die Kontaktaufnahme.

Religion kann für manche Familien eine große persönliche Kraftquelle sein. Grossman ist auch diesem Thema in ihrer Untersuchung nachgegangen. Welcher Glaube – katholisch, protestantisch, jüdisch oder der Islam – zu größerer Akzeptanz der Behinderung führt, konnte sie nicht feststellen. Grossman zitiert einen jungen Mann, dessen Bruder Marty das Down-Syndrom hat: „Mein Vater sagt uns Kindern immer, dass wir Marty wie eine Art Engel betrachten sollen. Er wird nicht lange bei uns sein. Also sollen wir uns glücklich fühlen, dass wir ihm Gutes tun können. Er ist wie ein Geschenk Gottes. Was immer wir für ihn tun, tun wir aus Liebe zu Gott."

Experten stehen auf meiner Liste der Ressourcen ganz hinten. Mit gutem Grund – nicht nur, weil sie auf Geschwister relativ wenig Einfluss haben. Ich habe mit Ärzten und Psychologen viele schlechte Erfahrungen gemacht. Mich packt noch heute die Wut, wenn ich mich an den Psychologen erinnere, der für die Einschulung entscheiden sollte, ob mein Sohn geistig- oder lernbehindert ist. „Am besten, Sie heiraten einen Bauern. Da kann Ihr Sohn auf dem Hof die Hühner füttern", war sein unerbetener Rat an mich. Oder die Angestellte des Arbeitsamtes, die festlegen sollte, in welcher Werkstatt mein Sohn arbeiten würde. Sie eröffnete das Gespräch mit der forschen Aufforderung an mich, ich solle mal erzählen, wie und wodurch mein Sohn behindert ist, was er kann und was nicht. Auf meine Erwiderung, ich dächte nicht daran, in seinem Beisein alle seine Defizite aufzuzählen, sagte sie, ich solle mich nicht so anstellen. Oder die Medizinaldirektorin, die begutachten sollte, ob mein mittlerweile volljähriger Sohn eine Betreuung brauchte. Sie begann, indem sie sich ganz geschäftsmäßig an ihn, den nach Aktenlage eindeutig geistig behinderten jungen Mann, wandte: „Ihre Personalien, bitte?" Darauf wusste mein Sohn keine Antwort. Auf die Frage: „Wie heißen Sie?" hätte er eine gewusst. Aber erst, als er „Die dritte berittene Artillerie-Kompanie" nachsprechen sollte, verweigerte er seine Kooperation komplett. Er verließ das Sprechzimmer der Ärztin gedemütigt. Ich brauchte eine Weile, um ihn wieder aufzuheitern, so dass er seine Selbstachtung – denn die brauchen Behinderte wie Nichtbehinderte – zurückgewinnen konnte.

Doch, natürlich, ich habe auch gute Erfahrungen gemacht – mit einem Kinderarzt, einem Augenarzt, einem Zahnarzt, aber vor allem mit LehrerInnen, BetreuerInnen, KrankengymnastInnen. Wenn es gelingt, zu

Experten, gleich welchen Gebiets, ein Vertrauensverhältnis aufzubauen, können sie eine ausgezeichnete „Hilfsquelle" sein. Nur leider – speziell für die Unterstützung der Geschwister behinderter oder chronisch kranker Kinder gibt es noch zu wenige Fachkräfte.

„Ich möchte, dass ihr öfter mal Zeit für mich habt."

Was Geschwister selbst tun können, um ihre Situation zu verbessern

„Mit meinen Eltern kann ich einfach nicht reden. Die haben bei allem, was sie tun, meinen behinderten Bruder im Blick. Mich nehmen sie nur zur Kenntnis, wenn ich irgendetwas nicht zu ihrer Zufriedenheit erledigt habe. Hausaufgaben, Klassenarbeiten, Mithilfe im Haushalt, solche Sachen. Dagegen kann ich gar nichts tun."

Der 16-jährige Andreas, der mir das erzählt, wirkt sehr ernst und erwachsen für sein Alter. Nur wenn er von seinem zwei Jahre jüngeren, spastisch behinderten Bruder Justus spricht, lächelt er öfter mal. „Der hat jetzt gelernt, mit Hilfe der gestützten Kommunikation zu schreiben. Meist schreibt er nur Texte ab. Schlagzeilen aus der Zeitung zum Beispiel. Aber das kann er ganz prima. Er macht tolle Fortschritte im Schreiben und dadurch auch im Lesen. Meine Mutter hilft ihm dabei."

Auch aus Andreas' anderen Erzählungen lässt sich leicht schließen, dass er seinen Bruder sehr mag und die Fürsorge seiner Eltern für den Jungen anerkennt. Trotzdem fühlt er sich zu kurz gekommen. Das ist er auch – ganz objektiv betrachtet. Ich kenne die Familie schon seit langem.

Was kann jemand, der in einer ähnlichen Lage wie Andreas ist, tun? Wichtigster Rat und so oft gegeben, dass man ihn schon beinahe nicht mehr hören mag: Die Betroffenen müssen miteinander reden. „Das hab ich schon gemacht", sagt Andreas, „oft sogar. Meine Eltern sagen dann etwa: Das musst du doch verstehen. Justus braucht eben viel Hilfe. Sei froh, dass du einen funktionierenden Kopf hast. Du kannst alles von allein. Justus braucht bei fast jedem Handgriff Unterstützung. Das siehst du doch selber."

Reden allein hilft also nicht. Man muss klar sagen, was stört, was geändert werden muss und wie. Statt allgemein zu klagen: ‚Ihr kümmert euch zu wenig um mich', sollte Andreas konkret werden. Wenn er meint, er würde sich besser fühlen, wenn Mutter oder Vater wöchentlich ein paar Stunden nur ihm allein widmen, muss er genau das anregen.

In den Studien taucht immer wieder die Beobachtung auf, viele Geschwister seien stark beunruhigt, weil sie über die Behinderung ihrer Schwester oder ihres Bruders nicht genau Bescheid wissen. *Informationen einholen* ist daher ein weiterer Rat. Die Heranwachsenden sollten also ihre Eltern genau fragen: Was ist passiert? Woher kommt die Behinderung, die Krankheit? Ist sie erblich? Wie sind die Heilungsaussichten? Gibt es keine zufriedenstellenden Antworten, bleibt der Gang in die Stadtbücherei, um in Fachbüchern nachzuschlagen. So machte es Karin. Allerdings fand sie unter ‚mongoloid' meist nur den Hinweis auf Schwachsinn. Heute beurteilt man die Folgen dieser Chromosomen-Veränderung anders. Es ist also wichtig, neuere Fachbücher zu suchen und mehrere zu vergleichen. Außerdem können auch Jugendliche bei den Behindertenverbänden anrufen, um Genaueres über eine Behinderung zu erfahren.

Eine große Hilfe kann eine *Vertrauensperson* außerhalb des eigenen engen Familienkreises sein. Eigentlich sollte jeder von uns so jemanden haben; für Geschwister Behinderter oder chronisch Kranker scheint mir so eine Vertrauensperson aber besonders hilfreich und notwendig, vor allem wenn Heranwachsende mit ihren Problemen bei den Eltern auf taube Ohren stoßen. Bei Karin war es ihr Onkel Max, mit dem sie offen über ihre behinderte Schwester sprechen konnte. Es kann aber auch ein Freund oder eine Freundin, ein Lehrer, eine Lehrerin, eine Nachbarin sein. Wichtig dabei ist, dass man sich bei diesem Menschen gut aufgehoben fühlt und sicher sein kann, nichts von dem gemeinsam Besprochenen wird weitererzählt. Bei einer solchen Vertrauensperson kann man im Idealfall seinen Frust, seine Angst, seine Wut auf die Eltern, seine Eifersucht auf die anderen Geschwister, den Streit mit den Freunden, den Ärger in der Schule abladen, ohne selbst in ein schlechtes Licht zu geraten. Die Gespräche helfen auch, den eigenen Standpunkt zu klären und Erlebnisse einzuordnen. Natürlich kann man auch zwei oder noch mehr Vertrauenspersonen haben. Mit dem einen Menschen spricht man über das behinderte Geschwisterkind, weil er sich da gut auskennt. Mit dem anderen über Schulprobleme. Wichtig ist eben, dass man eine Anlaufstelle hat und nicht alles mit sich selbst abmachen muss.

Grundsätzlich tun sich Geschwister leichter, wenn in ihrer Umgebung *die Behinderung nicht als ein Tabu-Thema* betrachtet wird, über das man so wenig wie möglich spricht. In den Interviews, die ich geführt habe, tauchte immer wieder das Geständnis auf, wie abgrundtief schlecht man sich gefühlt habe, als man den Bruder oder die Schwester mit einer Behinderung verschwieg, quasi „verleugnete".

Wenn man sich kennenlernt, kommt das Gespräch bei Erwachsenen bald darauf: „Haben Sie Kinder? Sind die schon/noch in der Schule?" Bei Jugendlichen ist es ähnlich. „Hast du Geschwister? Wie viele? Wie alt sind die? Was machen die?" Ich hatte als Mutter Phasen, in denen ich mir vornahm, in solchen Unterhaltungen meinen behinderten Sohn nicht zu erwähnen. Ich hatte es satt, nach einem netten, unverbindlichen Anfangsgespräch das Erschrecken im Gesicht meines Gegenübers wahrzunehmen, wenn ich erzählte, dass eins meiner Kinder geistig behindert ist. Nachdem ich mich eine Weile konsequent an diesen Vorsatz gehalten hatte, fehlte mir etwas. Ich vermisste das, was es in solchen Unterhaltungen eben auch gab: das plötzliche Interesse im Gesicht des Zuhörers. Öfter als erwartet bekam ich zu hören: „Ich kann Ihre Situation gut verstehen. Ich habe auch einen Bruder (Neffen, Freund, Bekannten), der ein behindertes Kind hat. Bei dem ist das so und so und so ..." Selbst in der offiziellsten Veranstaltung habe ich auf diese Art schon direkte und ehrliche Kontakte geschlossen. Über die Behinderung zu reden, hat mich anderen Menschen näher gebracht. Aus einer oberflächlich-höflichen Gespräch wurde so eine eindrucksvolle Begegnung, in zwei oder drei Fällen sogar Freundschaft. Diese Möglichkeit sollten sich auch junge Menschen nicht nehmen lassen. Ich weiß aus Erfahrung: Es bringt mehr Sympathien, über die Behinderung eines Familienmitglieds zu sprechen, als sie zu verschweigen.

Es hilft, wenn man zu der behinderten Schwester, zum Bruder, eine *positive Einstellung* hat und die auch zeigt. Was ich damit meine, lässt sich am besten durch ein Beispiel erklären. Bin ich mit meinem Sohn im Bus oder Zug unterwegs und fühle mich schlecht und genervt, dann antworte ich auf seine Fragen und Bemerkungen unwillig und kurz angebunden. Ich merke, wie die Leute, die in unserer Nähe sitzen, von den Reden meines Sohnes ebenfalls genervt sind und ihn kritisch betrachten. Fühle ich mich aber gut und gehe freundlich auf meinen Sohn ein, dann ist die Reaktion der Mitfahrenden spürbar positiv. Häufig entwickelt sich dann sogar ein kleines Gespräch. Ich habe mir deshalb angewöhnt, gerade in solchen Situationen meinem Sohn gegenüber besonders aufgeschlossen und geduldig zu sein. Ich rate das auch den Geschwistern (und Eltern) behinderter Kinder. So eine Demonstration der Freundlichkeit hebt die eigene Stimmung und färbt auch auf die Umgebung ab.

Was man nicht vergessen sollte: Manche Menschen reagieren angesichts eines Behinderten unbeteiligt, ablehnend oder sogar feindlich aus einem einzigen Grund: Sie sind unsicher. Der Umgang mit Behinderung gehört nicht zu ihrem Alltag. Sie wissen nicht, ob sie hinschauen sollen oder nicht, ob sie etwas sagen sollen oder nicht. Wer seine eigene positive Einstellung zu Behinderten zeigt, weckt – vielleicht – bei den Unbeteiligten etwas Verständnis.

Was mich besonders empört hat bei den Gesprächen, die ich für dieses Buch führte, war die Aussage fast aller Geschwister, dass sie und ihr Bruder oder ihre Schwester mit einer Behinderung von anderen Kindern gehänselt worden sind. Depp, Doofi, Spasti. Das schmerzt. Erwachsene, die das hören, sagen: „Ja, ja, Kinder sind eben grausam!" Das glaube ich nicht. Kinder wiederholen, was sie von Erwachsenen sehen und hören. Die Beeinflussung beginnt schon im Sandkasten. Mancher Dreijährige würde gern mit dem Kind, das neben ihm Sand in den Eimer schaufelt, spielen. Er merkt überhaupt nicht, dass das ein behindertes Kind ist. Aber seine Mutter sieht, dass es ein wenig schielt und sabbert. Also zieht sie ihr Kind so unauffällig wie möglich weg. Andere Spielkameraden sind ihr für ihren Sprössling lieber ...

Vielleicht kann es das Gefühl der Demütigung und die Wut der Geschwister auf ihre Altersgenossen verringern, wenn sie sich vergegenwärtigen, dass diese nicht böse sind, sondern völlig falsch erzogen.

Eine Chance, sich das Leben etwas leichter zu machen, ist für Geschwister, sich gezielt nach eigener *Freizeitgestaltung und Hobbys* umzuschauen. Wer gern Schach spielt, sucht sich einen Schachclub, wer am Computer seinen Spaß hat, einen Programmier-Kurs. Viele Jugendgruppen, von den Pfadfindern bis zu kirchlichen Vereinigungen, bieten nicht nur regelmäßige Treffs, sondern auch preiswerte Ferienreisen für Jugendliche an. Ohne Eltern, ohne behindertes Geschwisterkind, dafür viele Gleichgesinnte im selben Alter. Für die meisten ist das eine willkommene Abwechslung von den Problemen und den Forderungen zu Hause. Es kann sein, dass Eltern das nicht gefällt. „Du gehst nur noch eigene Wege. Hier zu Hause sieht man dich überhaupt nicht mehr. Dein Bruder scheint dir völlig schnuppe zu sein". So oder ähnlich könnten die Vorwürfe lauten, die Eltern ihrem Sohn oder ihrer Tochter machen, sobald sie sich einen „unbehinderten" Freizeitkreis suchen. Ich denke, man sollte sich dadurch nicht entmutigen lassen, den Eltern erklären, warum einem diese Zeit da und dort so wichtig ist und zur Not dafür auch kämpfen. Gerade Geschwister behinderter Kinder brauchen Abwechslung, Orientierung außerhalb des Familienkreises. Dafür müssen sie selber sorgen, falls die Eltern zu eingebunden sind in die Fürsorge um das behinderte Kind, um ihrem nicht behinderten Sohn oder Tochter diese Möglichkeiten zu erschließen.

Natürlich hat in der Familie jeder seine Pflichten – aber nicht so viele, dass er dadurch kaum noch Zeit für sich selbst hat. Wer sich diese Zeit nimmt, braucht kein schlechtes Gewissen zu haben. Psychologen, die sich mit dem Thema beschäftigt haben, weisen immer wieder darauf hin, dass Geschwister behinderter Kinder zu Schuldgefühlen neigen, zum Beispiel, weil sie selber gesund sind. Oder weil sie denken, sie kümmerten sich nicht genug um Schwester oder Bruder. Ich will hier nicht dem puren Egoismus das Wort reden, ich möchte aber deutlich darauf hinweisen, dass es für die Entwicklung jedes Menschen gut und wichtig ist, sich Freiräume zu schaffen, um eigene Vorstellungen zu entwickeln und sie auszuprobieren. Das gilt für die Mutter, den Vater und auch für die Geschwister eines behinderten Kindes. Sie haben geradezu die Pflicht, sich gelegentlich aus dem häuslichen Kreis zu lösen und anderswo so unbeschwert wie möglich neue Kraft zu tanken. Das stärkt alle in der Familie – für den Alltag und für die Zukunft.

*„Meine Söhne hörten immer nur von mir:
Nicht jetzt! Nicht so laut!"*

Was „Familienentlastende Dienste" tun können

„Hier ist etwas Saft. Den müssen Sie allerdings ins Fläschchen umfüllen!" Friderike Schlösser gibt Stefan, 24, allerlei Ratschläge mit auf den Weg. Stefan ist Zivildienstleistender. Er kommt einmal in der Woche für vier Stunden, um sich um Juliane zu kümmern. Sie ist das jüngste Kind der Schlössers, gerade zwei Jahre alt, aber auf dem Entwicklungsstand eines etwa 10 Monate alten Kindes. Stefan setzt Juliane in ihren Buggy und fährt mit ihr in den Park.

Nun hat Friderike Schlösser Zeit – um mit Christoph, 7, und Patrick, 5, zu spielen, um mit den beiden eine kleine Radtour zu machen oder mit ihnen zum Eisessen zu gehen. Manchmal betreut Stefan Juliane auch zu Hause und hat dabei gleichzeitig ein Auge auf die beiden Jungen. Dann kann Friderike Schlösser in Ruhe zum Friseur gehen oder den längst fälligen Großeinkauf erledigen.

„Vor etwa zehn Monaten war ich völlig auf dem Hund", erzählt die junge Frau, von Beruf Informatikerin, seit Christophs Geburt Hausfrau. „Ich dachte mir, so kann es nicht weitergehen." Wegen ihrer epileptischen Anfälle hat Juliane schon als Baby Schlaf- und Beruhigungstabletten bekommen müssen. Wichtige Entwicklungsphasen hat sie außerdem aufgrund der Hirnschädigung versäumt. Juliane kann immer noch nicht krabbeln, laufen oder Mama sagen. Weil sie ihre Anfälle meistens während des Schlafens bekam, ließ ihre Mutter sie auch nachts kaum eine Minute unbeobachtet. „Ich war ein Wrack. Obwohl mein Mann mit anpackte, wo er konnte, schaffte ich meinen Alltag nicht mehr. Unsere Söhne, beides lebhafte Kinder, kamen viel zu kurz. Immer musste ich sie bremsen. Das, was sie am häufigsten von mir hörten, war: ‚Nicht jetzt', ‚Nicht so laut', ‚Nein, ich kann jetzt nicht'. So konnte es nicht weitergehen. Mir war klar: Ich brauchte Hilfe. Also rief ich das Sozialamt an. Eine andere Anlaufstelle fiel mir nicht ein. Eine sehr verständnisvolle Sozialarbeiterin machte mich auf den FED, den „Familienentlastenden Dienst" aufmerksam. Es gibt ihn bei Behinderten-Organisationen und Wohlfahrtsverbänden in der ganzen Bundesrepublik. Ich habe eine Weile herumtelefoniert. Die Leiterin des FED der Lebenshilfe in unserer Stadt sagte, sie könne mir einmal in der

Woche für ein paar Stunden einen Zivi schicken. Zunächst aber würde sie zu uns kommen, um sich ein Bild von der Aufgabe zu machen, die hier auf den Helfer wartete. Als sie dann eines Nachmittags kam, brachte sie Stefan gleich mit. Wir mochten uns auf Anhieb, und auch Juliane ließ sich von Stefan ohne Widerspruch versorgen. Sie mag sehr gern ausgefahren werden. Im Freien gefällt es ihr. Auf diese Art hatte Stefan gleich ihre Sympathien."

Der junge Mann, von Beruf Schwimmmeister, macht seinen Zivildienst beim FED. Er arbeitet 38,5 Stunden wöchentlich, betreut nach genau ausgeklügeltem Dienstplan stundenweise behinderte Kinder in sechs Familien. „Ein Arbeitskollege machte mich auf diese Möglichkeit aufmerksam, den Ersatzdienst zu leisten. Ich habe ihn bei seinem Einsatz einmal begleitet und gedacht: Ja, das ist sinnvoll, das mache ich auch."

Familiär vorbelastet ist Stefan nicht. Er hat drei nicht behinderte Geschwister, ist der zweitälteste Bruder. „Meine Oma war lange ein Pflegefall. Da habe ich meiner Mutter natürlich geholfen, aber mit meiner Entscheidung, zum FED zu gehen, hat das nichts zu tun."

Stefan machte eine einmonatige Schulung, in der er lernte, wie man Kinder hebt, trägt, füttert, windelt. Natürlich reicht das für die Praxis nicht. Immer wieder mal wird er von Situationen überrascht, auf die ihn kein Grundkurs vorbereitet hat. Da ist die genaue Absprache mit der Familie wichtig, deren Kind er betreut. Bei Juliane war so eine Schreckenssituation, als sie bei der Spazierfahrt kurz vor dem Einschlafen war, einen starren Blick bekam und offensichtlich vor einem Anfall stand. Stefan war von Friderike Schlösser vor dieser Möglichkeit gewarnt worden. „Achten Sie darauf, wie ihre Augen sind, und fahren Sie nicht so weit weg." So konnte Stefan tatsächlich in wenigen Minuten mit Juliane zu Hause sein, wo ihre geübte Mutter sie versorgte. Ein andermal – Stefan denkt nur ungern daran – begann Juliane während der Ausfahrt zu schreien, ließ sich durch nichts beruhigen. „Ich bot ihr etwas zu trinken an, ich nahm sie auf den Arm. Nichts half. Sie schrie, als habe sie schreckliche Schmerzen. Alle Leute schauten – und ich fühlte mich völlig hilflos." Auch in diesem Fall fuhr Stefan mit dem Buggy so schnell wie möglich nach Hause. Doch auch in den Armen ihrer Mutter weinte Juliane weiter. „Ich weiß bis heute nicht, warum", sagt Friderike Schlösser.

Für ihren „Entlaster" zahlt sie ca. zwölf Euro pro Stunde an die Lebenshilfe. 40 Euro für einen Nachmittag relativer Freizeit in der Woche – das ist ein Luxus, den sich die Familie eigentlich nicht leisten kann. Doch es gibt Zuschüsse, zum Beispiel vom Land Bayern und von der Stadt München. Die MitarbeiterInnen des FED helfen, wenn es darum geht, die entsprechenden Anträge zu stellen, so dass auch Geld über die Eingliederungshilfe oder über Kranken- und Pflegekasse dazu kommt.

Mobile soziale Dienste, zu denen der FED gehört, werden nicht nur zur Betreuung behinderter Kinder eingesetzt, sondern auch, um bei der Pflege kranker und alter Menschen zu helfen. Manche Familien können sich ihren Alltag ohne ihren „Zivi", ohne die junge Frau, die gerade ihr FSJ (Freiwilliges Soziales Jahr) oder ohne einen anderen Betreuer gar nicht mehr vorstellen. Der FED bemüht sich auch, Kurzzeitpflegeplätze für einen behinderten Menschen zu besorgen. Muss die Mutter zum Beispiel zur Kur, kann das behinderte Kind (oder der bettlägrige Großvater) für einige Zeit in einem Pflegeheim untergebracht werden. Aber auch wenn Eltern einmal in der Woche in den Sportclub gehen wollen, einen Theaterbesuch planen oder eine Einladung annehmen möchten – der FED schickt MitarbeiterInnen, die in dieser Zeit bei der Pflege und Versorgung des behinderten oder chronisch kranken Familienmitglieds einspringen.

Nach einer Studie des Bundesfamilienministeriums leben 1,8 Millionen hilfsbedürftige Behinderte in privaten Haushalten, mehr als die Hälfte davon sind über 65 Jahre alt. Der größte Teil der Behinderten, egal, ob alt oder jung, erhält regelmäßig Hilfe oder Pflege aus der Familie. Aber: Nur rund 20 % der Behinderten in den alten und 30 % in den neuen Bundesländern nehmen die ambulanten sozialen Dienste in Anspruch. Die FEDs, von denen es etwa 350 in der Bundesrepublik gibt, sind entweder noch zu unbekannt – oder noch immer schämen sich viele Menschen, bei der täglichen Pflege von Behinderten um Hilfe zu bitten. Dabei brauchen sie diese Hilfe dringend, um selbst wieder Kraft schöpfen zu können und diese Kraft an die anderen Familienmitglieder weiterzugeben.

Aber nicht nur deshalb ist es ungeheuer wichtig, sich Entlastung zu holen. In Zeiten, in denen allenthalben der Rotstift angesetzt wird, müssen die Mobilen Sozialen Dienste so ausgebucht sein (die meisten sind es), dass der Bedarf wächst, dringend neue eingerichtet werden müssen und kein Politiker wagt, an diesen wichtigen Hilfseinrichtungen herum zu kürzen oder sie zu streichen.

Was die Familie Schlösser betrifft: Sie hofft, dass sie einen ebenso netten neuen Zivi bekommt, wenn Stefans Zeit herum ist. Dieser eine freie Nachmittag, an dem mal keine Rücksicht auf Juliane genommen werden muss, ist für Friderike Schlösser die dringend benötigte Phase des Austauschs mit ihren Söhnen.

Nach allmählichem Absetzen der Beruhigungsmittel und einer homöopathischen Behandlung hat Juliane seit zwei Monaten keinen Anfall mehr gehabt. Darüber ist die ganze Familie überglücklich – und Stefan freut sich von Herzen mit.

Wer nicht weiß, ob es an seinem Wohnort einen FED gibt: einfach unter „Familienentlastender Dienst" im Internet suchen. Oder bei den großen Trägern wie Lebenshilfe oder VDK nachfragen.

*„Anfangs habe ich ihn gern besucht.
Aber jetzt kennt er mich kaum noch."*

Wie es auf die Geschwister wirkt, wenn das behinderte Kind ins Heim zieht

Eltern machen sich diese Entscheidung nicht leicht. Die meisten behalten ihre behinderten Kinder bei sich, im Kreis der Familie. Sie zu Hause aufwachsen zu lassen, ist leichter geworden, seitdem es Förderzentren und Heilpädagogische Tagesstätten gibt, und Busse oder Taxis die Kinder holen und wohlbehalten zurückbringen. Doch bei schwer mehrfachbehinderten oder aggressiven Kindern ist Heimunterbringung häufig der einzige Weg, den anderen Familienmitgliedern einen normalen Alltag zu ermöglichen. „Es war furchtbar für uns, aber wir mussten es einfach unserer drei gesunden Kinder wegen tun. Sie wären sonst in jeder Beziehung zu kurz gekommen", erklärt eine Mutter die Unterbringung ihres 13-jährigen autistischen Sohnes in einem Heim.

In ihrer bereits öfter zitierten Studie ist Grossman auch der Frage nachgegangen, welche Auswirkungen es auf die Geschwister hat, wenn das behinderte Kind in einem Heim untergebracht wird. Sie kommt zu dem Schluss, dass es den Geschwistern besser gelingt, die behinderte Schwester, den behinderten Bruder als Menschen anzunehmen, ihn mit seinen Schwächen zu mögen, Toleranz und Verständnis zu entwickeln, wenn sie täglich Umgang mit ihr oder ihm haben. Die Voraussetzung dafür ist allerdings, dass das behinderte Kind nicht total pflegebedürftig ist, seine Umwelt wahrnimmt und nicht aggressiv ist. Aggressivität kann bei Autisten und psychisch Erkrankten gerade in der Pubertät ein nicht mehr zu bewältigendes Problem werden.

Selbst wenn es für die Geschwister einsichtig ist, dass ihre Schwester oder ihr Bruder besser in einem Heim untergebracht ist als zu Hause, haben sie häufig Ängste und starke Schuldgefühle deswegen – und zwar umso mehr, je jünger sie sind. Frances K. Grossman zitiert den Fall der 11-jährigen Cindy, deren zehn Jahre älterer Bruder Marvin in einem Heim lebte. Cindy hatte schon als kleines Mädchen eine Reihe von Schwierigkeiten, hervorgerufen zum großen Teil durch Cindys Eltern, die von der Angst besessen waren, Cindy könnte – wie ihr Bruder – geistig behindert sein. In der Therapie erzählte Cindy, dass sie glaube, Marvin sei auf den Kopf geschlagen worden, könne nicht richtig denken und lebe deswegen im Heim. Und dass ihr das auch jederzeit passieren könne. Wenn Cindys Mutter sich über das Benehmen ihrer Tochter beklagte, fuhr Cindy dazwischen: „Du liebst mich nicht. Du willst mich auch in ein Heim schicken."

Selbst wenn dieses ein recht drastisches Beispiel ist, es verdeutlicht (wieder einmal), dass Kinder sich in ihrer Phantasie die abenteuerlichsten Gründe für die Behinderung des Geschwisters ausmalen, und es zeigt, wie Kinder sich von der Heimunterbringung der Schwester, des Bruders selbst bedroht fühlen können.

Wiederum: Hier ist das Gespräch zwischen Eltern und Kindern von größter Wichtigkeit. Den gesunden Geschwistern muss immer wieder erklärt werden – auf einem Niveau, das sie verstehen – warum Marvin, Kay oder Lena in einem Heim leben. Und dass sie nicht fürchten müssen, auch dorthin gebracht zu werden.

Gehen wir einmal davon aus, dass Kinder mit einer Behinderung heute in den seltensten Fällen in ein Heim „abgeschoben" werden. Wenn Heimunterbringung unumgänglich ist, besuchen in der Regel Eltern und Geschwister das Kind, holen es in den Ferien zu sich. Auch das hilft, eventuelle Schuldgefühle der nicht behinderten Kinder wegen ihres Privilegs, zu Hause bei den Eltern wohnen zu dürfen, abzubauen. Trotzdem werden die Eltern Mühe haben, den Kontakt – erst recht einen guten – zwischen ihrem behinderten und den nicht behinderten Kindern aufrechtzuerhalten. Tatsache ist leider: Je länger ein behinderter Mensch in einem Heim lebt, umso geringer werden seine Außenkontakte.

Das ist meist kein böser Wille, das ergibt sich eben so. Manche Geschwister haben ausgerechnet am geplanten Besuchstag etwas ganz Wichtiges vor. Die Verabredung mit einem neuen Freund, die Einladung zu einem Fest haben mehr Bedeutung für ihr Lebensgefühl. Eltern sollten das verstehen und ihre Kinder nicht zum Besuchen zwingen. Denn das erzeugt Widerwillen – auch gegen den Bruder oder die Schwester mit Behinderung. Dazu kommt, dass viele Geschwister den Besuch im Heim mit den vielen anderen Behinderten als unangenehm empfinden. Die Atmosphäre bedrückt sie. Und der Kontakt zu dem behinderten Geschwisterkind lässt sich zwischen Aufenthaltsraum und Spaziergang im Park nicht so ohne weiteres wieder aufnehmen. Besonders überflüssig finden sie ihren Besuch, wenn Schwester oder Bruder sie nach einer Weile gar nicht mehr erkennen ... Allmählich wird das behinderte Kind aus dem Bewusstsein des nicht behinderten ausgeblendet. Es spricht auch viel seltener zu Freunden oder neuen Bekannten von dem behinderten Familienmitglied. Die positiven Effekte des Zusammenlebens mit einem behinderten Geschwister – wachsende persönliche Reife, soziale Belastbarkeit, Verständnis für Schwache und Minderheiten – können allmählich verschwinden.

Dafür gestalten sich in vielen Familien die Verhältnisse der einzelnen Angehörigen völlig neu, denn die Heimunterbringung verändert die Familienkonstellation. Interessant ist dazu folgende Beobachtung: In einer großen Familie empfindet vor allem die älteste Schwestern die Heimunterbringung des behinderten Geschwisters als erhebliche Entlastung. Der Druck auf sie lässt deutlich nach. Sie ist nicht mehr so stark eingebunden in den Haushalt, weil sie nun bei der Betreuung des Kindes mit einer Behinderung nicht mehr helfen muss. Sie hat endlich mehr Zeit, sich außerhäuslichen Aktivitäten zu widmen, sich mit Freundinnen zu verabreden, Hobbys nachzugehen. Die Folge: Es gibt weniger Konflikte zwischen Mutter und Tochter. Auf die Brüder aber wird der Druck größer. Vorher waren sie an den häuslichen Pflichten kaum beteiligt, konnten eigene Wege gehen, hatten viel Kontakte zu ihren Freunden. Jetzt aber, da das behinderte Kind aus dem Haus ist und die Mutter nicht mehr beansprucht, konzentriert sich deren Aufmerksamkeit stärker auf ihre Söhne. Sie unterstehen nun mehr der elterlichen Kontrolle, ihre Freiräume werden geringer, dagegen wehren sie sich. Die Spannungen zwischen Mutter und Sohn nehmen zu.

So problematisch die Heimunterbringung eines Kindes für die Familie sein kann – für einen Erwachsenen scheint sie mir geradezu ideal. Meiner Überzeugung nach muss es die Aufgabe der Eltern sein, ihr behindertes Kind so zu erziehen und zu versorgen, dass es später einmal in einer Wohngruppe oder in einem Heim ein so selbst bestimmtes Leben wie möglich führen kann. Ich weiß, dass gute Heim- und Wohnplätze knapp sind und immer knapper werden, weil erstens überall gespart wird und angeblich kein Geld für die Einrichtung neuer Plätze da ist, und weil zweitens die behinderten Menschen aufgrund der besseren medizinischen Versorgung immer älter werden. Doch mit der Auskunft: „Es gibt keine Plätze" darf man sich eben nicht abfinden, sondern muss in Selbsthilfegruppen, als Mitglied der Behindertenorganisation dafür streiten, dass neue und gute Wohngruppen eingerichtet werden.

Oft höre ich Eltern sagen: „Zu Hause ist es für unser Kind am besten. Niemand kennt es so gut wie wir, niemand liebt es so wie wir, niemand kann sich um sie/ihn kümmern wie wir." Das mag stimmen. Aber der Mensch ist endlich. Und als 45-jähriger Behinderter nach dem Tod von Mutter oder Vater auf die Freundlichkeit der immer älter werdenden Geschwister angewiesen zu sein oder aber dann notgedrungen ins Heim zu müssen, ist sicher schwerer, als mit 25 Jahren umzuziehen, sich mit tatkräftiger Unterstützung der Eltern im Wohnheim einzuleben und dort Freunde zu finden. Das belastet auch die Geschwister nicht. Im Gegenteil.

*"Keiner, der als Einzelgänger kam,
ist als Einzelgänger wieder abgereist."*

Was Geschwister-Seminare vermitteln

Mitten in einer oberbayerischen Traumlandschaft, nicht weit von Steingaden, ganz in der Nähe der Wieskirche, liegt die „Bildungs- und Erholungsstätte Langau e.V.". Das stattliche Anwesen – es ist dem Diakonischen Werk Bayern angeschlossen – versteht sich als Begegnungsstätte zwischen Menschen mit und ohne Behinderung. Hier finden viermal im Jahr Tagungen für Geschwister behinderter Kinder statt. Geleitet wurden die Kurse bis 2003 von dem Sozialpädagogen Jus Henseleit und einem Team ehrenamtlicher Mitarbeiter. Jetzt ist die Sozialpädagogin Patricia Süß dafür verantwortlich. In den letzten Jahren bieten verschiedene Institutionen immer häufiger solche Freizeiten an (Anschriften im Anhang). Deren pädagogische Konzepte mögen sich unterscheiden, allen Geschwister-Veranstaltungen gemeinsam aber ist, dass die Nachfrage größer ist als die Zahl der vorhandenen Plätze. Das Konzept in der Langau wird durch folgendes Interview mit der Leitung deutlich:

Wer kommt zu Ihnen?
  Kinder zwischen 8 und 13 Jahren und Jugendliche zwischen 13 und 18 Jahren. Betreut werden die TeilnehmerInnen von ehrenamtlichen Mitarbeitern. Wir bekommen so viele Anmeldungen, dass wir jedes Jahr bis zu 30 Mädchen und Jungen vertrösten müssen. Was auffällt: Mädchen melden sich häufig gleich beim ersten Mal selber an, die Jungen werden von ihren Eltern angemeldet.

Wie erklären Sie sich das?
  Meiner Einschätzung nach fühlen sich Mädchen stärker belastet durch die familiäre Situation. Sie müssen nach wie vor mehr im Haushalt helfen und finden das vermutlich ungerecht. Wenn sie dann von unseren Kursen hören, melden sie sich an, sobald sie die Erlaubnis von ihren Eltern eingeholt haben. Die Kurse kosten 130 Euro und dauern von Sonntag bis Freitag.

Wie läuft so ein Kurs ab?
  Die ersten Stunden sind natürlich ganz mit dem gegenseitigen Kennenlernen, dem Erkunden des Hauses und des Grundstücks, mit der Zim-

merverteilung und dem Auspacken angefüllt. Kinder oder Jugendliche, die bereits ein zweites Mal da sind und sich schon auskennen, setzen wir ein als „Erfahrungsträger", bitten sie, den Neulingen bei der Orientierung behilflich zu sein. Das klappt meist sehr gut. Eine Sitzordnung beim Essen gibt es nicht. Die Plätze werden ausgelost. Aber am dritten Tag, wenn alle sich kennen, setzt sich jeder dorthin, wo er mag und zu wem er möchte. Diese Regelung haben Kinder mal so beschlossen; wir fanden das gut und haben es beibehalten.

Wie viel Mitspracherecht haben die Kinder bei den Kursen?

Sehr viel. Wir geben zwar jedem Kurs ein bestimmtes Motto, z. B. „Neue Wege gehen" oder „Hey, hier bin ich", wobei die Betonung mal auf dem „hier", mal auf dem „ich" liegen kann, je nachdem, wie das Kind oder der/die Jugendliche das sieht – aber das Programm wird von den Kindern oder Jugendlichen entscheidend mit gestaltet. Da wird gleich zu Anfang mitunter scharf verhandelt: Wann ist Schlafenszeit? Wie soll miteinander umgegangen werden? Dabei legen wir zum Beispiel fest, dass jeder hier ausreden darf, keiner ausgelacht wird. In Talk-Runden mit oder ohne Fotos, in Rollenspielen, Interviews, kleinen Theateraufführungen stellen die Kinder sich und ihre Familien vor und wir spielen Situationen nach, machen Gefühle deutlich, schauen, wo etwas schwierig läuft, wie es bei anderen aussieht, wo man sich eventuell etwas abschauen kann.

Muss denn jedes Kind oder jeder Jugendliche, der zu Ihnen kommt, etwas verändern wollen an seiner häuslichen Situation?

Ganz und gar nicht. Es muss auch keiner mit uns über den behinderten Bruder oder die behinderte Schwester oder sonst ein Familienmitglied reden. Wir bieten lediglich unsere Gesprächsbereitschaft an; ob ein Kind Gebrauch davon macht, bleibt ihm überlassen. Manche reden frei von der Leber weg mit anderen Kindern über ihren Alltag, andere erzählen in großer Runde davon, wieder andere vertrauen sich lieber beim Malen oder Basteln, beim Lagerfeuer oder Wandern so unter vier Augen einer/einem unserer MitarbeiterInnen oder einem anderen Kind an. Und wenn ein Mädchen oder ein Junge sagt: „Bei mir gibt's nichts zu erzählen, ich will an meiner Situation auch gar nichts verändern, bei uns läuft alles prima", dann freut uns das natürlich. Anhand dieses positiven Beispiels können die anderen sehen, was diese Familie besser macht und an welchen Stellen es bei anderen hapert.

Als Höhepunkt ihres Aufenthalts in der Langau wird von durchweg allen Kindern der „Abenteuertag" genannt. Da geht es je nach Jahreszeit und Wetter entweder in die Berge zum Klettern, zum Rafting oder zu einer Flussbettwanderung. Ist das nicht gefährlich?

Gefährlich ist es nur subjektiv. Das soll heißen: Es gibt Kinder, die das so empfinden. Unser Team setzt sich aus geschulten Leuten zusammen. Wir kennen die Risiken und beugen vor. Für die Kinder aber ist es Abenteuer pur. Sie unternehmen Ungewohntes, sie trauen sich etwas, woran sie vorher vielleicht nicht einmal im Traum gedacht haben und sie erleben, dass sie es schaffen. Sie gehen eben neue Wege, sie finden ihren Platz in der Gruppe und sie lernen, dass sich jemand für sie verantwortlich fühlt.

Warum ist das so wichtig?

Die Kinder und Jugendlichen, die zu uns kommen, sind meist geradezu hypersozialisiert. Sie wissen, was es heißt, Rücksicht nehmen und eigene Belange hintenan stellen zu müssen. Hier lernen sie, wie wichtig sie selbst sind. Wir besprechen vor der Tagestour, dass jeder ein „Schatten" des anderen sein soll. Das heißt, jeder wird von jedem aufmerksam im Auge behalten. Beim Klettern ist die wichtigste Erfahrung die Kommunikation mit dem Sicherheitspartner. Und die Erkenntnis, wenn man in der Kletterwand am Seil hängt: „Da sichert mich einer, der ist gerade mal so schwer wie ich. Aber das kann der." Da machen die Teilnehmer die Erfahrung – natürlich auch im übertragenen Sinn – dass sie sich hängenlassen können, dass sie gehalten und notfalls auch zuverlässig aufgefangen werden. Sie bekommen Antwort auf die Fragen: „Wie viel Hilfe brauche ich? Wie viel Unterstützung kann ich geben, bevor ich an meine Grenzen komme?" Am Abenteuertag geht es also auch immer um eine innere Standortbestimmung.

Bei der Wanderung am Fluss entlang, muss an einer Stelle das Flussbett durchwatet werden. Beim letzten mal hatte das Wasser nur 5 Grad. Da gehört dann auch die Frage „Wie werde ich wieder warm und trocken?" mit zum Programm. Logisch, wenn man es dann geschafft hat, fühlt man sich sehr viel stärker.

Außerdem bringen die meisten Geschwister behinderter Kinder ein ausgeprägtes Harmoniebedürfnis mit. Bei uns lernen sie deswegen auch, Regeln zu hinterfragen: „Gilt das jetzt auch für mich? Macht diese oder jene Anordnung wirklich Sinn?" Wir helfen den Kindern, sich im Alltag besser zu behaupten. „Hier ist mein Platz". Oder: „Ich will dies oder jenes jetzt nicht teilen", sind für uns ganz legitime und begrüßenswerte Statements.

Es wird auch immer wieder besprochen, was der Einzelne in diesem Kurs für sich gewinnt. Fragen wie: Welche neuen Wege bin ich gegangen? Was habe ich erfahren? werden in kleinen Gruppen behandelt.

Aber Disco und Spiele kommen bei Ihnen sicher auch nicht zu kurz?
So ist es. Der letzte Abend ist zum Beispiel Disco-Abend. Die Kinder organisieren das. Zu den Festvorbereitungen gehören die Auswahl der Musik, die Dekoration der Räume, das Einüben von Sketchen, die Vorbereitung kleiner Spiele, etwas besonderes zum Essen, z. B. selbstgemachte Pizza. Da geht es heiß her und jeder ist mit Feuereifer dabei.

Sind denn alle Kinder gleich gut in der Gruppe integriert?
Es gibt auch welche, die eine Weile am Rand bleiben. Vielleicht weil sie schüchtern sind oder vorsichtig und erst einmal aus der Distanz heraus beobachten wollen. Der Eine oder die Andere der etwas Älteren mag unsere Veranstaltung auch an manchen Stellen für unter seiner/ihrer Würde halten, Kinderkram sozusagen. Doch unser Angebot ist so vielseitig, dass auch sie etwas finden, das ihnen Spaß macht, auch wenn sie das gar nicht wollen. Keiner, der als Einzelgänger kam, ist als Einzelgänger wieder gegangen, das steht fest.

Wie unterscheiden sich die Kurse für die Kinder von denen für die Jugendlichen?
Die Jugendlichen haben eindeutig noch mehr Mitspracherecht. Das erfordert eine sehr hohe Flexibilität der MitarbeiterInnen. Wenn die Kinder das Programm und den Tagesablauf festgelegt haben, dann wollen sie sich auch daran halten. Wenn da steht, um 17 Uhr ist Schluss, dann hören sie da auch auf. Sind die Jugendlichen gerade zu dieser Zeit an einen Punkt gekommen, an dem die Diskussion besonders interessant ist, dann beschließen sie einfach, weiter zu machen. Der Prozess der Orientierung und der Suche nach der eigenen Identität ist bei den Jugendlichen viel deutlicher spürbar. Darauf lassen wir uns natürlich ein.

Wie halten Sie die Ereignisse der Kurse fest? Und wie die Ergebnisse?
Wir schreiben gemeinsam ein Tagebuch, das sind einzelne Seiten, die in einer Mappe abgeheftet werden. Darin stehen neben dem Bericht unserer Erlebnisse auch Texte der Lieder, die wir besonders häufig gesungen haben, die Namen der beliebtesten Spiele oder der Autoren, deren Geschichten wir sehr gern mochten. Dazu Leerseiten zum Einkleben von Fotos und anderen kleinen Souvenirs. Diese Mappen bekommen alle Kinder und

natürlich auch die Jugendlichen am Abreisetag ausgehändigt. Die letzte Seite, den Abschlussbericht, schicke ich jedem Teilnehmer nach Hause nach.

Bilden sich Freundschaften unter den Teilnehmern?
Freundschaften und auch erste Lieben. Viele verabschieden sich mit dem Satz: Im nächsten Jahr sehen wir uns hier wieder. Von vielen wissen wir, dass sie in Verbindung bleiben – per Brief, Telefon und immer häufiger über E-Mail.

"Ich fahr jetzt schon zum vierten Mal hin". Robert, 13, hat einen Geschwisterkurs beim VDK mitgemacht. Er erzählt davon:

„Drei Jahre ist es her, da las meine Mutter von dem Kurs in der VDK-Zeitschrift und fragte mich: ‚Willst du da mitmachen?' Ich habe einen älteren geistig behinderten Bruder. Der fährt auch manchmal auf Freizeiten des VDK, und weil ich gespannt war, was die da für Geschwister machen, hat meine Mutter mich angemeldet. Es war schon ein komisches Gefühl, 17 andere Kinder zu treffen, von denen man nichts weiß, außer dass sie einen behinderten Bruder oder eine behinderte Schwester haben. Im Bus, mit dem wir nach Inzell gefahren sind, haben sich einige dann schon angefreundet. In Inzell sind wir in Blockhäuser gezogen, Jungen und Mädchen getrennt. Gleich in der ersten Nacht haben einige Jungen versucht, in das Mädchenhaus zu kommen. Nur hin und zurück, so als Streich, um zu sehen, ob die Betreuer das merken. Die Betreuer waren übrigens alle sehr nett. Einer ist von Beruf Gärtner, daran erinnere ich mich, die meisten anderen studieren noch.

Um das Kennenlernen zu erleichtern, haben wir eine Vorstellrunde mit einem Ballspiel gemacht. Beim ersten Mal fand ich das ganz okay, jetzt kenne ich schon viele, da finde ich das Kennenlern-Spiel ein bisschen albern. Mittlerweile war ich schon dreimal beim Geschwisterkurs. Jedesmal hat es mir sehr gut gefallen. In diesem Jahr fahre ich wieder hin, ich bin dort verabredet mit Klaus und Brigitte. Das sind meine Freunde, die habe ich da kennen gelernt. Wir schreiben uns Briefe. Natürlich sehen wir das als Privatsache an, wir wollen auch nicht, dass unsere Eltern lesen, was wir uns schreiben, denn manchmal geht es um sie, um die Eltern, und dass sie oft ungerecht sind. Das haben wir bei den Gesprächen im Geschwisterkurs festgestellt: Mit dem behinderten Bruder oder der behinderten Schwester hat man ja meist keine Probleme. Sondern eben mit den Eltern. Dass man zurückgestellt wird, das man warten muss und nicht beachtet wird. Manchmal muss man richtig nörgeln, damit die Eltern einem überhaupt zuhören.

Ja, nach der Vorstellrunde kommt meist das Gruppentreffen. Da wird verabredet, worauf wir Lust haben. Was wir in großen, und was lieber in kleinen Gruppen machen wollen. Immer ist Disco dabei – meist an mehreren Abenden, weil vielen das so gefällt, dann natürlich Lagerfeuer. Einmal wurde eine Seilbahn gebaut, so eine wie auf dem Abenteuerspielplatz. An einem Seil saust man da angegurtet herunter. Um zur Seilbahn zu kommen, mussten wir über ein Tor steigen und dann durch den Wald. Dabei hat uns ein Betreuer absichtlich in die falsche Richtung geschickt. Das fanden wir gemein, ein paar Mädchen waren auch richtig sauer. Aber eigentlich hat es Spaß gemacht. Man brauchte schon ein bisschen Mut. Aber unten stand ein Betreuer, der hatte eine Notsicherung und er hat beim Bremsen, wenn man unten angesaust kam, geholfen. Es haben sich alle getraut, keiner hat gekniffen.

Meist gehört zum Programm, dass ein Film angeschaut wird, in dem es um Kinder mit behinderten Geschwistern geht. Wer will, kann auch einen Fragebogen ausfüllen. Wie man mit dem Geschwister auskommt. Ob man viel Stress hat. Was den Stress macht. Was man gern ändern würde. Solche Fragen werden da gestellt. Über unsere Geschwister haben wir eigentlich wenig gesprochen. Es gab ja so viel anderes zu tun. Das Beste an so einem Geschwistertreffen ist eben der Kontakt zu den anderen. Wir machen die anderen Jungen und Mädchen das? Wie kommen sie mit ihrer Familie zurecht? Da kann man manchen guten Tipp bekommen.

Jedesmal gibt es auch Teilnehmer, die Streiche machen. Ein Junge hat mal einen anderen kräftig geschubst. Der Geschubste war bekannt dafür, dass er sich ohne zu fragen, Sachen auslieh. Durch den Schubs ist er unglücklich gefallen und hat sich einen Arm gebrochen. Das war natürlich schrecklich. Strafe musste sein. Unter einem großen Baum gab es dann ein Hohes Gericht. Der, der den Streich gemacht hatte, wurde verurteilt, am Ende unseres Aufenthalts beim Putzen des Hauses zu helfen. Ein anderer Junge hat jemandem Wasser ins Bett geschüttet. War ja auch irgendwie gemein. Fairerweise hat er gleich zugegeben, dass er es war. Das Hohe Gericht hat ihn ebenfalls zum Putzen verurteilt. Mit den Urteilen waren alle zufrieden. Eine solche Strafe tut weniger weh als Strafe durch die Eltern, denke ich.

Jeder der Teilnehmer hat sich am Schluss der Geschwistertagung selbst einen Brief nach Hause geschrieben. Ich habe den Brief erst gar nicht geöffnet, ich wusste ja, was drin steht. Hier in der Freizeit hast du es dir gut gehen lassen. Erinner' dich daran ..."

„Im Spiel drücken Kinder aus, was sie bewegt."

Wie Psychotherapeuten Familien mit behinderten oder chronisch kranken Kindern helfen

Universitätskinderklinik Tübingen. In der Eingangshalle steht ein großes Holzschiff – so richtig zum Herumklettern für kleine Matrosen und Piraten. Gleich nebenan schwimmen viele bunte Fische in einem Aquarium. Eine genauso freundliche, heitere Atmosphäre herrscht im 5. Stock der Klinik. Hier werden Kinder behandelt, die an Krebs erkrankt sind. Fröhliche Mobiles baumeln von der Decke; Kinderzeichnungen, Fotos und handgeschriebene Berichte von Eltern, deren Kinder hier erfolgreich behandelt wurden, hängen an den Wänden. Ein großes Spielzimmer, randvoll mit Spielsachen aller Art, verfestigt den Eindruck, dass hier ein Paradies für Kinder ist – wären da nicht die Mädchen und Jungen, die – während sie spielen – eine Infusion bekommen, und wären da nicht verschiedene Mütter, denen Angst und Leid in den Gesichtern stehen. Jetzt versammeln sich einige der Frauen gerade um einen üppig gedeckten Kaffeetisch. Jeden Dienstag treffen sich hier auf Initiative einer Elternselbsthilfegruppe Mütter – manchmal auch Väter –, die Tag und Nacht hier in der Klinik bei ihren kranken Kindern sind. Beim Kaffeeklatsch sprechen sie über ihre Sorgen, tauschen Erfahrungen aus. Wie sie selbst sagen: Thema ist das kranke Kind. Über ihre gesunden Kinder reden sie nur selten.

„Natürlich schauen wir alle hier zuerst auf die Patienten. Wir haben in der Klinik Erzieherinnen, aber auch Lehrerinnen und Lehrer, die die erkrankten Kinder unterrichten. Manche sind ja mehrere Wochen bei uns. Ohne Unterricht würden sie den Anschluss in der Schule verlieren", erklärt Sigrid Kochendörfer vom Psychosozialen Dienst der Klinik. Sie ist Diplom-Psychologin und Psychotherapeutin. Zu ihren Aufgaben gehört es, die Familien bei der Bewältigung der Krankheit zu unterstützen. „Im Psychosozialen Dienst arbeiten PsychologInnen, SozialpädagogenInnen, ErzieherInnen, PfarrerInnen und KunsttherapeutInnen. Wir begleiten Familien von der Diagnosestellung bis zum Ende der Therapie und auch darüber hinaus; wir beraten sie bei psychischen oder sozialen Problemen, helfen bei Fragen im Umgang mit dem Arbeitgeber oder den Krankenkassen."

Auch für die kleinen Patienten stehen ExpertInnen aller Fachrichtungen bereit; zudem ist meist Mutter oder Vater ständig bei ihnen. Um die Geschwister hat sich lange Zeit keiner speziell gekümmert. Sie gerieten mehr und mehr an den Rand des Geschehens. Die Erkrankung des Bruders oder der Schwester ist für sie ebenfalls ein großer Schock, dazu kommt, dass sie ihre Eltern von heut auf morgen als völlig verändert erleben: unglücklich, weinend, oft auch mit dem Schicksal hadernd. Aber während Mütter und Väter durch Verwandte, Freunde, Fachleute Beistand erfahren, nimmt sich im Umkreis der Geschwister kaum jemand ihrer Ängste und Sorgen an. Sie fühlen sich unverstanden und ausgeschlossen. Obendrein dürfen sie, weil sie Infektionen ins Krankenzimmer mitbringen könnten, das kranke Geschwister oft nicht einmal besuchen.

Dass manche dieser Kinder Verhaltensauffälligkeiten zeigten, ist wirklich kein Wunder. Die Fachleute wurden aufmerksam. In immer mehr Kliniken achten Ärzte und Therapeuten nun darauf, wie es den Geschwistern ihrer Patienten geht. In manchen Krankenhäusern wurden extra Spielzimmer für die Geschwister eingerichtet. Da treffen sie sich während der „Besuchszeit" mit anderen Geschwistern und spielen gemeinsam. Durch manche Elterninitiative wurde es ermöglicht, in Kliniknähe Familienunterkünfte einzurichten. Dort können Mutter oder Vater während des Klinikaufenthaltes ihres Kindes wohnen und ihre gesunden Kinder, wenn sie noch nicht zur Schule gehen, bei sich haben. Segensreich sind Ronald McDonald Häuser (ja, ein Ableger der Hamburger-Kette!). 13 gibt es davon mittlerweile in Deutschland, gebaut in unmittelbarer Nähe großer Kinderkliniken, damit Familien dort wohnen können, während ihr Kind im Krankenhaus ist. Mehr als 4.000 Familien nutzen jährlich diese Möglichkeit. Eine Studie der Universität Groningen hat gezeigt, dass Kinder um ein Drittel schneller gesund werden, wenn die Eltern in ihrer Nähe sein können und auf diese Weise die Voraussetzung für eine wirklich optimale Betreuung gegeben ist.

„Die Frage, wie es den Geschwistern in dieser Situation geht, hat uns auch hier an der Klinik keine Ruhe gelassen", sagt Sigrid Kochendörfer. Zusammen mit ihren KollegInnen hat sie sich bei den Eltern genauer nach den gesunden Geschwistern erkundigt. Einige der Kinder haben die Therapeutinnen kunsttherapeutisch begleitet und aus den Zeichnungen ein Buch zusammengestellt. Weil ein Bild von einem Segelschiff den Titel ziert, heißt es: „Bewegte Bootschaften. Gesunde Geschwister schwerkranker Kinder zeigen ihre Welt" (Steiner et al. 2003). Dabei wird deutlich, wie sehr die Kinder an der Erkrankung von Bruder oder Schwester leiden und wie unterschiedlich ihre Bewältigungsstrategien sind, wenn sie denn überhaupt welche haben. Sigrid Kochendörfer fasst zusammen:

„Wir gehen im Gespräch intensiv auf die Probleme der Eltern ein, in welchem Bereich auch immer die liegen mögen: Partnerschaft, Erziehung, Ärger am Arbeitsplatz. Wenn Eltern uns z. B. sagen: ‚Unser ältester Sohn ist total verschlossen, seit sein Bruder krank ist. Wir erreichen ihn gar nicht mehr', dann sprechen wir mit dem Geschwisterkind, können aber längerfristig keine Psychotherapie anbieten. Deshalb raten wir gegebenenfalls, einen Kinder- und Jugendpsychotherapeuten zu Rate zu ziehen. Denn es kann sein, dass das Kind in seiner Verzweiflung und Verunsicherung ganz gezielt Hilfe braucht, die weder die Eltern noch wir bieten können."

Szenenwechsel: Ein Altbau in der Münchner Innenstadt. An der Tür ein Schild: „Lehrinstitut für personzentrierte Psychotherapie mit Kindern und Jugendlichen". Hier lehrt und therapiert Curd Michael Hockel. Er ist u. a. vielbeschäftigter Supervisor, Geschäftsführer des Instituts für Gesprächspsychotherapie (IGT) und Lehrbeauftragter für Kinderpsychotherapie an der Universität Innsbruck. Auch in seiner Praxis gibt es ein bestens ausgestattetes Spielzimmer. Denn Curd Michael Hockel arbeitet besonders gern mit der Spieltherapie. Er setzt sie bei vielen Formen kindlicher Verhaltensauffälligkeiten ein. Dazu gehören (alphabetisch kurz zusammengefasst):

Angepasstheit: Das Kind fügt sich in alles, scheint keinen eigenen Willen zu haben.

Aggressivität: Das Kind hat häufig Wutausbrüche, schlägt um sich. Es stört gezielt.

Angstzustände: Plötzlich fürchtet sich das Kind im Dunklen, kann nicht allein sein, klammert sich bei jeder – auch vorhersehbar kurzen – Trennung an Mutter oder Vater.

Auffälliges Sozialverhalten: Das Kind ist zu angepasst, zu passiv, äußert keine eigenen Wünsche. Oder aber: Es beansprucht alles für sich, nimmt keinerlei Rücksicht. Es stiehlt vielleicht.

Horten: Das Kind sammelt und verbirgt Schätze aller Art, wie Süßigkeiten, Spielsachen. Es mag überhaupt nicht teilen.

Leistungsstörungen: Probleme mit der Konzentration, Lernschwierigkeiten, Schulversagen tauchen häufig gerade bei Kindern auf, die bis dahin damit keine Schwierigkeiten hatten.

Regression: Das Kind zieht sich auf eine Entwicklungsstufe zurück, die es eigentlich schon überwunden hat. Kinder, die schon sauber waren, beginnen, wieder in die Hose zu machen. Oder obwohl sie stolz darauf waren, mit dem Löffel essen zu können, wollen sie nun wieder die Flasche haben.

Rückzug in Krankheit: Bauch- und Kopfschmerzen oder Übelkeit sind die am häufigsten aufgeführten Klagen.

Schuldgefühle: Nur selten spricht ein Kind darüber, aber häufig fühlt es sich verantwortlich dafür, dass es dem Geschwister so schlecht geht.

Stottern: Trifft häufig kleine Jungen.

Zwangsverhalten: Das Kind tut Dinge, von denen es selbst meint „ich muss das tun" – und ist dabei offensichtlich unglücklich.

Curd Michael Hockel sagt zu dieser Aufstellung: „All das *kann* Kindern passieren, *muss* aber nicht. Und es kann jedem Jungen oder Mädchen passieren. Geschwister eines behinderten oder kranken Kindes sind psychisch nicht unbedingt gefährdeter. Ein Junge, der z. B. eine Schwester mit Down-Syndrom bekommt, ist deshalb noch lange nicht therapiebedürftig. Er schaut das Baby an und findet es in Ordnung. Er schaut in das Gesicht seiner Mutter – und wenn er da Besorgnis und Unsicherheit erkennt, wird er diese Gefühle in sich aufnehmen ..."

Allen Kindern fällt die so genannte „Verzichtsleistung" schwer. Sie müssen die Zuwendung und die Aufmerksamkeit der Eltern teilen, wenn sie eine Schwester oder einen Bruder bekommen. Klar, dass sich viele Kinder dagegen wehren und ihr Verhalten so ändern, dass die Eltern sie stärker zur Kenntnis nehmen müssen. „Jetzt zieht er wieder seine Show ab", sagt eine Mutter über ihren dreijährigen Sohn, der wegen einer Kleinigkeit in Wut geraten ist und sich auf dem Teppich wälzt.

Curd Michael Hockel meint dazu: „Die Zeichen der Kinder werden von den Eltern meist ganz richtig interpretiert. Doch die Reaktion darauf ist unterschiedlich. Während die eine Mutter ihren sich so in Szene setzenden Sohn vielleicht mal in Ruhe auf den Schoß nimmt und ihm versichert: ‚Du bist und bleibst doch mein toller großer Sohn', sagt die andere vielleicht: ‚Nun stell dich bloß nicht immer so an'. Fühlt sich ein Kind ständig zu kurz gekommen und zu wenig geliebt, kann es Verhaltensstörungen entwickeln, die innerhalb der Familie nicht zu lösen sind. Kinder ab etwa drei Jahren können zur ambulanten Psychotherapie angemeldet werden, bei kleineren Kindern wird den Eltern gemeinsam mit dem Kind geholfen. Je früher Verhaltensauffälligkeiten wahrgenommen und behandelt werden, umso besser kann dem Kind geholfen werden."

Erfahrenen, gut ausgebildeten Kinder- und Jugendtherapeuten steht eine Vielzahl von Behandlungsformen zur Verfügung, z. B. Rollenspiel, Mal-, Musik-, Tanztherapie, Familientherapie und vor allem die Spieltherapie. Denn nicht im Gespräch, sondern im Spiel drücken Kinder das aus, was sie bewegt. Und nur über konkrete Sinneserfahrungen können sie ihre innere Welt strukturieren und verändern – nicht allein über kognitive Prozesse. Wie sieht das in der Praxis aus?

Curd Michael Hockel erzählt: „Schon aus der Art, wie die Eltern und das Kind sich beim Erstgespräch verhalten, kann ich einige Schlüsse ziehen. Ist die Mutter überbehütend? Das Kind ängstlich? Der Vater eher gleichgültig? Am Anfang der ersten Stunde bitte ich das Kind meist, mir etwas zu malen. Ich sage: ‚Ein Zauberer hat deine Familie in Tiere verwandelt. Mal mir das doch mal auf, ja?' Aus den Bilder – welche Tiere nimmt das Kind? Wie stehen sie zueinander? – kann ich erkennen, ob sich das Kind in seinem Umfeld geborgen fühlt, wie gut sein Kontakt zu den anderen Familienmitgliedern ist und welche Hierarchien es bei ihnen gibt.

Im Spiel, das folgt, lassen wir Therapeuten uns ganz von dem Kind leiten. Beispiel: Ein Junge von etwa vier Jahren wird von seinem Vater zu mir gebracht. Seine Mutter hat die Familie verlassen; der Kleine ist seitdem verwirrt und ängstlich. Gleich in der ersten Stunde schaut er interessiert einen großen Plastiksaurier an. Ich frage: ‚Soll ich den für dich aus dem Schrank nehmen?' Der Junge nickt. Und er sucht sich zum Spielen noch eine winzig kleine Babypuppe aus und ein Polizeiauto. Wir spielen nach seinen Anweisungen. Ich muss mit dem Baby im Polizeiauto fliehen. Der Saurier verfolgt uns. Die Jagd geht quer durch den Raum, am Sandkasten entlang über den Tisch zur Hängematte. Ich frage: ‚Soll ich mich jetzt einkriegen lassen?' Der Junge bejaht. Ich jammere: ‚Schrecklich, schrecklich, ich kann nicht mehr. Jetzt fängt mich der Saurier!' und halte an. Der Junge schnappt sich mit den Klauen des Sauriers das Baby und legt es ihm ins Maul. Ich frage: ‚Was macht der Saurier jetzt?', und zu meiner Verblüffung antwortet der Junge mit ganz weichem, fast entrückten Gesichtsausdruck: ‚Der Saurier trägt das Baby jetzt ganz vorsichtig auf seiner Zunge nach Hause.'

Der Junge war dabei gewesen, wie seine Mutter angetrunken im Auto von einem Polizeiwagen verfolgt wurde. Er hatte diese Szene nachgespielt – mit einem Happy End. Selbst wenn es das im richtigen Leben so nicht gegeben hat: Der Junge erlebte das Gefühl von Geborgenheit bei all dieser Bedrohung. Und dieses Gefühl konnte sein inneres Selbst stärken.

Wichtig für uns Therapeuten ist, so wenig wie möglich in das Spiel interpretierend einzugreifen und z. B. zu sagen: ‚Owei, der Saurier frisst jetzt das Baby!' Das Kind allein ist der Regisseur."

Von dem, was in der Stunde geschieht, erzählt der Therapeut nur das Allerwichtigste den Eltern. Hockel dazu: „Ich sage dem Kind gleich zu

Anfang: ‚Du kannst deinen Eltern alles erzählen, was wir hier spielen und besprechen. Aber *ich* werde deinen Eltern nur davon berichten, wenn du es mir erlaubst. Auch die Bilder, die du hier malst, zeigen wir deinen Eltern nur, wenn du das willst.' Auf diese Weise erfährt das Kind, dass es Persönlichkeitsrechte hat, die hier gewahrt werden."

Gerade das ist für viele Eltern ein harter Brocken. Sie würden gern mehr, wenn nicht alles wissen, was sich in den Therapiestunden ereignet, müssen sich manchmal aber mit einem eher diskreten Bericht zufrieden geben. Manche Eltern zögern, ihr verhaltensauffälliges Kind zu einer Therapie anzumelden, weil da vielleicht zu viel von dem offenbart wird, was man lieber ‚in der Familie' behalten würde. „Das kann ich gut verstehen", sagt Curd Michael Hockel. „Aber anders geht es nicht. Für eine gründliche Untersuchung beim Arzt müssen Sie sich auch frei machen. Genau so ist das beim Psychotherapeuten."

Manche Therapeuten machen zur Bedingung, dass alle Familienmitglieder an der Therapie teilnehmen. Väter und Geschwister sperren sich oft dagegen. Für Curd Michael Hockel ist das kein Hindernis: „Wenn eine Mutter zu mir kommt mit einem Kind, das Probleme hat, und mir sagt, der Vater oder die Geschwister wollen auf keinen Fall an einer Therapie teilnehmen, dann ist das für mich in Ordnung. Dann arbeite ich eben mit dem Kind. Geht es ihm besser, geht es auch der Familie besser." Trotzdem kommt es nach Erfahrung des Therapeuten mitunter zu einer Art Familientherapie. „Da stehen dann plötzlich Mutter oder Vater bei mir vor der Tür und wünschen sich ein Einzelgespräch, um etwas, das sie belastet wie z. B. Eifersucht oder Schuldgefühle, vertraulich zu besprechen."

Bei älteren Geschwistern arbeiten Therapeuten gern mit Aufstellungen (da repräsentieren z. B. Stofftiere die Familienmitglieder: Wer steht wo? Wer schaut wen an? Wo gibt es Allianzen, wo Distanzen?), mit Rollenspielen oder – in der Gruppe – mit den Mitteln des Psychodramas. Entscheidende Szenen im Leben des Klienten werden nachgespielt, um Lösungsmöglichkeiten deutlich werden zu lassen.

„Wenn Eltern spüren, dass ihr Kind Hilfe braucht, sollten sie sich Hilfe suchen. Psychotherapeutische Hilfe in Anspruch zu nehmen ist vernünftig und ganz undramatisch. Hat das Kind Zahnschmerzen, bringt man es ja auch zu einem Fachmann ...", fasst Curd Michael Hockel zusammen.

Die erste Anlaufstelle sind Erziehungsberatungsstellen, meist problemlos im Telefonbuch zu finden. Jugendämter haben manchmal eigene Hilfsangebote. Die kassenärztlichen Vereinigungen haben „Koordinierungsstellen" eingerichtet, bei denen man erfragen kann, welcher Kassenpsychotherapeut freie Plätze hat. Bei ihnen erfährt man aber auch, welche Therapeuten in einer Region zur Verfügung stehen. Die Therapiekosten übernehmen in der Regel die Krankenkassen. Vorher sollte man dort aber anrufen und sich genau erkundigen. Nach den ersten fünf „Probestunden" entscheiden Therapeut und Klient, ob und in welcher Form die Therapie fortgeführt werden soll.

„Meine Eltern können nur noch trauern."

Wie Kinder und Jugendliche den Tod eines Geschwisters verarbeiten

„Für uns war es ein zusätzlicher schwerer Schmerz. Es hat uns so unglaublich verletzt: Am Tag nach der Beerdigung seiner Schwester ist Timo abends in die Disco gegangen", erzählt eine Mutter und sie hat dabei Tränen in den Augen. „Wir konnten das überhaupt nicht verstehen. Was für ein gefühlloses Verhalten. Dabei hing Timo doch so an seiner Schwester ...". Timo ist 17 Jahre alt, seine drei Jahre jüngere Schwester war plötzlich an der Krankheit gestorben, an der sie ihr ganzes Leben lang gelitten hatte – an Mukoviszidose. Natürlich machten die Eltern ihrem Sohn wegen seines Verhaltens Vorwürfe – mit Worten, mit Tränen und schließlich mit Schweigen. Die Konsequenz: Timo verschloss sich immer mehr, ging demonstrativ eigene Wege, das Verhältnis zwischen Eltern und ihrem nun einzigen Kind war schwer belastet. Das wechselseitige Gefühl des Unverstandenseins stürzte die Familie in eine tiefe Krise. Ein höchst subtiles, vielschichtiges Beziehungsgeflecht war zerstört.

„Sie müssen sich das vorstellen wie ein gut ausbalanciertes Mobile. Alles hängt an einem Faden, jedes Teil schwebt frei, ist aber mit den anderen verbunden", erklärt Anja Wiese. Sie ist Trauerbegleiterin, leitet Seminare für Eltern und Geschwister Verstorbener. „Schneiden Sie ein winziges Element des Mobiles ab, gerät das ganze System aus dem Gleichgewicht. Genau so ist es, wenn ein Familienmitglied plötzlich nicht mehr da ist."

Ungefähr 20.000 Kinder sterben jährlich, bei der Geburt, nach einer Krankheit, infolge einer Behinderung oder – ganz plötzlich – durch einen Unfall. Zurück bleiben Eltern und Geschwister, die mit dieser extrem schmerzlichen Situation neu leben lernen müssen. „Wichtig ist dabei für Erwachsene zu erkennen, dass Kinder anders trauern", sagt Anja Wiese. Sie weiß, wovon sie spricht. Sie ist Mutter von vier Kindern, verlor ihren zweiten Sohn durch Leukämie, als er sieben Jahre alt war. Seit vielen Jahren arbeitet sie bei „Verwaiste Eltern Hamburg e. V." (Anschrift im Anhang). Dieses Netzwerk entstand in den 80er Jahren, 1997 wurde ein Bundesverband gegründet. Mittlerweile gibt es rund 300 Regionalgruppen, die Eltern, aber auch Geschwister bei ihrer Trauer begleiten und Supervision für professionelle Helfer anbieten.

Was uns Erwachsenen gar nicht klar ist: Kinder sind beim Tod einer Schwester oder eines Bruders gleich doppelt und dreifach Verlierer. Sie haben nicht nur ihr Geschwister verloren, sondern dazu auch oft *die* Eltern, die sie kennen, die ihnen ein Leben lang vertraut sind und auf die sie sich verlassen konnten. Deren Verhalten können die Kinder nun gar nicht mehr einschätzen. Denn die Eltern, sonst vielleicht optimistisch und tatkräftig in ihrer Grundeinstellung, sind nun blind durch Trauer und stumpf vor Schmerz, manchmal auch ganz in sich verwoben durch diffuse Schuldgefühle. In diesem Zustand können viele Mütter und Väter, selbst wenn sie wollten, ihren ‚verbliebenen' Kindern gar nicht mehr gerecht werden.

Darüber hinaus erleiden die Kinder einen zusätzlichen Verlust: Viele verlieren ihre gewohnten sozialen Beziehungen. Die meisten erleben, dass in der Schule über den Todesfall nicht gesprochen wird. Jeder tut so, als sei nichts weiter gewesen als ein paar Tage Abwesenheit durch Krankheit. „Alle machen einen Bogen um mich", erzählt eine 13-Jährige. „Die Kinder aus der Nachbarschaft, die früher oft einfach so vorbeikamen, haben sich seit dem Tod meiner Schwester hier nicht mehr sehen lassen. Keiner fragt, ob ich mit ins Kino oder zum Schwimmen will. So wie ich müssen sich Menschen mit Lepra fühlen!"

Tatsache ist, dass beim Tod eines Kindes jeder an die Mutter denkt und sie bemitleidet, der Vater erfährt in der Regel schon weniger Anteilnahme, und an den Schmerz der Geschwister denkt kaum einer – so die Beobachtung der Sterbeforscherin, Ärztin und Psychiaterin Elisabeth Kübler-Ross. Einem Kind beim Verlust des Geschwisters tröstende Worte zu sagen, fällt vielen Menschen schwerer als einem Erwachsenen gegenüber, dem sie mit einem gemurmelten „Herzliches Beileid" entgegen treten können. Kinder so anzusprechen, erscheint vielen als unpassend – und so lassen sie es lieber ganz.

„Peter hat bis jetzt kein Wort über den Tod seiner Schwester verloren", sagt die Mutter des 6-Jährigen, dessen kleine Schwester mit Down-Syndrom an einem Herzfehler gestorben ist. „Vielleicht kriegt er das ja gar nicht so mit." Stimmt nicht. Eltern nehmen die Trauer ihrer Kinder und deren dadurch verändertes Verhalten häufig gar nicht wahr – eben weil sie selber in einer Ausnahmesituation sind.

Was viele Außenstehende sich nicht klar machen: Auch der Tod eines behinderten oder chronisch kranken Kindes stürzt die Familie in tiefe Verzweiflung. Freunde und Verwandte der Familie mögen insgeheim denken, so tragisch könne der Tod dieses „Sorgenkindes" nicht sein, er befreie die Familie doch von „der Last". Das ist ganz und gar nicht so. Gerade weil behinderte oder chronisch kranke Kinder sehr häufig der zärtlich geliebte Mittelpunkt der Familie sind, hinterläßt ihr Tod eine riesengroße Leere. Angesichts der nicht enden wollenden Trauer kann es dann passieren, dass selbst wohl meinende Freunde sich zurück ziehen und die Familie so in die Isolation gerät.

Experten betonen immer wieder, dass Mädchen und Jungen mit einer Intensität trauern, mit der viele Erwachsene nicht rechnen und die sie erschüttern würde, wüssten sie nur mehr darüber. Die Trauer der Kinder und Jugendlichen unterscheidet sich in einigen Punkten erheblich von dem Schmerz der Eltern.

Sie fühlen sich zurückgesetzt. Zu dem Kummer über den Verlust von Schwester oder Bruder kommt oft der Gedanke, zu Unrecht oder nur durch einen Zufall am Leben zu sein. Die Kinder sehen den tiefen Schmerz ihrer Eltern und schließen daraus: „Vermutlich wäre es ihnen lieber gewesen, wenn ich gestorben wäre." In manchen Familien scheint das tote Kind das einzig lebendige zu sein. Sein Zimmer bleibt unverändert, nichts von seinen Sachen darf angerührt werden, zu den Mahlzeiten wird sein Platz gedeckt, Kerzen brennen vor seinem Foto. Im Vergleich dazu führen die Kinder, die leben, ein regelrechtes Schattendasein. Und das empfinden sie auch so.

Sie haben Angst, die Eltern noch unglücklicher zu machen. Viele Kinder üben starke Selbstkontrolle aus. Sie wollen nicht weinen, nicht einmal unglücklich aussehen, denn dann könnte die Mutter sie anschauen, gleich wieder verstärkt an ihren Kummer erinnert werden und in Tränen ausbrechen – das wollen die Kinder vermeiden.

Sie wollen so werden wie das verstorbene Geschwister. Ein Weg, gegen den Schmerz an zu gehen, ist die starke Identifikation mit der verstorbenen Schwester oder dem Bruder. Kinder und Jugendliche wollen ihr oder ihm dann so ähnlich wie möglich werden. Sie kleiden sich im selben Stil, übernehmen das Hobby des Geschwisters – da beginnt ein Junge plötzlich Klarinette zu spielen, weil das die tote Schwester so gut konnte – oder sie fangen an zu büffeln und ihre Schulleistungen zu verbessern, weil der gestorbene Bruder der Beste in seiner Klasse war. Das Resultat aus dem Streben nach Identifikation ist oft Identitätsverlust. Kinder wissen dann nicht mehr, was sie wirklich wollen und was sie sich zutrauen können. Viele fragen sich: „Bin ich noch eine Schwester – jetzt, wo ich keinen Bruder mehr habe?" und finden ohne Hilfe die Antwort nicht.

Sie fürchten sich vor dem Sterben. Der Tod eines etwa Gleichaltrigen in der Familie lässt Kinder und Jugendliche hautnah erfahren, dass Sterben nicht vor allem die Alten, also die vorhergehende Generation, betrifft. Es nimmt den Glauben an die eigene Unverletzlichkeit, ohne den wir alle nur schlecht überleben können. „Antje weigert sich, uns zum Friedhof zu begleiten", sagt ein Vater bitter. Antje, 14 Jahre alt, zuckt dazu nur mit den Schultern. Dabei ist sie alles andere als gleichmütig. Sie hat Wiebke, ihre Zwillingsschwester, durch einen Asthmaanfall verloren. „Was soll ich am Grab?" fragt sie. „Der Hügel da hat mit Wiebke nichts zu tun." Was Antje nicht zugibt, ist die Beklemmung, die sie fühlt, wenn sie vor dem Grab steht und der Gedanke sie überfällt, dass ihre Eltern – und auch einmal sie – dort unter der Erde liegen werden.

Sie haben Schuldgefühle. Die Erinnerung an manchen Streit mit Bruder oder Schwester, an heimliches Beneiden, offenes Konkurrieren – jetzt ist das Anlass für tief gehende Gewissensqualen. Darüber sprechen sie aber mit niemandem. Sie schämen sich, wenn sie sich dabei ertappen, wie sie in der Schule oder bei anderer Gelegenheit einmal lachen. Oder wenn sie feststellen, dass sie einmal nicht ununterbrochen an den/die Verstorbene/n gedacht haben.

Sie neigen zu Aggressivität. Weil manche von ihnen ein Schattendasein führen, von ihren trauernden Eltern nicht wirklich wahrgenommen werden, benehmen sich Geschwister oft aufsässig – um zumindest dadurch wieder ins Blickfeld ihrer Eltern zu geraten.

Sie regredieren. Manche Kinder, meist im Vorschulalter, beginnen, wieder in die Hose zu machen. Sie wollen ständig auf dem Arm oder zumindest in der Nähe der Mama sein. So zeigen sie deutlich, dass sie „bemuttert" werden wollen. Jugendliche haben besonders große Schwierigkeiten, wenn der Todesfall in die Zeit der Ablösung vom Elternhaus fällt. Denn dann sind sie mit Schule, Berufsausbildung, Zivildienst und Freundeskreis beschäftigt, sie suchen das Leben und orientieren sich vom Elternhaus weg. Beim Tod von Schwester oder Bruder schließen sie sich wieder eng an die Eltern an, denn sie haben das starke Bedürfnis nach Nähe. Wenn sie sich dann später wieder ablösen wollen, reagieren die Eltern verletzt.

In Wochenendseminaren arbeiten Anja Wiese und ihre KollegInnen bei den „Verwaisten Eltern Hamburg e.V." mit den Müttern, den Vätern und den Geschwistern. „Die Eltern kommen zu uns, weil sie spüren, dass sie ihren verbliebenen Kindern nicht genügend Aufmerksamkeit entgegen bringen. Sie würden sich ihnen gern zuwenden, aber sie haben keine gemeinsame Sprache der Trauer."

In den Seminaren malen die Kinder und die Jugendlichen, sie schreiben Geschichten, erzählen, was sie bedrückt. Währenddessen unterhalten sich ihre Eltern mit anderen Eltern und TrauerbegleiterInnen über ihre Situation. Sie hören, wie andere Familien mit Schmerz und Leid umgehen, und sie lernen, für ihre Kinder sensibler zu werden. Sie schreiben an ihr lebendes Kind, warum es so wichtig für sie ist: „Du bist ein besonderes Kind, weil ..."

„Manchmal sind es auch ganz praktische Hinweise, die Eltern von uns mitnehmen. So gab es in einer Familie ständig Streit, weil ein 9-Jähriger jede Nacht ins Bett seiner Eltern umzog. Hier hörten die Eltern, dass solches Verhalten die Folge des Verlustes sein kann, sie erlaubten ihrem Sohn das nächtliche Kuscheln. Nach ein paar Wochen schlief der Junge wieder in seinem eigenen Bett." Oder die Eltern bekommen den Rat, ihr Kind aufzufordern, sich von den Sachen des toten Geschwisters etwas zu nehmen. Die ausgesprochene Erlaubnis ist wichtig, damit das die Geschwister nicht glauben, sie täten etwas Unerlaubtes.

Am Sonntag, dem letzten Seminartag, gibt es eine gemeinsame Abschlussrunde von Eltern und Geschwistern. „Das ist die ergreifendste Begegnung in diesem Seminar", sagt Anja Wiese. „Jeder spürt: Da hat sich ein Knoten gelöst. Den Eltern ist es möglich, die so ganz unterschiedliche Form der Trauer ihrer Kinder zu akzeptieren. Und die Kinder, die bereits die Teilnahme am Seminar als bewusste Zuwendung ihrer Eltern empfinden, fühlen sich getröstet und gestärkt. Auch den Eltern von Timo, dem eingangs erwähnten Jugendlichen, wurde im Seminar klar, dass es durchaus zur Schmerz- und Trauerbewältigung ihres Sohnes passt und dass es ihm gut tut, wenn er in die Disco geht, um der bedrückenden häuslichen Atmosphäre für ein paar Stunden zu entgehen.

Manchmal allerdings zeigt sich im Seminar, dass Kinder professionelle Hilfe, also Psychotherapie, brauchen. Und im Einzelfall ist die auch für Mutter oder Vater zusätzlich wichtig, damit sie mit dem Leben nach ihrer persönlichen Katastrophe wieder zurecht kommen.

5. Teil

Was Eltern und Geschwister behinderter Kinder sonst noch wissen sollten

*„Wir hatten damals einfach nicht den Mut
zu einem zweiten Kind"*

Warum ein behindertes Kind
kein Einzelkind bleiben sollte

Mit meiner ältesten Tochter, damals 18 oder 19 Jahre alt, und meinem behinderten Sohn machte ich Ferien in der Türkei. Miriam und ich saßen am Strand und blickten aufs Meer. Plötzlich fragte sie mich: „Wenn du gewusst hättest, dass du ein behindertes Kind bekommst, hättest du es dann abgetrieben?" Nach nur kurzem Nachdenken antwortete ich: „Ich glaube, ja." In ihren Gesicht zeigte sich Entsetzen. Die Idee, dass es ihren Bruder, der nur wenige Meter von uns entfernt im nassen Sand eine Autobahn baute, durch meine Schuld vielleicht nicht gegeben hätte, erfüllte sie mit Abscheu. Ich spürte, wie sie innerlich ein großes Stück von mir abrückte.

Es folgte eine lange Diskussion, in der ich merkte, wie stark und uneingeschränkt die Liebe und die Bindung der jungen Frau zu ihrem behinderten Bruder war. Während ich als Mutter voller Ängste steckte: Was für eingeschränkte Lebensaussichten! Was soll nur mal aus ihm werden? Wie schrecklich ist das Ganze doch!, sah sie in ihm vor allem den fröhlichen, anhänglichen, wenn auch hilfsbedürftigen Jungen, der jede Menge Spaß am Leben hatte.

Mir fällt diese Szene immer wieder ein, wenn ich mit Eltern spreche, deren erstes Kind behindert ist. Sie stecken in einer ganz anderen, viel schwierigeren Situation als Familien, in denen schon Kinder da sind, bevor das behinderte Kind auf die Welt kommt. Die meisten dieser Paare fragen sich irgendwann: „Wollen wir es noch einmal wagen? Wollen wir ein zweites Kind?" Die Antwort auf diese und viele andere damit verbundenen Fragen kann ihnen niemand abnehmen. Studien, die zur Darstellung eines Problems und dessen Lösung gern herangezogen werden, gibt es nicht zu diesem Thema.

„Wir hätten schon gern ein zweites Kind gehabt. Aber wir dachten, es wäre unfair ihm gegenüber. Hätten wir jemals genug Zeit gehabt, es richtig zu lieben und zu fördern? Wäre seine Entwicklung nicht enorm beeinträchtigt durch seine behinderte Schwester?", sagen Eltern eines 13-jährigen blind-tauben Mädchens.

In diesem Punkt können Eltern recht beruhigt sein. Wie mein Strand-Beispiel zeigt, haben Geschwister – wenn sie nicht von ihren Eltern mit immerwährender Besorgnis infiziert werden – einen ganz anderen, nämlich unbelasteteren Zugang zu ihrer Schwester oder ihrem Bruder mit Behinderung, als Mutter und Vater sich das ausmalen können. Und dass das Aufwachsen mit einem behinderten Kind nicht von Nachteil sein muss, sondern zu größerer persönlicher Reife führen kann, steht mehrfach in diesem Buch.

Meine beiden Töchter waren mir jahrelang um Meilen voraus. Während ich mich grämte, dass mein Sohn im wahrsten Sinne des Wortes nicht bis drei zählen konnte, sahen sie ihn ganz anders. Sie achteten viel weniger auf seine Defizite und deren Konsequenzen als auf das, was er wirklich gut konnte. In seinem ersten Sonderschul-Zeugnis hatte gestanden: Dieser Schüler kann trösten und teilen. „Das ist wichtiger als zählen können", stellte damals schon kurz, bündig und weise seine 12-jährige Schwester Anya fest.

Es war ein langer Umlernprozess für mich, bis ich verstand, dass jemand, der nicht lesen, schreiben, rechnen kann, trotzdem Spaß am Leben hat. Dass jemand, der im Rollstuhl sitzt und lallt, deswegen nicht permanent unglücklich sein muss. Es sind die Eltern, die leiden. Meine Kinder, alle drei, haben mir beim Umlernen sehr geholfen. Heute steht für mich fest: Menschen mit Behinderung haben Freude am Leben. Ich sehe das an meinem Sohn, seinen FreundInnen und ArbeitskollegInnen. Ihren Eltern fällt es wesentlich schwerer, ein positives Lebensgefühl zu entwickeln.

Meiner Meinung nach gehört zu diesem positiven Lebensgefühl die Entscheidung für ein weiteres Kind. Mein Leben wäre arm, hätte ich nie die Erfahrung gemacht, wie nicht behinderte Kinder heranwachsen, wie sie voll Wissensdrang ihre Umwelt erobern, wie sie schnell und ganz ohne Therapien ihre Fähigkeiten und ihre Persönlichkeit entwickeln. Wäre ich „nur" die Mutter eines behinderten Kindes, so hätte es mir oft an Stärke und Selbstvertrauen gefehlt, die ich durch das Leben meiner beiden Töchter bekam. Und jetzt, wo sie erwachsen sind, genieße ich es, mich mit ihnen auszutauschen, ihre Meinungen zu hören, gerade wenn es um den behinderten Sohn geht. Sie kennen ihren Bruder eben ganz anders als ich.

Um wie vieles ärmer wäre das Leben meines Sohnes ohne seine Schwestern. Sie sind wichtige Pfeiler in seinem Leben. Er liebt sie, braucht sie immer noch als Spielgefährten, Verbündete, Wegweiser und Trendsetter zum Beispiel in Sachen Musik. Er telefoniert mit ihnen, besucht sie, macht Reisen mit ihnen und kommt jedesmal voller Anregungen und Freude zurück.

„Ach was, ich nehme ihn einfach mit", sagte Miriam, als sie erfuhr, dass ihr Bruder sie ausgerechnet an dem Wochenende besuchen wollte, als sie den Erste-Hilfe-Kurs für ihren Führerschein absolvieren musste. Auf eine solche Idee wäre ich nie gekommen. Mein Sohn aber war stolz auf das, was er im Erste-Hilfe-Kurs gelernt hatte. Seine Teilnahmebestätigung hängte er sich an die Wand.

„Wir hätten die Kraft zu einem zweiten Kind gar nicht gehabt", sagte mir die Mutter eines Jungen, der mit einem offenen Rücken geboren wurde und geistig und körperlich behindert ist. „Tommi war oft im Krankenhaus, musste mehrere Male operiert werden. Das war ein ständiges Hoffen und Bangen. An ein zweites Kind haben wir da gar nicht gedacht. Und wenn? Ich glaube, wir hätten den Mut nicht gehabt. Wir hätten zu viel Angst gehabt, dass mit dem zweiten Kind auch irgendetwas nicht stimmen könnte."

Manche Eltern, die ihr erstes gesundes Kind bekommen haben, sind fassungslos, wieviel Arbeit, Mühe, Angebundensein, durchwachte Nächte so ein Säugling bedeutet. Das hatten sie sich ganz anders vorgestellt. Das wollen sie nicht noch einmal durchmachen. Psychologen sprechen vom „Ein-Kind-Schock", der schuld daran ist, dass so viele Kinder Einzelkinder bleiben. Noch sehr viel schwieriger ist die Situation natürlich für Eltern, deren erstes Kind behindert ist. Ich kann gut verstehen, dass sie vor lauter Leid und Angst nicht an ein zweites Kind denken.

Viele Eltern fürchten, auch das zweite Kind könnte behindert sein. Mittlerweile gibt es in fast jeder größeren Stadt genetische Beratungsstellen, so dass sich Eltern vor einer Schwangerschaft informieren lassen können, ob die Behinderung erblich und wie hoch die Wahrscheinlichkeit ist, dass ein weiteres Kind auch behindert zur Welt käme. Mithilfe von Blutuntersuchungen, Amniozentese (Fruchtwasseruntersuchung) und Chorionzottenbiopsie (Untersuchung von Zellen aus der Plazenta) können am Anfang einer Schwangerschaft eine Reihe von Krankheiten und Missbildungen festgestellt werden. Schon bevor eine Schwangere die Untersuchungen machen lässt, sollten die Eltern sich mit der Frage auseinandersetzen, ob sie zu einer Abtreibung bereit wären. Denn – einmal angenommen – die Untersuchung brächte tatsächlich das Ergebnis, dass der Embryo nachhaltig geschädigt ist, muss die Entscheidung schnell fallen. Je später eine Abtreibung gemacht wird, umso stärker belastet das die psychische und körperliche Gesundheit der Schwangeren. Juristisch kann ein Schwangerschaftsabbruch in Einzelfällen bis zur 22. Woche nach der Empfängnis durchgeführt werden.

Doch ich will mein Plädoyer für ein zweites Kind nicht abschließen, ohne noch einmal auf die Gefahren hinzuweisen. Manche Eltern projizieren alle ihre Wünsche und Hoffnungen auf das zweite, nicht behinderte

Kind. Es soll ihnen die Wünsche, Hoffnungen und Ambitionen erfüllen, die durch das erste behinderte Kind enttäuscht wurden. Eine solche übersteigerte Erwartungshaltung kann der ganzen Familie nur schaden, besonders natürlich dem „Hoffnungsträger"-Kind.

Eine andere Schwierigkeit kann sein, dass Eltern, deren erstes Kind behindert ist, das zweite überbehüten. Sie haben so große Angst, dem Kind könne etwas passieren, dass sie jeden seiner Schritte ängstlich beobachten und es so in seiner Entwicklung enorm beschränken. Nur wenn sich Eltern dieser Gefahr bewusst sind, können sie gegensteuern, eventuell unterstützt durch eine Familientherapie.

„Uns tut es sehr Leid, dass wir uns damals nicht zu einem zweiten oder sogar dritten Kind entschlossen haben", erzählen die Eltern des 10-jährigen Moritz, der das Down-Syndrom hat. „Irgendwie haben wir den Zeitpunkt verpasst. Jetzt wäre es doch sehr schön, wenn Moritz Geschwister hätte."

Wenn Eltern sich für ein zweites Kind entscheiden – wann ist dann der richtige Zeitpunkt dafür? Psychologen, die sich mit Geschwisterfolge und Altersabstand beschäftigen, empfehlen: Nach etwa drei Jahren. Zu diesem Zeitpunkt haben viele Eltern die Behinderung ihres ersten Kindes weitgehend verarbeitet. In ihrem Alltag gibt es jetzt eine gewisse Routine. Entscheiden sie sich dann bewusst für ein zweites Kind, öffnen sie sich auch für die neue Erfahrung und können dem Kind – hoffentlich – relativ unbelastete Eltern sein.

„Muss ich wirklich immer für ihn sorgen?"

Die finanziellen Verpflichtungen der erwachsenen Geschwister

Viele Frauen und Männer gehen ganz selbstverständlich davon aus, dass sie in irgendeiner Form für ihren Bruder oder ihre Schwester mit einer Behinderung aufkommen müssen, wenn die Eltern tot sind – indem sie ihnen entweder den Lebensunterhalt finanzieren oder sie in ihrem eigenen Haushalt aufnehmen. Eine moralische Verpflichtung? Vielleicht. Eine juristische? Eindeutig nein.

Laut Bürgerlichem Gesetzbuch (BGB) muss niemand für den Lebensunterhalt seines behinderten Geschwisters zahlen. § 1601 stellt fest: „Verwandte in gerader Linie sind verpflichtet, einander Unterhalt zu gewähren." Verwandte in gerader Linie (oder: ersten Grades) aber sind Eltern und Kinder – Geschwister untereinander nicht. Bis 1974 galt, dass auch Verwandte zweiten Grades, dazu gehören Geschwister, sich Unterhalt zahlen müssen, wenn einer von ihnen bedürftig ist. Der entsprechende Paragraph des BGB wurde geändert.

Im Bundessozialhilfegesetz allerdings stellt sich die Sache wesentlich komplizierter dar. Normalerweise kann ein behinderter Mensch von dem, was er für seine Arbeit in der Werkstatt für Behinderte verdient (zwischen 100 und 200 Euro netto) nicht leben. Hat er auch sonst kein Vermögen, muss für ihn Sozialhilfe beantragt werden. Der Sozialhilfeträger, sprich: der Staat in Form des Sozialamts, leitet die Unterhaltsansprüche, die der Behinderte gegen seine Angehörigen haben könnte, auf sich über und versucht, diese Ansprüche durchzusetzen. Es zahlt die sogenannte „Hilfe zum Lebensunterhalt", versucht aber, einen Teil des Geldes von den Angehörigen des Sozialhilfeempfängers, des Behinderten also, zurückzubekommen. Oder es zahlt nur einen Teil des Lebensunterhalts in der Annahme, der Behinderte bekomme den anderen Teil von seinen Angehörigen. Um die Höhe der Hilfe zum Lebensunterhalt festsetzen zu können, darf der Staat die erforderlichen Angaben der Unterhaltspflichtigen, also der Eltern, verlangen. Das steht in § 116 BSHG (Bundessozialhilfegesetz): „Pflicht zur Auskunft. Die Unterhaltspflichtigen und die Kostenersatzpflichtigen sind verpflichtet, dem Träger der Sozialhilfe über ihre Einkommens- und Vermögensverhältnisse Auskunft zu geben, soweit die Durchführung dieses

Gesetzes das erfordert." – Auch das BGB (Bürgerliche Gesetzbuch) sagt Ähnliches in § 1605: „Verwandte in gerader Linie sind einander verpflichtet, auf Verlangen über ihre Einkünfte und ihr Vermögen Auskunft zu erteilen, soweit dies zur Feststellung eines Unterhaltsanspruchs oder einer Unterhaltsverpflichtung erforderlich ist. Über die Höhe der Einkünfte sind auf Verlangen Belege, insbesondere Bescheinigungen des Arbeitgebers, vorzulegen." Wieder geht es um Verwandte gerader Linie.

Bis hierhin sind Geschwister also weder verpflichtet, über ihr Einkommen Auskunft zu erteilen, noch ihrem behinderten Bruder oder ihrer behinderten Schwester Unterhalt zu zahlen.

Doch jetzt kommt die Fußangel! Sie steht in § 16 Bundessozialhilfegesetz (BSHG): „Lebt ein Hilfesuchender in Haushaltsgemeinschaft mit Verwandten oder Verschwägerten, so wird vermutet, dass er von ihnen Leistungen zum Lebensunterhalt erhält, soweit dies nach ihrem Einkommen und Vermögen erwartet werden kann. Soweit jedoch der Hilfesuchende von den in Satz 1 genannten Personen Leistungen zum Lebensunterhalt nicht erhält, ist ihm Hilfe zum Lebensunterhalt zu gewähren."

Zu Verwandten und Verschwägerten gehören Geschwister. Das heißt, leben alle unter einem Dach, sind nun doch Einkommen und Vermögen der Geschwister ausschlaggebend dafür, ob und in welcher Höhe die Schwester, der Bruder mit einer Behinderung die so genannte „Hilfe zum Lebensunterhalt" erhält (Heinz-Grimm et al., 1993). Genau wie die Eltern und andere Verwandte, die im gleichen Haushalt leben, müssen sie Auskunft über ihr Einkommen und Vermögen geben.

Aber: Da Geschwister laut § 1601 BGB nicht verpflichtet sind, ihrem Bruder oder ihrer Schwester Unterhalt zu zahlen, brauchen sie das auch nicht zu tun. Das Sozialamt hat keine Möglichkeit, gegen sie vorzugehen, wenn sie sich weigern, den behinderten Angehörigen finanziell mit zu unterstützen.

Dass der Behinderte von seinen Verwandten Unterhalt bekommt, ist eine „Vermutung" des Sozialamtes. Diese Vermutung kann widerlegt werden – durch eine eidesstattliche Erklärung, dass der Behinderte kein Geld von seinen Angehörigen erhält. Die Erklärung muss natürlich der Wahrheit entsprechen, denn wer eine falsche eidesstattliche Erklärung abgibt, kann bestraft werden.

Dass Geschwister Behinderter nicht per Recht und Gesetz dazu verdonnert werden können, ihrer Schwester oder ihrem Bruder lebenslang Unterhalt zu zahlen, ist nur fair. Schon als Kinder haben sie vielerlei Einschränkungen hinnehmen müssen. Würde der Staat sie nun als Erwachsene noch kräftig zur Kasse bitten wollen für eine Besonderheit in ihrem Leben, für die sie wirklich in keiner Weise verantwortlich sind, wäre das unerträglich. Finanzielle Zuwendungen sollten – wenn überhaupt – aus geschwisterlicher Liebe, aus Verantwortung und Fürsorge heraus geleistet werden. Freiwillig und nicht staatlich verordnet.

*„Jemand, der über einen Behinderten spottet –
der käme für mich überhaupt nicht in Frage."*

Die Geschwister behinderter Kinder im Beruf und in der Partnerschaft

Was haben Rudolf Scharping, Königin Beatrix, die Kennedys (John F., Robert und Ted), König Juan Carlos, die meisten meiner GesprächspartnerInnen in diesem Buch und auch meine Töcher gemeinsam? Geschwister mit einer Behinderung.

Es ist nicht ganz einfach herauszufinden, wer von den Prominenten eine Schwester oder einen Bruder mit einer Behinderung hat. Nur wenige sprechen offen darüber – entweder, weil sie sowohl das mögliche Befremden wie den Sympathie-Bonus peinlich finden, die ihnen bei der Erwähnung eines behinderten Geschwisters zuteil werden könnten. Oder – und das ist am wahrscheinlichsten – weil sie meinen, die Geschwister, behindert oder nicht, seien Privatsache und gingen die Öffentlichkeit nichts an.

Das kann ich gut verstehen. Trotzdem würde ich mich freuen, würden sich Prominente aus Show-Business, Kunst und Politik häufiger als bisher als Schwester oder Bruder eines behinderten Geschwisters „outen". Das könnte Vorbildfunktion haben und vielen anderen Mut machen. Karrieren aller Art sind trotz oder vielleicht auch gerade wegen eines behinderten Geschwisters möglich.

„Ich werde Sozialpädagogik studieren", plant die 18-jährige Inga. Sie hat einen mehrfach behinderten Bruder. Monika, die Schwester des spastisch behinderten Tobias, will Psychologin werden. „Ich will Lehrer werden", sagt Henrik. Seine Schwester ist querschnittsgelähmt.

Es scheint so, auch wenn es sich nicht schlüssig belegen lässt, dass Geschwister behinderter Menschen eher in soziale Berufe streben als andere. Das ist nicht überraschend, haben sie doch früh gelernt, mit menschlichen Schwächen und Unzulänglichkeiten umzugehen und einzuspringen, wo Hilfe gebraucht wird. Dieses intuitive Wissen, dieses zur zweiten Natur gewordene Einfühlungsvermögen kann ein großer Vorteil sein – für eine Ärztin, den Lehrer, die Krankenschwester, den Sozialpädagogen, die Krankengymnastin, den Erzieher. Es ist deshalb nur logisch, dass man sich diese in der Familie erworbenen Stärken auch im Beruf zunutze macht.

Ich kenne allerdings mindestens genauso viele Geschwister behinderter Kinder, die in andere Berufe streben oder schon darin arbeiten. Sie sind

VerkäuferInnen, PressesprecherInnen, WissenschaftlerInnen, FriseurInnen – oder planen, es zu werden. Denn viele haben neben ihrer „sozialen Ader" eben auch noch sehr starke andere Interessen, die sie zu ihrem Beruf machen.

Manche Geschwister wollen sich bewusst nicht auch noch in ihrem Berufsalltag mit den Problemen von Menschen mit einer Behinderung auseinandersetzen, gerade weil sie es jahrelang zu Hause getan haben. „Warum sollte ich mich damit immer weiter belasten?" fragt die 25-jährige Rita. „Mein ganzes Leben lang war ich so eine Art Krankenschwester, ehrenamtlich. Ich füttere und windele meinen Bruder heute noch, wenn ich mal wieder zu Hause bin", erzählt sie. Seit ein paar Jahren arbeitet sie als Visagistin in einem Fotostudio. So wie Rita denken viele Geschwister, die sich bewusst von ihrer jahrelangen Helfer-Rolle lösen wollen. Sie suchen sich einen Beruf, der ihnen Spaß macht, in dem sie gute Aussichten zu haben glauben und der mit Helfen und Stützen überhaupt nichts zu tun hat. Das Aufwachsen mit einem behinderten Geschwisterkind legt offenbar – und glücklicherweise – das zukünftige Leben nicht fest, zwingt keinen, einen sozialen Beruf zu ergreifen. Wer es dennoch tut, erkennt – vielleicht deutlicher als andere – seine im Familienalltag erlernten Stärken.

Was die Partnerschaft betrifft, da gilt wie bei der Berufswahl ein Sowohl-als-auch. Einerseits liegt die Vermutung nahe, dass Geschwister behinderter Kinder sich stark hingezogen fühlen zu Partnern mit Problemen, gleich welcher Art – gesundheitlich, psychisch, finanziell. Problemlösungen haben sie täglich üben und praktizieren müssen, so werden sie das unbewusst auch in ihrer Partnerschaft tun wollen. Beispiele dafür gibt es genug. Ich kenne einige Frauen, aber auch Männer, die von einer schwierigen Partnerschaft in die andere stolpern. Der nächste Partner wirkt wie eine Variation des vorhergegangenen. Jeder merkt es, nur der/die Betroffene selbst nicht. „Aber er braucht mich doch", sagt Ellen, Schwester eines spastisch behinderten, fünf Jahre jüngeren Bruders. Zum Entsetzen aller ihrer Freunde und Verwandten nimmt sie zum x-ten Mal ihren Freund Tim auf. Er hat ein Alkoholproblem, wird gelegentlich rabiat, wenn er getrunken hat, bettelt um Vergebung, wenn er wieder bei Verstand ist. Ellen verzeiht ihm jedes Mal. Bis es dann doch nicht mehr geht. Tim verschwindet von der Bildfläche. Alle atmen auf. Nachdem Ellen sich über ein Jahr lang in niemanden mehr verliebt hat, stellt sie Toni vor. Ein netter junger Mann, da sind sich alle einig, doch er leidet an Allergien und heftigem Asthma. Ständig fühlt er sich von einem Anfall bedroht, darf dies nicht essen, das nicht tun. Ellen kennt sich bald aus, weiß, welches Medikament Toni wann einnehmen muss. Die Partnerschaft scheint recht glücklich zu sein, sie dauert vier Jahre. Dann geht es Toni nach einer Kur besser, er verliebt sich in eine Frau mit weniger krankenschwesterlicher Fürsorglichkeit als Ellen und verläßt sie. Nach einer Liebe zu einem Mann, der eine schwierige Elternbeziehung hat, ist Ellen nun schon einige Zeit wieder solo.

Natürlich könnte eine Frau wie Ellen auch aus einer Familie ohne behindertem Kind stammen. Da gibt es die Menschen mit dem „Helfer-Syndrom" genauso.

Ein anderes Beispiel für eine typische Partnerbeziehung könnte ein junger Mann sein, dessen Wahl immer auf gesunde, strahlende, sportliche Frauen fällt und der sich aus dem Staube macht, sobald eine dieser Frauen erkennen lässt, dass sie ein ernsthaftes Problem hat. Mit dem Chef, mit ihrer Mutter, mit der Gesundheit, mit dem Geld, was auch immer. Der junge Mann ist mit einem behinderten Bruder aufgewachsen. Das hat ihn stark belastet. Nun entflieht er jeder Situation, die ihn psychisch wieder einengen könnte. In einer Partnerschaft sucht er zwar Bindung und Geben und Nehmen, aber wenn Schwierigkeiten auftauchen, wird's ihm schnell zu eng.

Das kann, muss aber nicht so sein. Welcher Partner zu wem passt, hängt von sehr vielen Faktoren der persönlichen Vorlieben und Veranlagungen ab. Fast durchweg aber – das zeigen alle Umfragen – wird die Schwester oder der Bruder eines Behinderten sich nur von einem Partner oder einer Partnerin angesprochen fühlen, der/die Behinderungen mit Verständnis gegenüber steht. „Jemand, der über einen Behinderten spottet, der käme für mich überhaupt nicht in Frage", sagt die Schwester eines behinderten Mannes. So ist – wie an anderer Stelle bereits erwähnt – die Behinderung ein Filter für die Qualifikation eines möglichen Partners oder Partnerin. Wie denkt er/sie über Behinderte? Stört es ihn/sie, dass ich ein behindertes Geschwister habe? Wie hat er/sie die Information aufgenommen? Erst nach Beantwortung vieler solcher Fragen entscheidet der Bruder oder die Schwester eines behinderten Kindes, ob der neue Flirt überhaupt in Betracht kommt.

Wie Geschwister behinderter Menschen sich als Eltern verhalten – auch darüber gibt es noch keine Erkenntnisse. Die Geschwisterforschung steckt eben noch in den Kinderschuhen. Vielleicht trägt dieses Buch dazu bei, dass Soziologen und Verhaltensforscher sich dieses Themas annehmen.

Was ich mir wünsche ...

Nachwort

Familien mit behinderten Kindern sollte das Leben leichter gemacht werden. Dazu beitragen kann jeder. Mal angenommen, dieses Buch ist zufällig in Ihre Hände geraten. Sie haben keinen behinderten Menschen in Ihrer Familie oder in Ihrem Freundeskreis. Von den Problemen behinderter Menschen wissen Sie nur wenig. Sie haben auch keine Ahnung, wie man mit ihnen umgeht. Und nun sitzen Sie im Zug oder in der Straßenbahn einer Mutter und ihrem spastisch behinderten Kind gegenüber oder einem Erwachsenen, der das Down-Syndrom hat. Was tun Sie? Hinsehen? Wegschauen?

Wäre ich diese Mutter, so würde ich mir wünschen, dass Sie mich und mein Kind anschauen, so wie man sein Gegenüber eben zur Kenntnis nimmt, und mich dann – vielleicht – ein wenig anlächeln. Das wäre für mich ein Zeichen des Verständnisses, der Sympathie. Und schön wär's, wenn Sie mein Kind oder den behinderten Jugendlichen oder Erwachsenen, der allein unterwegs ist, ebenfalls anlächeln. Nicht aufdringlich, gerade so, dass man das Gefühl hat, Sie sind uns freundlich gesonnen. Behinderte werden von unbeteiligten Nichtbehinderten entweder negiert oder angestarrt. Unvoreingenommen freundlich kommt ihnen kaum jemand entgegen. Deswegen ist Ihr Lächeln so wichtig.

Falls Sie ein hilfsbereiter Mensch sind: Jeder Rollstuhlfahrer freut sich über Ihre Unterstützung, wenn er zum Beispiel auf dem U-Bahnhof steht und der Aufzug außer Betrieb ist. Da bleibt ihm nur die Rolltreppe. Die schafft er, vorausgesetzt, jemand stützt seinen Rollstuhl geschickt. Bevor Sie nun sagen: „Das haben wir gleich", und tatkräftig zulangen, sollten Sie den/die Rollstuhlfahrerin fragen: „Wie kann ich Ihnen helfen?" Eine querschnittsgelähmte junge Frau erzählte mir, sie fürchte nichts so sehr wie allzu stürmische Helfer: „Die packen einfach an, schieben mich den Bordstein hoch, so dass mir der Kopf ruckartig in den Nacken fällt. Das tut mir weh. Unglaublich wichtig für meine Halswirbelsäule ist, dass mir jemand den Kopf stützt. Ich erkläre das gern jedem, der mir helfen will."

Leben in Ihrer Nachbarschaft Familien mit einem behinderten Kind, einem Jugendlichen oder Erwachsenen – sprechen Sie sie an, wenn sich die

Gelegenheit dazu ergibt. Natürlich nicht so, wie es Bekannten von mir passiert ist, die in ein Haus am Stadtrand gezogen sind. Sie haben einen fast erwachsenen Sohn, der autistisch ist und häufig wild gestikulierend durch die Straßen läuft. Seine Mutter wurde von ihrer neuen Nachbarin mit allen Anzeichen des Entsetzens gefragt: „Ist der gefährlich?". Besser ist es, sich erst einmal danach zu erkundigen, was der Junge hat: „Was ist denn mit Ihrem Sohn? Ich habe gesehen, dass er immer so aufgeregt Selbstgespräche führt. Woher kommt denn das?"

Ich kann natürlich nicht garantieren, dass alle Familien freundlich reagieren, wenn sie so angesprochen werden. Aber ich glaube, die meisten würden es tun und sich darüber freuen. Uns allen ist es lieber, über die Behinderung zu sprechen, als so zu tun, als wäre nichts.

Vielleicht sagen Sie: „Bei uns wohnt eine Familie mit einem behinderten Kind. Der geht es prima. Um die muss man sich gar keine Gedanken machen." Mag sein, dennoch glaube ich das nicht so ganz. Selbst in Familien, in der alle Mitglieder die Behinderung akzeptiert haben und gut damit zu leben scheinen, gibt es immer wieder Einbrüche. Eine Freundin, sonst optimistisch und tüchtig, kam weinend zu mir, als ihr spastischer Sohn eingeschult wurde. Sie hatte die Verwandten zur Feier des Tages zu einem Kaffeeklatsch geladen, war einfach vom Tisch aufgestanden und zu mir gefahren. „Ich halte das nicht aus", schluchzte sie, „Frank ist so stolz auf seinen Schulranzen. Jetzt robbt er mit der Schultasche auf dem Rücken auf dem Fußboden herum". Laufen und Krabbeln kann der Junge nicht. Seine Art, Freude an der Schultasche zu zeigen, war, mit ihr auf dem Rücken auf allen Vieren herum zu kriechen. Gerade das aber führte seiner Mutter – wieder einmal – deutlich vor Augen, wie behindert er ist und dass er in eine Förderschule eingeschult wird.

Mich selbst packte das heulende Elend, als mein Sohn vor einigen Jahren in ein sehr schönes Wohnheim zog. Er hatte sich darauf ebenso gefreut wie ich. Aber als ich die anderen Heimbewohner sah, alle behindert, wurde mir überdeutlich klar, wie eingeschränkt die Lebensperspektive meines Sohnes ist. Mehrere Monate lang war ich am Rande einer Depression, haderte mit meinem Schicksal, an dem sich überhaupt nichts geändert hatte, es war mir nur plötzlich in seiner ganzen Tragweite wieder bewusst geworden.

Die meisten Familien mit behinderten Angehörigen bemühen sich, ihr Leid, ihre Ängste, ihre Enttäuschung nicht erkennbar werden zu lassen. Viele haben die Behinderung ihres Kindes, ihres Geschwisters tatsächlich gut bewältigt. Das schützt aber nicht vor plötzlich wieder auftretendem großen, Existenz bedrohenden Schmerz über das Schicksal. Der Anlass dazu mag nichtig erscheinen. So brach eine Bekannte buchstäblich zusammen, als sie in der Zeitung die Ankündigung des Debütantinnenballs las: „In diesem Jahr hätte unsere Tochter dabei sein sollen. Ihr Jahrgang ist dran ..." Ihre Tochter hat das Down-Syndrom.

Manche meiner Nachbarn haben mir während meiner Krise sehr geholfen. Traf ich einen von ihnen im Treppenhaus und er/sie sagte: „Wie geht es denn Ihrem Sohn? Er fehlt uns ja richtig. Er hat immer so fröhlich gesungen", so freute mich das von ganzem Herzen. Ich konnte meinen Sohn wieder so sehen, wie er ist: ein fröhlicher junger Mann. Seine Defizite und die seiner Mit-Heimbewohner verloren an Bedrohlichkeit. Sie sind behindert und auf ihre Art liebenswerte Menschen.

Ich wünsche mir, dass gerade bei Familien mit einem behinderten Angehörigen die „Nachbarschaftshilfe" funktioniert. Es ist extrem beruhigend für Eltern zu wissen: Wir können in Notfällen unsere Nachbarn bitten, mal eben auf unser Kind, behindert oder nicht, zu achten. Oder was vom Supermarkt mitzubringen. Oder als Ansprechpartner da zu sein, wenn man mal eine kleine Unterhaltung braucht.

Haben Sie eine Kollegin oder einen Kollegen mit einem behinderten Kind, dann fühlen Sie sich vielleicht genervt, weil diese Mitarbeiter manchmal unpünktlich oder unkonzentriert sind. Bitte, bleiben Sie trotzdem freundlich und hilfsbereit. Für einen Außenstehenden ist die Extra-Belastung, die Mutter und Vater, aber auch die erwachsenen Geschwister eines behinderten Menschen haben, kaum richtig einzuschätzen. Nach einem anstrengenden Tag in der Redaktion bin ich nicht etwa zur Entspannung mit Freunden zum Essen oder ins Kino gegangen, sondern habe mit meinem Sohn Zehn-Pfennig-Stücke auf den Tisch gezählt, immer wieder, um ihm beizubringen, wie viele Groschen eine Mark hat. Ich bin davon überzeugt, dass die meisten Angehörigen eines Behinderten an ihrem Arbeitsplatz nur andeutungsweise vom Ausmaß ihrer privaten Schwierigkeiten berichten. Niemand will gern als permanenter Jammerlappen dastehen.

Oft fehlen Zeit und Gelegenheit in Büro, Werkstatt oder Laden für ein vertrauensvolles Gespräch. Wenn Sie also meinen, Ihre Kollegin, Ihr Kollege würde allzu oft Ihre Hilfe in Anspruch nehmen, um ihr/sein Pensum zu schaffen – seien Sie großzügig. Wahrscheinlich macht ihr/ihm seine häusliche Situation mehr Kummer, als Sie sich vorstellen können. Es wäre nicht fair, ihr/ihm das Leben am Arbeitsplatz unnötig schwer zu machen. Das klingt sehr einseitig und beschwichtigend, das ist nicht verwunderlich – ich bin ja parteiisch! Ist andrerseits Ihre Kollegin, Ihr Kollege tüchtig und meist gut drauf, dann sagen Sie, wie toll Sie das finden. Anerkennung tut jedem Menschen gut, einem, der viel Extra-Stärke für seinen Alltag braucht, erst recht. Mitleid dagegen wollen die Eltern behinderter Kinder, die ich kenne, nicht. Mitleid macht uns arm und klein und schwach. Eltern behinderter Kinder sind ja keine Sondergruppe. Bis zur Geburt dieses Kind (oder bis zu seiner Krankheit oder seinem Unfall) waren sie ein Paar wie viele – voller Wünsche und Pläne. Statt Mitleid hätten wir lieber Interesse, denn es hilft mir, von meinem Sohn zu erzählen, über seine und meine Situation zu informieren und auf diese Weise das Engagement für Behinderte zu fördern.

Wenn Sie mit der Familie eines behinderten Menschen befreundet sind und ein Angehöriger – Mutter, Vater, die Geschwister – weint sich bei ihnen aus, weil alles so schwer erträglich ist, sagen Sie nie: „Ach, das schaffst du schon." Diese Antwort ist weder Trost noch Anerkennung, sondern Beweis Ihrer Bequemlichkeit. Sie zeigt, dass Sie sich mit dem Problem gar nicht auseinandersetzen wollen, sondern es pauschal und nett eingewickelt zurückgeben. Der wirkliche Freundschaftsdienst ist, mit an Lösungsmöglichkeiten für das Problem herum zu denken. Selbst wenn nicht viel dabei herauskommt – alles ist besser als „Das schaffst du schon"!

Eine meiner Freundinnen rief mich früher öfter an, um sich wortreich darüber zu beklagen, wie schlecht ihr Sohn in Latein sei und dass er wohl nur die Mittlere Reife schaffen würde. Ich hörte mir das einige Wochen lang an, dann wurde es mir zuviel. Hier saß ich mit meinem 18-Jährigen, der nicht lesen, rechnen, schreiben konnte, und da sollte ich mitbangen, ob der Sohn meiner Freundin in der nächsten Latein-Klassenarbeit die ersehnte Note Vier oder doch wieder nur eine Fünf erreichen würde. Ich fand, dass meine Freundin unsensibel mit mir umging und sagte ihr das.

Meinen Freundeskreis kann ich in drei Kategorien unterteilen. Da gibt es erstens die Freunde, die mich mögen. Dann sind da zweitens die, die mich und meinen Sohn mögen. Und dann gibt es noch die Spitzen-Gruppe, die mich und meinen Sohn mag und das auch zeigt. Eine Freundin fragt mich: „Du, wir fahren am Wochenende nach Berlin und haben noch Platz im Auto. Willst du mit?" Ja, ich würde sehr gern mitfahren. Also frage ich: „Habt ihr auch noch Platz für Michael?" Kurzes Zögern. „Michael? Kannst du den nicht irgendwo unterbringen und allein mit uns kommen?" Ganz klar, das ist eine Freundin aus der 1. Kategorie. Das Bizarre ist: Ich kann ihre Einstellung durchaus verstehen, aber gekränkt fühle ich mich dennoch.

Natürlich wünsche ich Familien mit einem behinderten Kind viele Freunde der Spitzengruppe. Solche, die zum Kindergeburtstag nicht nur die „gesunden" Kinder einladen, sondern selbstverständlich auch das behinderte. Die sagen: „Wenn du nicht mitfahren kannst zum Picknick, dann kommen wir vorbei und holen deinen Michael ab. So ein Picknick macht ihm doch bestimmt Spaß!"

Großeltern können eine Schlüsselposition im Wohlergehen einer Familie mit einem behinderten Kind einnehmen. Wenn man sie fürchten muss wie die junge Bäuerin ihre Schwiegermutter (siehe Seite 116), wenn die Großeltern alte Vorurteile schüren („Warum musstest du auch so eine heiraten ...") schüchtern sie die Familie ein. Unter den Argusaugen von Oma und Opa ist unbeschwerter Umgang miteinander gar nicht mehr möglich. Dabei können Großeltern so viel Gutes tun, indem sie den jungen Eltern den Rücken stärken, ihnen von Zeit zu Zeit das behinderte Kind abnehmen oder – wenn das nicht möglich ist – sich verstärkt um die nicht behinderten Kinder kümmern. „Bringt uns doch Markus her. Die Osterferien kann er doch bei uns verbringen", sagten die Schwiegereltern meiner Freundin Astrid. Und Markus, der Junge vom Anfang dieses Buches, kam tatsächlich gestärkt aus den Ferien bei Oma und Opa zurück. Deren Zeit und Aufmerksamkeit hatte er nicht mit seinem kleinen autistischen Bruder teilen müssen. Und Opa hatte ihm sogar das Radfahren beigebracht – ohne Stützräder! Das tat Wunder für Markus Selbstbewusstsein.

Eine meiner Freundinnen – obwohl beruflich sehr eingespannt – passt jeden Freitag abend auf ihre schwer mehrfach behinderte Enkeltochter auf. Die Kleine kann nicht sehen, nicht hören, sich kaum bewegen. „Ich sitze einfach an ihrem Bett, schaue sie an, streichle sie, denke über mich und das Leben nach."

„Was machen deine Tochter und ihr Mann an diesem Abend?" frage ich. „Sie gehen tanzen", antwortet meine Freundin. „Meine Tochter steht nachts mehrmals auf, um nach der Kleinen zu sehen, sie zu füttern, zu windeln oder sie umzudrehen. Für alle ihre Fürsorge wird sie nicht – wie andere Mütter – durch ein Lächeln ihres Babys belohnt. Sie ist unendlich traurig. Aber freitags – da tanzt sie einen Teil ihres Kummers einfach ab. Das tut ihr und ihrem Mann richtig gut." Eine Großmutter, einen Großvater mit dieser Einstellung, die noch dazu ihre Fürsorge und ihre Zeit dem behinderten Kind geben – die wünsche ich mir für jede Familie mit einem behinderten Kind.

Sind Sie der Partner einer allein erziehenden Frau mit einem behinderten Kind, müssen Sie ein Mensch voller Realismus und Geduld sein. Beides brauchen Sie, um die Situation richtig einzuschätzen und damit umzugehen. Ein Wochenende in Wien? Schön wär's. Aber wohin mit dem behinderten Kind, wenn kein verlässlicher Babysitter zur Hand ist? Spontane Unternehmungen sind oft wegen nicht behinderter Kinder schon schwierig, mit einem behinderten erst recht. Alles muss im voraus geplant werden – und dann geht es vielleicht in letzter Minute noch schief. Damit muss man rechnen und sich mit Geduld wappnen. Außerdem: Mehr noch als für die Geschwister Behinderter gilt für die Mutter das Auswahlkriterium: Nur wer mein Kind (meine Schwester, meinen Bruder) akzeptiert, kommt für mich als Freund und Lebenspartner in Frage. Auf Dauer geht die Beziehung nur gut, wenn Sie das behinderte Kind wirklich mögen. Nur „Mühe geben" reicht in diesem Fall nämlich nicht. Wenn sich ein Mann in eine Frau verliebt und ihr zuliebe nett zu ihrem Kind ist, genügt das nicht. Eine Mutter spürt, ob ihr Freund das Kind akzeptiert, weil es eben nicht anders geht, oder ob sein Interesse, seine Zuneigung zu ihrer Tochter oder ihrem Sohn echt ist. Und auch das Kind spürt es. Und so wie viele nicht behinderte Kinder Strategien entwickeln, um sich gegen den Freund der Mutter, den sie als Eindringling sehen, zu wehren, so machen das auch manche behinderte Kinder – und zwar mit viel Geschick. Sie werden unruhig, schreien, wenn er in ihre Nähe kommt oder wenn sie sprechen können, machen sie es wie mein Sohn. Sobald er merkte, dass sich ein Mann für mich interessierte, ihn aber nicht ehrlich mochte, quengelte er auf Ausflügen, im Café: „Mama, wann geht der wieder? Gell, der ist bald wieder weg?" Das habe ich nicht lange ausgehalten – und der „interessierte Mann" auch nicht. Aber es geht gut, sobald spürbar ist, dass der Mann das Kind mag, hinter der Behinderung die Persönlichkeit und die Liebenswürdigkeit sieht und die Einschränkungen, die ein behindertes Kind bringt, in Kauf nimmt. Keine Frage, ein solcher Partner ist Gold wert. Er ist das wichtige Korrektiv, das mancher allein erziehenden Mutter fehlt: „Jetzt lass ihn das doch mal probieren. Vielleicht kann er das ja doch selbst". Im Idealfall entlastet er die Mutter: „Ich kann doch mit Linda zum Orthopäden fahren und die Schuhe anpassen lassen", und er gibt ihr das oft lang entbehrte Gefühl, nicht nur Mutter eines behinderten Kindes zu sein, sondern auch Frau und Geliebte. Falls diese Frau noch ein nicht behindertes Kind hat und ihr Partner versteht, mit diesem Kind zu spielen, ihm zuzuhören, es zu stützen, kann man der Frau nur gratulieren und der Beziehung Dauer wünschen.

Noch ein Wort zu den Experten – zu Ärzten, Psychologen, Lehrern, Erziehern. Wie gut wäre es, würden sie die Eltern eines behinderten Kindes nicht als unwissende Emotionsbündel betrachten – und so behandeln, sondern in ihnen wichtige Partner für die Behandlung ihres Patienten sehen. Eltern mögen von Medizin und Psychologie keine Ahnung haben, aber die meisten haben ihr Kind über viele Jahre genau beobachtet und wissen, was ihm gut tut, wo es seine Fähigkeiten hat, wie und wodurch es gefördert werden könnte. Experten sollten die intuitive Kraft der Eltern viel mehr schätzen und in ihre Diagnosen, Therapien, Gutachten einbeziehen.

Was mir noch am Herzen liegt: Die Betreuer behinderter Menschen sollten wesentlich besser bezahlt werden. Sie bringen so viel Einsatz, sind voller Enthusiasmus – und bekommen dafür oftmals nicht mehr als ein Taschengeld. Den Begriff „Pflegenotstand" gäbe es gar nicht, würden alle, die hilflosen Menschen helfen, der Bedeutung ihrer Arbeit entsprechend honoriert.

Beim Schreiben dieses Buches habe ich alles, was ich recherchierte oder in Gesprächen erfuhr, zu meinem Leben in Bezug gesetzt. Ich wollte wissen, welche Fehler ich gemacht habe – in meiner gescheiterten Ehe, in meinen Partnerschaften und vor allem: in der Erziehung meiner drei Kinder. Vieles habe ich falsch gemacht, dennoch ist es gut gegangen. Der schönste Beweis: Miriam, meine älteste Tochter, hat in Kalifornien an der renommierten Stanford University ihren Doktor gemacht. Die Doktorarbeit widmete sie nicht, wie in den USA üblich, einer langen Reihe von Leuten, vom Professor bis zu den Eltern, sondern nur einem – ihrem Bruder. „Warum hast du das gemacht?", frage ich sie verblüfft. „Ist doch klar. Weil ich ihn mag und stolz auf ihn bin. Ich wollte, dass er Anteil hat an meiner Arbeit".

Literatur

Achilles, Ilse & Schliehe, Karin (1991): Meine Schwester ist behindert. Bundesvereinigung Lebenshilfe für Menschen mit geistiger Behinderung, Marburg.
Hier erzählt ein Junge im Vorschulalter aus dem Alltag mit seiner behinderten Schwester Sophie. Wie sehr er sich manchmal ärgert, wie genau er die Sorgen seiner Eltern spürt und wie sich die Familie trotzdem gemeinsam freuen kann. Klare Sprache, anschauliche Zeichnungen.

Bank, Stephen P.; Kahn, Michael D. (1994): Geschwister-Bindung. dtv, München.
Das Buch enthält eine umfassende Untersuchung über die lebenslange Beziehung zwischen Geschwistern und ihre Bedeutung für die Identitätsfindung. Ein kluger, allgemein verständlich geschriebener Leitfaden mit zahlreichen Fallbeispielen. Ein Kapitel beschäftigt sich auch mit behinderten Geschwistern und ihre Rolle in der Familie.

Baßler, Margit; Schins, Marie Thérèse (Hrsg.)(1992): Warum gerade mein Bruder? rororo, Reinbek.
Wenn eines ihrer Kinder stirbt, übersehen Eltern in ihrem Schmerz allzu oft das große Leid ihrer Söhne und Töchter. In diesem sehr eindrucksvollen Buch berichten MitarbeiterInnen des »Verwaiste Eltern Hamburg e.V. von ihren Erfahrungen mit Geschwistern, die sie im Rahmen von Trauerseminaren betreuen. Geschwister kommen ausführlich zu Wort. Ihre Texte sind von großer Innigkeit. Ein ungewöhnliches Buch, das eine wichtige Hilfe für Eltern und Kinder in dieser schweren Zeit ihres Lebens ist.

Bohnenstengel, Andreas (Fotograf); Holthaus, Hanni; Pollmächer, Angelika (2003): Ich bin anders als du denkst. Menschen mit Down-Syndrom begegnen. Edition Bentheim, Würzburg.
Ungewöhnliche, spontane Fotos, sehr persönliche Geschichten und Statements von Familien mit einem noch ganz kleinen oder schon ganz großen Menschen mit Down-Syndrom. Auch die Geschwister kommen hier ausführlich zu Wort. Ein Buch, das Mut, aber auch Spaß macht.

Hackenberg, Waltraud (1987): Die psychosoziale Situation von Geschwistern behinderter Kinder. Edition Schindele, Heidelberg.
Hier liegt die erste umfassende Studie zu diesem Thema vor. Die Autorin, eine Wissenschaftlerin, hat Familienbeziehungen untersucht, Geschwister behinderter Kinder befragt und analysiert, in welcher Form die Behinderung verarbeitet wird.

Hackenberg, Waltraud (1992): Geschwister behinderter Kinder im Jugendalter – Probleme und Verarbeitungsformen. Edition Marhold.
Aufbauend auf der Studie an jüngeren Kindern werden hier die Ergebnisse einer Längsschnittuntersuchung veröffentlicht. Die Geschwister sind zum Zeitpunkt der Befragung bereits im Jugendalter. In sehr differenzierter Weise zeigt die Autorin, wo Risikokonstellationen im Familienalltag lauern und welche Ressourcen es gibt, damit die Geschwister das Leben mit einem behinderten Bruder oder Schwester positiv erleben können.

Heinz-Grimm, Renate; Hellmann, Ulrich; Lachwitz, Klaus; Rademacker, Olaf; Wendt, Sabine (1993): Soziale Rechte geistig behinderter Menschen und ihrer Angehörigen. Lebenshilfe Verlag, Marburg.

Hinze, Dieter (1993): Väter und Mütter behinderter Kinder. HVA Edition Schindele, Heidelberg.
Wer ist betroffener vom Dasein eines behinderten Kindes: Die Mutter? Der Vater? Die Antwort auf diese Frage brennt den Eltern nicht unbedingt auf den Nägeln. Doch obwohl das Buch recht wissenschaftlich ausgerichtet ist, lässt sich ganz spannend lesen, welche Unterschiede und Gemeinsamkeiten es bei der Bewältigung der Situation gibt. Das kann das Verständnis der Eheleute füreinander fördern und den Fachleuten im Umgang mit den Eltern neue Wege zeigen. Geschwister kommen leider gar nicht vor.

Jung, Mathias (2001): Geschwister. Liebe, Hass, Annäherung. emu-Verlag, Lahnstein.
Der Autor ist Psychotherapeut und Philosoph. Er bat Frauen und Männer, ihm in Briefen über ihre Geschwisterbeziehungen zu berichten. 153 Menschen antworteten, gaben Auskunft über die Ambivalenz dieser Bindung, über Verletzung und Versöhnung, die sie erlebt haben. Ein leicht lesbares Buch mit vielen Beispielen, auch aus dem Leben von Prominenten, wie z. B. Lilli Palmer. Zwar gibt es Kapitel zu den Themen Inzest und Tod, doch auf die Situation von Menschen mit einem behinderten oder kranken Geschwister wird gar nicht eingegangen.

Kasten, Hartmut (1999): Geschwister. Vorbilder, Rivalen, Vertraute. Ernst Reinhardt Verlag, München.
Der Autor erklärt, warum Erfahrungen, die Geschwister machen, ihre Persönlichkeitsentwicklung und damit ihr ganzes späteres Leben beeinflussen können. Faktoren wie die Position in der Geschwisterreihe spielen dabei ebenso eine Rolle wie die Anzahl, das Geschlecht und der Altersabstand der Geschwister. In einem speziellen Kapitel wird die besondere Lebenssituation von Kindern und Jugendlichen mit behinderten Geschwistern, die Chancen und Risiken ihrer Entwicklung beschrieben.

Klagsbrun, Francine (1993): Der Geschwisterkomplex. Ein Leben lang Liebe, Haß, Rivalität und Versöhnung. Eichborn, Frankfurt.
Mit der Akribie einer Verhaltensforscherin, der Sprache einer Literatin, der Einsicht einer Psychotherapeutin und der Liebe einer Schwester untersucht Francine Klagsbrun die vielfältigen Facetten der Geschwisterbeziehungen. Ein spannendes Buch!

Literatur

Knees, Charlotte; Winkelheide, Marlies (1999): Ich bin nicht du – du bist nicht ich. Aus dem Leben mit behinderten Geschwistern. Verlag Butzon & Becker, Kevelaer.
In diesem Band kommen die Geschwister behinderter Kinder zu Wort. Sie schreiben über lustige, traurige und peinliche Erlebnisse mit ihren Brüdern oder Schwestern. Die beiden Autorinnen sind als Therapeutinnen tätig und haben in Briefen und Interviews die zentralen Probleme in den doch oft schwierigen Geschwisterbeziehungen behutsam herausgestellt. Sie machen Mut, verharmlosen aber die Konflikte nicht.

Kremer, Susanne (1997): Wir Geschwister. Quirl Verlag, Göttingen.
Dieses Buch soll den Dialog zwischen Geschwistern fördern. Mit Hilfe von zwei Piktogrammen, nämlich Fußstapfen und Rollstuhl, und einfachen Sätzen ermutigt es zur Auseinandersetzung mit Geschwisterthemen. In Familien, Kindergärten und integrativen Klassen ist das Buch Anreiz und Auslöser, Erlebnisse mitzuteilen, schmerzliche Erfahrungen anzusprechen und gemeinsam neue Handlungsmöglichkeiten zu entwickeln. Das Buch eignet sich auch für behinderte Kinder und Jugendliche, die nicht lesen können.

Neumann, Heike (Hrsg.) (2001): Verkürzte Kindheit. Vom Leben der Geschwister behinderter Kinder. Verlag Königsfurt.
Leider hält der Inhalt nicht, was der gute Titel verspricht. Hier sind Geschichten zusammengestellt worden, von denen manche sehr an der Oberfläche bleiben.

Petri, Horst (1994): Geschwister – Liebe und Rivalität. Die längste Beziehung des Lebens. Kreuz, Zürich.
Der Autor, Professor mit Facharztausbildung für Kinder- und Jugendpsychiatrie, sieht vor allem die wichtigen sozialen und psychisch stützenden Seiten der »längsten Beziehung unseres Lebens« (so der Untertitel). Er begleitet ein erdachtes Geschwisterpaar, Lisa und Klaus, durch die Phasen ihrer Beziehung, von den Kindheitstagen über die schwierige Zeit der Pubertät, die Gründung eigener Familien bis ins Alter.

Scotson, Linda (1989): Doran und seine Schwester – Eine Familie bewältigt ihr Schicksal. Knaur, München.
Kurz nach dem tragischen Tod ihres Mannes bringt Linda einen Sohn auf die Welt. Doran ist hirngeschädigt, unheilbar, sagen die Ärzte. Doch Linda will um ihr Kind kämpfen. Die großartige menschliche und finanzielle Unterstützung, die sie von den Bewohnern ihres kleinen englischen Dorfes erhält, ermöglicht es ihr, Doran in einem amerikanischen Gesundheitszentrum behandeln zu lassen, das sich hirngeschädigter Kinder mit unkonventionellen Methoden annimmt. In einem jahrelangen, mühevollen Therapie-Prozess gelingt das Unmögliche. Der kleine Junge wird geheilt und tritt als ganz normales, überdurchschnittlich intelligentes Kind in die Schule ein.

Seifert, Monika (1989): Geschwister in Familien mit geistig behinderten Kindern. Klinkhardt, Bad Heilbrunn.
Die Autorin macht an Hand von Fallbeispielen Zusammenhänge zwischen der Alltagswirklichkeit von Familien mit geistig behinderten Kindern und der Lebenssituation

und Persönlichkeitsentwicklung ihrer nicht behinderten Geschwister deutlich. Ergänzt werden die authentischen Berichte von erwachsenen Geschwistern durch eine zusammenfassende Darstellung wichtiger Forschungsergebnisse; dabei wird auch die angelsächsische Literatur berücksichtigt.

Steiner, Annemarie, Eulerich-Gyamerah, Sabine, Kochendörfer Sigrid (2003): Bewegte Bootschaften. Gesunde Geschwister schwerkranker Kinder zeigen ihre Welt. Attempto, Tübingen.

„Plötzlich war die Mama weg". Verunsicherung und Trennungsangst sind die erste Reaktion auf die Diagnose einer lebensbedrohlichen Krankheit von Bruder oder Schwester. Die Mutter geht mit in die Klinik. Das Geschwister bleibt verunsichert zurück. Die Angst vor dem Verlassenwerden, der daraus resultierende Wunsch nach Stärke und Macht zeigt sich in einigen der eindrucksvollen Zeichnungen. Kurze, einfühlsame Texte dazu helfen Eltern, Kindern und Fachleuten, mit der Situation sensibler umzugehen.

Waldorf, Siegfried/Friedrich Christine (2001): Ich will auch Geschenke! Deutsche Leukämie-Forschungshilfe, Bonn.

Diese liebevoll gemachte Broschüre wendet sich an alle Menschen, die den Geschwistern schwerkranker, vor allem krebskranker – Kinder im Umgang mit ihren Problemen helfen können. Besonders gelungen ist das kleine Comic-Heft, in dem Geschwistern die spezielle Situation zu Hause und im Krankenhaus erklärt wird.

Weinberger, Sabine (2001): Kindern spielend helfen. Eine personzentrierte Lern- und Praxisanleitung, Beltz, Weinheim.

Die Autorin ist als Kinder- und Jugendpsychotherapeutin in eigener Praxis tätig. In ihrem Buch gibt sie eine umfassende Einführung in Theorie und Praxis der Psychotherapie mit Kindern, die professionelle Hilfe brauchen. Im Zentrum stehen Antworten auf Fragen wie: Wie bekomme ich spielerisch einen Zugang zu Kindern? Welche kreativen Methoden kann ich einsetzen? Wie sieht eine Spieltherapie aus? Welche Hilfsmöglichkeiten gibt es für ängstliche, aggressive und belastete Kinder? Ein klar und gut geschriebenes Buch, das jeder gelesen haben sollte, der von Berufs wegen mit Kindern umgeht.

Wiese, Anja (2002): Um Kinder trauern, Gütersloher Verlagshaus, Gütersloh.

Wenn ein Kind stirbt, ist das nicht nur für die Eltern, sondern auch für die Geschwister eine Krise, die das Familiengefüge völlig aus der Bahn wirft. Die Autorin, eine erfahrene Trauerbegleiterin, hat eins ihrer vier Kinder durch Leukämie verloren. Man spürt ihrem Buch, in dem mehrere sehr engagierte Autoren zu Wort kommen, die eigene Betroffenheit an.

Wilken, Udo, Jeltsch-Schudel, Barbara (Hrsg.) (2003): Eltern behinderter Kinder. Empowerment – Kooperation – Beratung. Kohlhammer, Stuttgart.

Wissenschaftler und betroffene Eltern thematisieren hier aus ihren unterschiedlichen Perspektiven, welche Formen der Unterstützung es für die Familien gibt. Dabei gehen sie von Lebenssituationen aus, die durch Behinderung, chronische Krankheit und psychosoziale Beeinträchtigungen geprägt sind. Im Mittelpunkt stehen dabei die familieneigenen Ressourcen, Hilfe durch Experten und solidarische Selbsthilfe mit anderen Betroffenen. Ein Buch, das viele Denkanstöße gibt. Wilken lehrt an der Fachhochschule Hildesheim Behindertenpädagogik, Barbara Jeltsch-Schudel arbeitet am Heilpädagogischen Institut der Uni Freiburg (Schweiz).

Bücher für Kinder und Jugendliche

Dierks, Martina (2000): Romeos Küsse. Altberliner Verlag, Berlin.
Paula ist seit ihrer Geburt behindert. Sie hat ihre Arme und Beine nur schwer unter Kontrolle. Das hindert sie nicht daran, von der ersten Liebe zu träumen und von einem selbstständigen Leben. Ihre Sehnsüchte, aber auch ihre Probleme unterscheiden sich nicht von denen ihrer nicht behinderten Schwester Josie. Dennoch braucht Paulas Selbstbewusstsein einen extra Kick. Den bekommt sie, als sie in einer Schultheater-Aufführung eine Rolle übernehmen kann. Hier wird sehr gut dargestellt, was Mädchen in der Pubertät fühlen und wie ein behindertes Mädchen damit zurechtkommt. Nicht geschönt, spannend zu lesen.

Dierks, Martina (2000): Die Rollstuhlprinzessin. Altberliner Verlag, Berlin.
Kittys Eltern sind geschieden. Umso mehr freut sich Kitty auf einen Urlaub an der Ostsee mit ihrer Mutter und ihrem Bruder. Denn eine Freundin der Mutter soll mitkommen – und deren Tochter. Prima, eine Spielgefährtin, denkt Kitty. Und ist rundum enttäuscht, als sie feststellt, dass das Mädchen behindert ist und im Rollstuhl sitzt. Was soll man mit so einer schon spielen? Kittys Bruder kommt mit der Situation besser zurecht. Erst nach einer Reihe schwieriger Situationen können auch Kitty und die „Rollstuhlprinzessin" Freundinnen werden.

Feth, Monika (1999): Fee – Schwestern bleiben wir immer. Bertelsmann, München.
Claire hat ihre Schwester Fee verloren. Mit vier Jahren erkrankte Fee an einer unheilbaren Stoffwechselkrankheit und musste rund um die Uhr gepflegt werden. Mit 19 Jahren starb sie. Auf einer Motorradreise mit ihrem Freund ins schottische Hochland beginnt Claire, den Tod der Schwester zu verarbeiten und von ihr Abschied zu nehmen. Ein sehr ergreifendes Buch.

Fox, Paula (1997): Paul ohne Jacob. Sauerländer, Aarau.
Täglich übt Paul, so zu tun, als gäbe es seinen durchs Down-Syndrom behinderten Bruder Jacob gar nicht. Es ärgert ihn, dass seine Eltern nur Augen für Jacob haben. Lediglich der Großvater versucht, in Paul positive Regungen für seinen Bruder zu wecken, allerdings mit wenig Erfolg. Doch zu Pauls Verblüffung ist Jacob allgemein beliebt – bei den Nachbarn, in den Läden. Da bröckelt auch Pauls Widerstand. So keimt zwar zum Schluss ein Funken Hoffnung auf, dennoch schildert die Geschichte – leider auf etwas distanzierte Weise –, wie zwischen den Brüdern eben keine Geschwisterliebe zustande kommt.

Gorman, Jacquelin (2000): Das Seh-Glas meines Bruders. Lübbe, Bergisch-Gladbach.
Jackie ist Schriftstellerin, verheiratet, Mutter einer Tochter. Sie lebt in Florida. Als sie an einem Augenleiden erkrankt, sich allein und hilflos fühlt, erinnert sie sich an ihre Kindheit, an ihre drei Schwestern und an ihren autistischen Bruder Robin. Sie durchlebt die Unsicherheiten und Probleme noch einmal. Jetzt wird ihr vieles verständlich, was ihr früher ein Rätsel war.

Habermann-Horstmeier, Lotte (1999): Karin und Max. Petaurus-Verlag, Saarbrücken.
Karin ist zehn. Sie hat eine geistige Behinderung und bekommt epileptische Anfälle. Ihr Bruder Max ist sieben, und manches Mal muss er zurückstecken – wegen Karin. Die Geschichten aus dem Alltag der Geschwister zeigen dennoch, dass das Leben mit einem behinderten Menschen ganz normal sein kann.

Harel, Nira (1998): Eine zuviel. Alibaba-Verlag, Frankfurt.
Nach einer Fernsehsendung über behinderte Kinder beschließt Meravs Mutter, ein solches, im Stich gelassenes Kind aufzunehmen. Ihre Angehörigen reagieren nicht gerade freundlich. Die junge Merav erzählt sehr offen von den widersprüchlichen Erfahrungen und Gefühlen einer Familie, die plötzlich ein Kind mit Down Syndrom in ihrer Mitte hat.

Hassenmüller, Heide (1999): Kein Beinbruch. Verlag Ellermann, Hamburg.
Der achtjährige Fußball-Fan Gerhard schämt sich für seine Zwillingsschwester Jeanette. Sie ist geistig behindert, kann nicht sprechen und laufen wie andere. Doch dann bricht sich Gerhard ein Bein. Im Krankenhaus denkt er viel über seine Schwester nach. Und weil er mit dem Gipsbein auch so etwas wie „behindert" ist, entwickelt er langsam mehr Verständnis für Jeanette. Ein im Ton sehr angenehmes, lebensnahes Buch.

Jäckel, Karin (1999): Mitleid? Nein danke! Spectrum-Verlag, Stuttgart.
Zwei Schwestern haben einen schweren Unfall. Die Jüngere, Marion, ist danach durch eine Hirnschädigung schwerstbehindert. Jesobel hat Schuldgefühle ihrer Schwester gegenüber. Das Leben der Familie verändert sich, als Marion nach Hause kommt. Die Eltern entscheiden sich, die behinderte Tochter in eine Reha-Klinik zu bringen.

Jansen, Hanna (2001): Der gestohlene Sommer. Thienemann, Stuttgart.
Andis gibt gut Acht auf seine kleine behinderte Schwester Theresa. Das muss er auch, denn die Mutter der beiden Kinder kommt mit ihrem Leben nicht zurecht und trinkt mehr, als sie verträgt. In den Ferien am See trifft Andis eine unkonventionelle, erfrischende Frau, die sofort guten Kontakt zu Theresa hat. Andis' Gefühlswelt gerät total durcheinander.

Janssen, Kolet (1997): Mein Bruder ist ein Orkan. Anrich-Verlag, Weinheim.
Das Leben mit Andreas, einem autistischen Jungen, ist anstrengend für die ganze Familie, auch wenn alle versuchen, die Verhaltensweisen des Jungen mit Humor zu neh-

men. Als die Eltern beschließen, den Jungen in ein Heim zu geben, läuft seine Schwester Hannah mit ihm weg. Ein wunderbar geschriebenes Buch (aus dem Niederländischen übersetzt), das man immer weiter lesen möchte.

Laird, Elisabeth (1991): Ben lacht. Verlag Oetinger, Hamburg.
Anna, zwölf Jahre alt, wünscht sich nichts sehnlicher als einen Bruder. Doch als ihr Bruder Ben geboren wird, geht alles so schnell, dass er zu Hause zur Welt kommt. Ben ist nicht wie andere Babys, er ist behindert. Für Anna verändert sich ihr Leben von heute auf morgen, denn sie weiß, dass sie immer für ihren Bruder dasein muss. Doch wie lange ist immer? Ein Buch, dass zu wichtigen Diskussionen in der Familie anregt.

Leite, Marcia (1998): Good Luck, großer Bruder. Esslinger Verlag, Wien.
Paulo und sein querschnittsgelähmter Bruder Luis leben in Sao Paulo. Als Paulo zu seiner Freundin nach London zieht, bleibt Luis allein zurück. Wie er es schafft, ohne Hilfe seines Bruders zurechtzukommen, wie er selbst eine Freundin findet – das wird in einem anrührenden Briefwechsel der beiden Brüder lebendig.

Lembcke, Marjaleena (1998): Als die Steine noch Vögel waren. Verlag Nagel & Kimche, Zürich.
Der kleine finnische Junge Pekka ist verwachsen. Deshalb verbringt er seine ersten beiden Lebensjahre in einer Klinik. Erst danach darf er zu seiner Familie nach Hause. Seine Geschwister schließen ihn sofort ins Herz, denn Pekka ist fröhlich und er liebt einfach alles – sein Bett, den Mond und auch die Steine, weil sie seiner Meinung nach früher Vögel waren und fliegen konnten. Schwierig wird es für ihn in der Schule und vor allem, als seine Familie beschließt, nach Kanada auszuwandern. Ein sehr poetisches Buch, das mit dem Österreichischen Kinder- und Jugendbuchpreis ausgezeichnet wurde.

Randsborg-Jenseg, Grete (1997): Lieber Niemand. dtv, München.
Karin ist 15, wie ihr Zwillingsbruder Kato. Doch Kato ist geistig behindert und erfordert die ganze Aufmerksamkeit seiner Familie. Er und seine Schwester haben eine enge Bindung zueinander. Als Karin sich zum ersten Mal verliebt, wird sie das Gefühl nicht los, Kato dadurch im Stich zu lassen. Die Gedanken, die sie sich macht, vertraut sie in Briefen einem imaginären „Niemand" an. Sehr guter Lesestoff für heranwachsende Geschwister zwischen Schuldgefühlen und dem Wunsch nach mehr persönlicher Freiheit.

Schmidt, Heide (2000): Ausgerechnet Tobi! Brunnen Verlag, Gießen.
Zwei in jeder Hinsicht extreme Aussenseiter treffen aufeinander, kommen sich näher und wandeln das Verhalten einer ganzen Dorfgemeinschaft zum Positiven. Ausgerechnet Tobi, Hannas jüngerem Bruder mit Down-Syndrom, gelingt es, mit der alten Frau Artus, die schon lange aus der Gesellschaft ausgeschlossen ist, Bekanntschaft zu schließen.

Schreiber-Wicke, Edith (2000): Regenbogenkind. Verlag Thienemann, Stuttgart.
Naomi ist ein Mädchen mit Down-Syndrom, ein Regenbogenkind, das Heiterkeit und Liebe in die Welt bringt. Sie hat sich vorgenommen, dass jeder, der ihr begegnet, darüber nachdenken soll, was wirklich wichtig ist im Leben. So geht es um erste Liebe, um die Trennung von den Eltern und um andere zwischenmenschliche Beziehungen. Voller Wärme geschrieben.

Selbsthilfegruppe für Menschen mit Down-Syndrom und ihre Freunde e.V.: Albin Jonathan, unser Bruder mit Down-Syndrom. Erlangen.
Mit Albin kann man genau so spielen, lachen, toben wie mit jedem kleinen Bruder – das finden seine Geschwister. Und hübsche Fotos beweisen das. Sie zeigen Albin beim Schwimmen, im Sportverein, mit dem Opa auf dem Jahrmarkt. Nicht verschwiegen wird, dass Albin manchmal auch stört, zum Beispiel bei den Hausaufgaben. Aber da hat sich die Mama etwas einfallen lassen. Das Buch eignet sich sehr gut, um mit Kindern über das Down-Syndrom zu sprechen.

Tashjian, Janet (1999): Tage mit Eddie. Dressler-Verlag, Hamburg.
Tru hat nicht die geringsten Probleme mit Eddie, ihrem behinderten Bruder. Doch andere kommen nicht so gut mit ihm klar. Um ihm das Leben leichter zu machen, sucht Tru überall nach einem Heilmittel für ihn. Doch dann erkennt sie, dass sie ihm am besten hilft, wenn sie bleibt, was sie ist: seine Schwester, die gern mit ihm zusammen ist.

Van Lieshout, Ted (1998): Bruder. Middelhauve-Verlag, München.
Seit einem halben Jahr ist Marius schon tot. An dem Tag, an dem er 15 Jahre alt geworden wäre, räumt seine Mutter sein Zimmer endgültig leer. Und Luuk, Marius' Bruder, findet dessen Tagebuch und liest darin. In der Rückschau werden die ersten Symptome der tückischen Krankheit sichtbar und Marius' viele vergebliche Versuche, mit dem Bruder ins Gespräch zu kommen. Es stellt sich zudem heraus, dass sich beide Brüder mit demselben Problem, der Homosexualität, herumgeschlagen haben. Ein vielschichtiges, ungewöhnliches Buch, das zu den schönsten Jugendbüchern gehört und mit dem Deutschen Jugendliteraturpreis 1999 ausgezeichnet wurde.

Welsh, Renate (1988): Drachenflügel. Nagel und Kimche, Frauenfeld.
In Annes Flötenklasse ist eine neue Schülerin eingetreten: Lea – und die scheue Anne versteht sich gut mit ihr. Bis zu dem Tag, als sich Anne verspätet und Lea sagen hört: „Welche Anne? Die mit dem behinderten Bruder?" Ein sehr lesenswertes Buch für Kinder ab 10.

Willis Holt, Kimberley (1999): Vollmondtage. Altberliner Verlag, Berlin.
Hier geht es nicht um die Behinderung eines Geschwisters, sondern um „langsame" Eltern. Das Mädchen Tiger ist nicht schön, aber blitzgescheit und irgendwann schämt sie sich ihrer behinderten Eltern. Als die Großmutter, Tigers Vertraute, stirbt, muss Tiger sich entscheiden. Soll sie in die Großstadt zu ihrer eleganten Tante ziehen oder bei ihren Eltern bleiben? – Hier geht es ums erwachsen werden und sich selber finden.

Adressen

Arbeitskreis Geschwisterkinder Bayern
e.gruenzinger@vdk.de
www.geschwister-behinderter-
kinder.de

Bildungs- und Erholungsstätte
Langau e.V.
86989 Steingaden
Tel.: 0 88 62-91 02-0
Fax: 0 88 62-91 02-28
geki@langau.de
www.langau.de

Bundesarbeitsgemeinschaft Hilfe
für Behinderte e.V.
Kirchfeldstr. 149, 40215 Düsseldorf
Tel.: 02 11-31 00 60
Fax: 02 11-3 10 06 48
info@bagh.de
www.bagh.de

Bundesverband Verwaiste Eltern
in Deutschland e.V.
Seelhorststraße 11, 30175 Hannover
Tel.: 05 11-3 37 27 26
Fax: 05 11-3 37 27 24
kontakt@veid.de
www.veid.de

Bundesvereinigung Lebenshilfe
für Menschen mit geistiger
Behinderung e.V.
Raiffeisenstr. 18, 35043 Marburg
Tel.: 0 64 21-4 91-0
Fax: 0 64 21-1 67
Bundesvereinigung@Lebenshilfe.de
www.lebenshilfe.de

Nationale Kontakt- und
Informationsstelle zur Anregung
und Unterstützung von
Selbsthilfegruppen (NAKOS)
Wilmersdorfer Str. 39, 10627 Berlin
Tel.: 0 30-31 01 89 60
Fax: 0 30-31 01 89 70
selbsthilfe@nakos.de
www.nakos.de

Sozialverband VdK Deutschland e.V.
Wurzerstraße 4 a, 53175 Bonn
Telefon: 02 28-8 20 93-0
Telefax: 02 28-8 20 93-43
kontakt@vdk.de
www.vdk.de

Winkelheide, Marlies
Moorende 6, 28865 Lilienthal
Tel. und Fax: 0 42 08-10 40
winkelheide@geschwisterkinder.de
www.geschwisterkinder.de

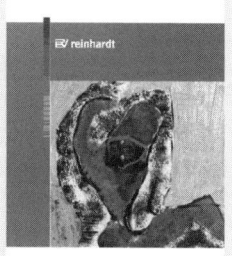

Ilse Achilles
Was macht Ihr Sohn denn da?

Geistige Behinderung und Sexualität
Mit einem Vorwort von Joachim Walter
3., überarbeitete Aufl. 2002. 137 Seiten.
(3-497-01604-7) kt

Dass geistig behinderte Menschen ein Recht auf ihre Sexualität haben, ist wohl unumstritten. Helfer und Eltern allerdings sind auf den sexualpädagogischen Alltag mit geistig behinderten Menschen oft schlecht vorbereitet. Sie fühlen sich hilflos und suchen Antworten auf ihre drängenden Fragen: Wie kläre ich ein behindertes Kind auf? Welche Verhütungsmethode ist die beste? Wie kann ich die sexuelle Entwicklung sinnvoll unterstützen?
Ilse Achilles, Journalistin und Mutter eines geistig behinderten Jungen, gibt Antworten auf viele sexualpädagogische Alltags- und Spezialfragen, ohne Rezepte anzubieten. Sie beschreibt typische Situationen und geht auf peinlich verschwiegene Probleme ein, die Helfern und Eltern begegnen. Informationen zur Verhütung, Sterilisation, Homosexualität sowie Interviews mit Familienangehörigen und hilfreiche Adressen runden dieses Buch ab.

Eine wichtige Informationsquelle für alle, die geistig behinderten Menschen zu einem zwanglosen Umgang mit Sexualität verhelfen wollen.

reinhardt
www.reinhardt-verlag.de

Hartmut Kasten
Geschwister

Vorbilder – Rivalen – Vertraute
5. Auflage 2003. 192 Seiten. 15 Abb.
(3-497-01656-X) kt

Fast jeder kennt sie: Geschwister als innige Vertraute und Geschwister als lebenslange Rivalen. Ob erfolgreicher oder entthronter Erstgeborener, ob vernachlässigter Zweitgeborener oder bevorzugtes Nesthäkchen – die Beziehung zwischen den Geschwistern beeinflusst zwangsläufig Lebensweg und Persönlichkeitsfindung.

Die Geschwisterforschung hat interessante Sachverhalte herausgefunden. Der Platz in der Geschwisterreihenfolge, das Geschlecht und der Altersabstand sind wichtige Faktoren für die Entwicklung sozialer Fähigkeiten und der Intelligenz.

Der Entwicklungspsychologe und Pädagoge Hartmut Kasten beleuchtet dieses Thema in seiner ganzen Vielfalt und den Veränderungen, von der frühen Kindheit angefangen bis ins Alter. Das Buch ist allen zu empfehlen, die selbst Geschwister haben bzw. mit der Erziehung von Kindern betraut sind und Geschwisterkonstellationen besser verstehen möchten.

ℰ͜ℛ reinhardt
www.reinhardt-verlag.de

Hartmut Kasten
Pubertät und Adoleszenz

Wie Kinder heute erwachsen werden
1999. 224 Seiten. 4 Abb. 10 Tab. 12 Fotos
(3-497-01485-0) kt

„Kleine Kinder, kleine Sorgen – große Kinder, große Sorgen!" So trösten sich viele Eltern, wenn sich mit der Pubertät die Sorgen um die Kinder verschärfen.

Der Psychologe und Pädagoge Hartmut Kasten geht in seinem Buch den vielfältigen Ursachen nach, die die Entwicklungsphase der Pubertät so schwierig machen können. Die körperlichen und seelischen Veränderungen bringen nicht wenige Jugendliche aus dem Gleichgewicht. Die Beziehung zu den Eltern wird neu definiert und eröffnet einen Spielraum für eigene Erfahrungen, die Erprobung von Verantwortung und erster Selbständigkeit. Die Jugendlichen sehen sich vor oft quälende Entscheidungen gestellt: Ausbildung und Beruf, Freundschaften und erste Liebe – zwischen Rückzug und Protest spielt sich die ganze Bandbreite jugendlicher Nöte und Sehnsüchte ab.

ℝ/ **reinhardt**
www.reinhardt-verlag.de

Christel Salewski
Chronisch kranke Jugendliche

Belastung, Bewältigung und psychosoziale Hilfen
2004. 134 Seiten. 3 Abb. 10 Tab.
(3-497-01710-8) kt

Pubertät – eine schwierige Zeit für alle Beteiligten! Um wie viel schwerer haben es Jugendliche, die an einer chronischen Krankheit leiden? In einer Phase der Rebellion müssen sie sich diszipliniert an Regeln halten, um ihre Gesundheit nicht ernsthaft zu gefährden.

Asthma, Allergien, Diabetes oder Herzkrankheiten – die Jugendlichen müssen häufig mit vielfältigen Einschränkungen fertig werden: Vorsicht beim Sport, ständige Medikamenteneinnahme, bestimmte Umgebungen, Tiere, Nahrungsmittel meiden. Wie empfinden Jugendliche diese Belastungen und wie gehen sie damit um? Wie erleben die Eltern den Umgang mit der Krankheit und mit ihren kranken Kindern? Anschaulich antwortet die Autorin auf diese Fragen. Dabei gibt sie einen Überblick über den aktuellen Stand der Forschung zu objektiven Belastungen, subjektivem Erleben und den Bewältigungsstrategien chronisch kranker Jugendlicher und ihrer Eltern. Außerdem zeigt sie, mit welchen Hilfsangeboten man die Jugendlichen und ihre Eltern unterstützen kann und stellt die gängigen Ansätze des Verhaltenstrainings vor.

ℇ⁄ reinhardt
www.reinhardt-verlag.de

Marga Hogenboom
Menschen mit geistiger Behinderung besser verstehen

Angeborene Syndrome verständlich erklärt
Mit einem Geleitwort von Barbara Popp
Aus dem Englischen von Eva Vogel
2003. 130 Seiten. 2 Tab. 8 Fotos
(3-497-01647-0)

Manche genetischen Veränderungen führen zu einer geistigen Behinderung. Nach einer kurzen Einführung in die Grundlagen der Genetik erklärt Marga Hogenboom verschiedene Behinderungen wie das Down-Syndrom, das Williams-, das Angelman-, das Rubinstein-Taybi-, das Wolf-Hirschhorn-, das Fragile-X-, das Fötale Alkohol- und das Prader-Willi-Syndrom. Sie beschreibt die damit verbundenen körperlichen Symptome, typische Verhaltensmerkmale, wie sich die Behinderung auf das Alltagsleben auswirkt und welchen Schwierigkeiten diese Menschen ausgesetzt sind.

Mit Portraits von Einzelpersonen führt die Autorin den Leser an die unterschiedlichen Behinderungen heran und lässt damit vor allem den Menschen mit der Genveränderung lebendig werden.

Fachkräfte aus den Bereichen Gesundheitswesen und Erziehung, Eltern und BetreuerInnen finden in diesem gut lesbaren und informativen Buch eine wertvolle Hilfe zum Verständnis der Welt derjenigen, die mit einer geistigen Behinderung leben.

ℝ/ reinhardt
www.reinhardt-verlag.de

Hildegard Heimlich | Dietger Rother
Wenn's zu Hause nicht mehr geht

Eltern lösen sich von ihrem behinderten Kind
Mit einem Vorwort von Hans G. Schlack
2., aktual. Auflage 1995. 150 Seiten.
(3-497-01371-4) kt

Kern des Buches sind die Berichte von Eltern über ihr unbegreifliches Leben mit ihrem schwerbehinderten Kind. Zu oft stießen diese Eltern an die Grenze des Möglichen und gingen weit darüber hinaus. Mit Allgemein-Empfehlungen von außen, schwerstbehinderte Kinder gleich bei der Geburt „abzugeben" oder mit dem moralischen Zeigefinger, Eltern müssten ihre Kinder unter allen Umständen selbst betreuen, ist niemandem geholfen. Die Eltern müssen für sich entscheiden, ob sie ihr Kind selbst betreuen können und wollen oder ob sie sich auf Fremde verlassen können. Sie müssen für sich einen Weg suchen zwischen engster Bindung und vollständiger Lösung. Wie schwer diese Überlegungen und Entscheidungen für die Eltern sind, zeigen die Berichte in erschütternder Weise.

Hildegard Heimlich und Dietger Rother stellen das Gemeinsame dieser Erfahrungen dar. Sie beschreiben die Schritte, die die Eltern im Entscheidungs- und Trennungsprozess gegangen sind, um der Entwicklung ihres Kindes und ihrer eigenen Entwicklung die Perspektive „Zukunft" zu ermöglichen.

ℛ reinhardt
www.reinhardt-verlag.de

Kurt Singer
Zivilcourage wagen

Wie man lernt, sich einzumischen
3., aktual. Auflage 2003. 204 Seiten.
(3-497-01648-9) kt

Mutig die persönliche Meinung sagen, zur eigenen Überzeugung stehen, sich gewaltfrei mit Andersdenkenden auseinander setzen – das ist Zivilcourage. Viele Bürger würden sich gern ein mischen: am Arbeitsplatz, auf der Straße, in Gemeinden, Schulen oder in einer Partei. Aber die Angst, gegen den Strom zu schwimmen, hält sie zurück. Dieses Buch wendet sich an alle, die sich mit sozialem Mut für mehr Menschlichkeit engagieren wollen. Sie werden darin bestärkt, Bürgermut als demokratische Tugend zu entwickeln.

Anschauliche Beispiele regen Leserinnen und Leser an, Autoritätsangst, Konfliktscheu und Anpassungsbereitschaft zu überwinden. Zivilcourage ist lernbar – das zeigt Kurt Singer in seinem überzeugenden Plädoyer.

ℝ reinhardt
www.reinhardt-verlag.de

Gerda Pighin
**Kindern Werte geben –
aber wie?**

(„Kinder sind Kinder"; 27)
2., überarb. Auflage 2005. ca. 120 Seiten.
Zahlr. Fotos. (3-497-01747-7) kt

Kinder sollen sich durchsetzen können. Mutig sollen sie sein, verantwortungsvoll, couragiert, hilfsbereit, tolerant und friedfertig. Leichter gesagt als getan. Gerda Pighin gibt Eltern und Großeltern einen Leitfaden für eine moderne Werterziehung an die Hand. Damit unsere Kinder die Welt von morgen wertvoll gestalten können.

Karl E. Dambach
**Zivilcourage lernen in der
Schule**

(„Kinder sind Kinder"; 28)
2005. ca. 128 Seiten. Zahlr. Fotos.
(3-497-01748-5) kt

An Schulen werden Kinder gehänselt, ausgegrenzt und leider gar nicht selten gemobbt. Wegsehen gilt nicht, sagt Karl Dambach. Er hat ein Programm gegen soziale Gleichgültigkeit entwickelt. Es ist geeignet für Schüler zwischen 12 und 17 Jahren: Die Schüler üben mutiges Verhalten ein und lernen Zivilcourage im Schulalltag. Denn nur wer es wagt, den Gruppenzwängen clever zu widerstehen, gewinnt.

ℰℛ reinhardt
www.reinhardt-verlag.de

Buchreihe „Kinder sind Kinder"

Daniela Arbter-Öttl
Mein Kind schläft – endlich!
Band 16. 2000. 155 Seiten.
13 Abb.
(3-497-01522-9) kt

Margarete Blank-Mathieu
Kleiner Unterschied – große Folgen?
Geschlechtsbewusste Erziehung in der Kita
Band 20. 2., aktual. Aufl. 2002. 140 Seiten. (3-497-01619-5) kt

Walburga Brügge | Katharina Mohs | Erwin Richter
So lernen Kinder sprechen
Die normale und die gestörte Sprachentwicklung
Mit Fotos von Astrid Zill
Band 9. 5., neugestal. Aufl. 2005. ca. 89 Seiten
(3-497-01737-X) kt

Karl E. Dambach
Mobbing in der Schulklasse
Band 15. 2., überarb. und erw. Aufl. 2002. 115 Seiten.
(3-497-01588-1) kt

Mauri Fries
Unser Baby schreit Tag und Nacht
Hilfen für erschöpfte Eltern
Band 18. 2002. 124 Seiten.
(3-497-01599-7) kt

Sylvia Görnert-Stuckmann
Mit Kindern Geschichten erfinden
Band 22. 2003. 123 Seiten.
Mit 8 Kinderzeichnungen
(3-497-01644-6) kt

Christine Hagemann | Ingrid Börner
Montessori für Vorschulkinder
Band 17. 2000. 108 Seiten.
22 Abb.
(3-497-01541-5) kt

Johann R. Krauss
Der Abenteuerspielplatz
Planung, Gründung und pädagogische Arbeit
Band 24. 2003. 131 Seiten.
Zahlr. Fotos und Tab.
(3-497-01652-7) kt

ℝ⁄ reinhardt
www.reinhardt-verlag.de

Buchreihe „Kinder sind Kinder"

Hermann Liebenow
Taschengeld & Co
So lernt Ihr Kind sparen und ausgeben
Mit Zeichnungen von Manfred Bofinger
Band 19. 2002. 140 Seiten.
5 Tab. (3-497-01609-8) kt

Andreas Mehringer
Eine kleine Heilpädagogik
Vom Umgang mit schwierigen Kindern
Band 12. 11. Auflage 2001.
98 Seiten. (3-497-01589-X) kt

Franz J. Mönks | Irene H. Ypenburg
Unser Kind ist hochbegabt
Band 14. 4., aktual. Aufl. 2005.
ca. 89 Seiten.
(3-497-01766-3) kt

Erwin Richter | Walburga Brügge | Katharina Mohs
Wenn ein Kind anfängt zu stottern
Ratgeber für Eltern und Erzieher
Band 2. 3., neu bearb. Aufl. 1998. 75 Seiten. 7 Abb. 1 Tab.
(3-497-01450-8) kt

Joachim Rumpf
Schreien, schlagen, zerstören
Mit aggressiven Kindern umgehen
Band 21. 2002. 120 Seiten.
(3-497-01629-2) kt

Sylvia Weber
Linkshändige Kinder richtig fördern
Mit vielen praktischen Tipps
Band 23.
2., durchges. Aufl. 2005.
ca. 124 Seiten. Zahlr. Abb.
(3-497-01729-9) kt

ℛ/ reinhardt
www.reinhardt-verlag.de